Inhalt

Die unverbesserliche Miß Lucie

Neue Geschichten von Miß Lucie

Miß Lucie zieht in den Süden

Jill Steinberg

Die unverbesserliche Miss Lucie

25 JAHRE BASTEI LÜBBE TASCHENBÜCHER

1 Miß Lucie und der Fremde

Wir haben alles besprochen, die Kinder und ich, was morgens zwischen sieben und acht besprochen werden muß: ob ich zu Hause sein werde, wenn sie aus der Schule kommen; was es zum Mittagessen gibt; wer in Deutschland die allgemeine Schulpflicht eingeführt hat und warum mein Sohn Simon denjenigen nicht zur Verantwortung ziehen kann für diese, wie er glaubt, eklatante Fehlleistung. Schließlich ist, wie konnte es anders sein, die Standardfrage erörtert worden, die seit anderthalb Jahren unsere Unterhaltungen entweder einleitet oder abschließt, die Friederike in allen Lebenslagen immer wieder neu aufwirft, wofür man sie entweder bewundern oder auf den Blocksberg wünschen möchte, je nach Stimmung.

An diesem Morgen ist mir nicht nach Bewunderung zumute. Draußen auf dem Gehsteig türmt sich der Schnee. Wer ihn wegschippen muß, wenn alle andern ausgeflogen sind, steht außer Frage. Ich drücke Friederike ihren Turnbeutel in die Hand, bestehe darauf, daß sie Handschuhe anzieht, gehe nicht auf Simons großzügiges Angebot ein, mir Schnee schippen zu helfen und dafür das langweilig-fruchtlose Unternehmen Schule für heute fallenzulassen, und will gerade die Haustür schließen, als meine Tochter ihren Winterstiefel ein letztes Mal dazwischenstellt.

»Wann«, fragt Friederike zum sechshundertdreißigsten Male, »kriege ich einen Hund, Mama?«

In jedem pädagogischen Lehrbuch steht, daß man sein Kind morgens vor Schulbeginn nicht verprellen soll. Daß man dafür sorgen müsse, es nicht etwa mit hängendem Kopf und eingezogenen Schultern, sondern vielmehr munter hüpfend und vor Erwartung zappelnd hinauszuschicken in die Welt des Lernens.
»Ich weiß es nicht«, entgegne ich wahrheitsgemäß und sehe Friederike bitter enttäuscht davontappen, mit hängendem Kopf und eingezogenen Schultern.
Ihr Zimmer, das ich danach betrete, ist mit Bildern, Postern und Kalenderausschnitten bepflastert. Sie alle zeigen Hunde der verschiedensten Rassen, Größen, Farben und Altersstufen, vom Colliewelpen bis zum pensionierten Windhund. Ihr Bücherregal zeigt eine beachtliche Sammlung von Hundebüchern, und wenn man sie ließe, könnte Friederike leicht an einem Quiz teilnehmen, das sich um Aufzucht, Haltung, Herkunft und Lebensweise von Hunden dreht. Natürlich lassen wir sie nicht, denn Friederike ist erst neun.

In ihrem Bett ist eine tiefe, weiche Kuhle, aus der ich vorsichtig Miß Lucie heraushebe, die sofort laut zu jammern beginnt. Miß Lucie, neben deren exakt in der Mitte gescheiteltem rabenschwarzem Köpfchen, der makellos weißen Stirn und den runden grünen Augen selbst prämierte menschliche Schönheiten wie Sophia Loren verblassen –
Miß Lucie, die all ihre Krallen einzieht, wenn sie mir ihre Pfoten um den Hals legt –
Miß Lucie, die ihr dreijähriges Leben mit uns geteilt hat und der ich versprochen habe, daß kein Hund jemals ins Haus kommt.

Miß Lucie – ihre bebenden Schnurrhaare und ihre zitternde schwarz-weiß geringelte Schwanzspitze signalisieren es noch durch schützende Fensterscheiben hindurch – verabscheut, haßt und fürchtet Hunde. Sie würde, davon bin ich fest überzeugt, unser Haus mit all seinen weichen, warmen Annehmlichkeiten verlassen und nie mehr zurückkehren, falls ein Hund hier Einlaß fände. Sie ist, dafür gab es in drei Jahren reichlich Beweise, ein Wesen mit starkem Charakter.

Ihr einen Hund vorzusetzen, wie es die Kinder in ihrem simplen Denkschema verlangen, und sie an seine Anwesenheit zu gewöhnen, würde bei Miß Lucie so wenig verfangen wie der liebevoll ausgestattete Katzenkorb, den sie noch nie eines Blickes, geschweige denn eines Schläfchens gewürdigt hat.

Miß Lucie ruht entweder auf einem Bett oder, wenn sie Lust nach Gesellschaft verspürt, auf einem Polsterstuhl. Ist weder das eine noch das andere zu haben, klopft sie an die Terrassentür, um hinausgelassen zu werden. Niemand hat ihr je etwas aufschwätzen können, das sie nicht selbst ausgesucht hat.

Ich hebe sie aus Friederikes Bett, weil es geschüttelt, von Stoffhunden befreit und gemacht werden muß.

Miß Lucie, obwohl sie dieses Ritual genau kennt, ist gekränkt, beklagt sich laut und verlangt sofort, hinausgelassen zu werden.

Ich, untertänige Dienerin, öffne ihr die Terrassentür.

Dann räume ich in der Küche das Geschirr zusammen und sehe, daß Friederike ihre Pausenbrote liegengelassen hat. Ein Kind, das morgens außer einer Tasse Milch nichts zu frühstücken imstande ist, muß, das sagt nicht nur das pädagogische Lehrbuch, sondern auch mein

Menschenverstand, spätestens um halb zehn etwas zu sich nehmen.

Die Schule ist nicht allzu weit.
Bevor ich mich aufmache, meiner Jüngsten ein doppeltes Salamibrot, zwei Kekse und eine Mandarine nachzuschleppen, beeile ich mich, Miß Lucie wieder die Tür zu öffnen, an die sie mit erregter schwarzer Pfote bereits pocht.
Sie schlüpft herein und erzählt mir empört eine lange Geschichte über ein weißes, kaltes Element, unter dessen Kruste die gesamte bekannte Welt mit Erde, Gräsern, Maulwurfshügeln und Mauselöchern verschwunden ist. »Wie«, fragt Miß Lucie klagend und hebt die runden, grünen Augen zu mir auf, »kann das geschehen?« Ihr Blick besagt, daß sie mich für diese Katastrophe voll verantwortlich macht.

Während sie zur Beruhigung ein wenig warme Milch schlürft, greife ich mir den Pausenbeutel meiner Tochter und schlittere zur Schule.
Die Pause ist in vollem Gange. Zwar dämpft der Schnee die Geräusche ein wenig, aber es ist immer noch ohrenbetäubend genug.
Friederike entreißt mir das Eßpaket und stürmt in Richtung einer zwei Meter langen Eisbahn davon, auf der etliche Kinder balgend übereinander kugeln. Auf dem vorderen Teil des Schulhofs umspringt ein schwarzes Wollknäuel begeistert eine Gruppe Jungs, die Stücke von ihren Schulbroten abbrechen und in hohem Bogen in den Schnee werfen. Das Knäuel rennt, schlägt Haken, umkreist die Jungens wie ein fliegender schwarzer Schat-

ten und bleibt verdutzt stehen, als sie alle beim Klang der Glocke einträchtig im geöffneten Schultor verschwinden. Innerhalb weniger Minuten liegt der Hof verlassen, still und ein wenig öde da. Der Hund schüttelt seine schwarzen Zotteln und sieht mich erwartungsvoll an.

»Morgen«, sagt der Hausmeister, den ich kenne, »ist doch noch Winter geworden, was?«

Ich bestätige das aus vollem Herzen, meine Zehen sind bereits gefühllos vor Kälte.

»Einen lustigen Hund haben Sie da!« sage ich abschließend. »Ich?« Er legt die Hand auf die Brust und macht einen Schritt zurück. »Meiner ist das nicht, Gott bewahre! Ich dachte, Sie hätten ihn mitgebracht.«

Ich muß lächeln.

»Wir haben eine Katze«, sage ich, als ob das alles erkläre, hebe winkend die Hand und mache mich auf den Heimweg. Der Hund umkreist mich eine Weile, scheint sich aber dann zu besinnen und läuft zum Schultor zurück. Kinder scheinen ihm lieber zu sein als Erwachsene. Ich bin sicher, er gehört einem der Jungens, dem er morgens nachgelaufen sein muß.

Nachmittags schippen wir Schnee um die Wette, Simon und ich. Es hat ungefähr drei Stunden lang wirbelnd geschneit. Uns wird warm bei der Arbeit, wir lockern die Schals. Aber schon gegen vier Uhr wirds dämmrig und knirschend kalt.

Drinnen hat sich Friederike nützlich gemacht und heiße Zitrone mit den letzten Weihnachtsplätzchen auf den Tisch gestellt. Wir sitzen drum herum und billigen dreistimmig Vaters Entschluß, heute in der Stadt zu übernachten, weil die Straße nur schlecht passierbar ist.

»Heut morgen«, sagt Friederike und kaut mit offenem

Mund, »war ein ganz süßer Hund auf dem Schulhof.«
»Süß«, verbessere ich sie, »war der nicht. Lebhaft war er. Lustig. Ein Bündel Energie.«
Die Kinder tauschen einen langen Blick miteinander.
»Das stimmt«, sekundiert mir Simon betont sachlich, »so kam er mir auch vor. Irgendwie robust. Der frißt bestimmt alles und braucht nie einen Tierarzt.«
Friederike öffnet den Mund, schließt ihn jedoch wieder, weil ihr Bruder sie unterm Tisch vielsagend tritt. »Meine Taktik«, heißt das, »ist die bessere. Misch dich nicht ein, wenn die Sache ins Rollen kommen soll.« Zehn Jahre mit den Kindern haben mich hellhörig gemacht. Die meisten Funksprüche fange ich unschwer ab, so auch diesen.
»Trinkt eure Zitrone aus«, befehle ich kurz und höre sie miteinander tuscheln, während ich das Badewasser einlasse.
Es ist halb sieben Uhr abends. Miß Lucie klopft energisch von innen gegen die Terrassentür.
»Es hat keinen Zweck«, versuche ich ihr klarzumachen und öffne die Tür spaltweit, damit sie sich überzeugen kann, »du hast nichts davon. Bleib hier.« Miß Lucie schlängelt sich in den Spalt, schüttelt entsetzt ein Pfötchen, das ihr als Thermometer dient und bleibt erst einmal regungslos sitzen.
Eine Weile lasse ich sie gewähren. Dann wird es empfindlich kalt im Zimmer, und ich schließe die Tür. Miß Lucie ist verschwunden.
Die Kinder baden, kriechen ins Bett, machen sichs mit ihren Büchern gemütlich und lesen sich in den Schlaf. Ich höre die Nachrichten. Es ist die Rede von zwanzig Grad unter Null. Miß Lucie bleibt verschwunden.
Gegen zehn Uhr halte ich es nicht mehr aus, ziehe

Skihosen, Pelzjacke und gefütterte Stiefel über den Schlafanzug und verlasse das Haus. Am Himmel steht ein zunehmender Mond, unter meinen Füßen knirscht gefrorener Schnee. Es ist klirrend kalt.
Ich komme bis zum Gartentor. Dort, im überdachten Mauervorsprung, steht der Mülleimer. Obendrauf hockt Miß Lucie. Gott sei Dank!
Ich will sie auf den Arm nehmen, aber sie weigert sich mit allen vier Pfoten auf einmal. Es bleibt mir nichts anderes übrig, als zu warten.
Mit sichtlichem Widerstreben hangelt sie sich in den tiefen Schnee hinunter, nimmt neben dem Mülleimer Aufstellung und jammert mir eine schreckliche Geschichte vor.
Miß Lucie ist mir, was Verständigung angeht, immer überlegen gewesen. Während sie jedes Wort aus meinem Munde versteht, streift mich nur gelegentlich eine ferne Ahnung dessen, was sie mir mitzuteilen versucht. An diesem eisigen Winterabend bin ich wieder einmal völlig taub.
»Nun komm schon«, sage ich laut und trete ungeduldig von einem Fuß auf den anderen, »deinetwegen kann ich heut nacht kein Fenster und keine Tür offenlassen!«
Sie rührt sich nicht. Aber hinter dem Mülleimer bewegt sich ein schwarzer Fleck. Mir ist nicht ganz geheuer.
»Los«, sage ich zu Miß Lucie und mache einen auffordernden Schritt zurück.
Statt ihrer bewegt sich der schwarze Fleck. Zögernd kommt er hinterm Mülleimer hervor. Der Hund vom Schulhof. An seinen Zotteln hängen kleine Eiszapfen. Er sieht nicht mehr lustig aus, im Gegenteil. Mit sichtlicher Mühe hebt er den Kopf.

Miß Lucie schnuppert interessiert an seinem Fell. Er scheint es gar nicht zu bemerken. Ich sinke in die Knie und streichele beide Köpfe, erst Miß Lucies glänzend schwarzen Scheitel, dann die vereisten Zotteln des Fremdlings. »So wahr mir Gott helfe«, sage ich laut zu Miß Lucie, »bei zwanzig Grad unter Null kann ich nicht anders. Versteht das bitte!«
Als ich aus der Hocke hochkomme und »Auf gehts!« rufe, folgen sie mir beide ins Haus.
Drinnen sehen Miß Lucie und ich zu, wie der Hund taut. Ich reibe ihn mit einem alten Handtuch ab und fülle, obwohl Miß Lucie bereits ausgiebig zu Abend gespeist hat, zwei Schalen mit warmer Milch. Der Hund wartet, bis Miß Lucie zwei Schlückchen genommen hat und sich gelangweilt wieder abwendet. Dann erst trinkt er beide Schalen im Handumdrehen leer. Ich knete Kartoffeln mit einem Rest Bratensoße und Trockenfutter zu einer steifen Mischung, die Miß Lucie zutiefst verabscheut. Höflichkeitshalber biete ich sie ihr trotzdem zuerst an. Sie schüttelt, wie erwartet, den Kopf, rümpft die schwarze Nase und setzt sich abwartend unter den Küchentisch. Der Hund frißt dankbar und gierig alles auf. Dann folgt er Miß Lucie.
Lässig streift sie am Katzenkorb vorbei, der immer nur als Reliquie gedient hatte. Der Hund betastet mit kalter Pfote die warme, doppelt gefaltete Wolldecke im Korb und läßt sich mit einem fragenden Blick auf Miß Lucie erschöpft nieder. Sie scheint es ihm gütigst zu gestatten, springt ihrerseits auf den grünen Polsterstuhl, wäscht sich zierlich und gründlich das schöne, kleine Gesicht und rollt sich zusammen. Zwei Minuten später ist sie fest eingeschlafen. Draußen fällt tonnenweise Schnee. In

ihrem geblümten Schlafanzug wankt gegen Mitternacht meine Tochter Friederike ins Zimmer. Der Hund zuckt erschrocken zusammen.
»O Mama«, flüstert Friederike, sinkt neben dem Korb zu Boden und streckt vorsichtshalber die Hände aus, »ist es ein Traum, Mama, oder bin ich wach?«
»Du bist wach«, antworte ich, »weiß der Himmel wieso. Und fall ihm bitte nicht gleich um den Hals, er ist noch immer nicht ganz aufgetaut.«
»Ja, Mama – vielen, vielen Dank, Mama!« – Der Hund ist bereits in ihre Arme gekrochen, als gehöre er dahin. Friederikes geblümter Schlafanzug weist nasse, dunkle Flecken auf. Sie wird ihn gleich wechseln müssen.
»Bedank dich bei ihr«, sage ich und zeige auf Miß Lucie, die unwillig ein Auge öffnet und gleich wieder schließt. Friederike interessiert sie nicht. Der einzige Mensch, der ihre Aufmerksamkeit und Zuneigung besitzt, bin ich.
»Wird es ganz allein mein Hund sein?« erkundigt sich Friederike mit gepreßter Stimme und krault die schwarzen Zotteln.
»Verlaß dich drauf. Er wird dir genug zu schaffen machen, wenn er erst wieder ganz in Form ist.«
»Du wirst ihn nicht für dich haben wollen, Mama?« fragt Friederike, die immer schon ein gründliches Kind war. Miß Lucie öffnet beide Augen. Wir tauschen einen verständnisinnigen Blick.
»Ich habe eine Katze«, sage ich ruhig. Miß Lucie wechselt den Stuhl, rollt sich auf meinen Knien zusammen und schläft wieder ein. Niemand, wach oder schlafend, ist schöner als sie.

2 Miß Lucie ist verschwunden

Der Hund, den uns Miß Lucie in einer eisigen Winternacht zugeführt hat, heißt inzwischen Torro. Miß Lucie ist – wie ja bereits bekannt – meine Katze.
Es wäre schön, jetzt erzählen zu können, die beiden lägen sich stundenlang in den Armen, beziehungsweise in den Pfoten, teilten einträchtig Korb und Futter und seien unzertrennlich.
Es wäre schön, aber es entspräche nicht der Wahrheit. Ebensogut könnte ich behaupten, unsere Kinder seien ein Herz und eine Seele, stets der gleichen Meinung und immerfort zusammen.
In Wirklichkeit baumelt an Friederikes Zimmertür des öfteren ein selbstgemaltes Schild aus Pappkarton, darauf in schwarzen Blockbuchstaben geschrieben steht: »Eintritt verboten für Simon Steinberg.«
»Du bist ja hohl hier«, sagt Simon und beklopft sich die Schläfe mit dem gekrümmten Zeigefinger, »wo bei andern Gehirn ist, hast du eine Luftblase. Lern erst mal Rechtschreibung, dann kannst du langsam dran denken, Schilder zu malen!«
»Aber du kommst dir vor wie der Größte, was?« schrillt Friederike zurück. »Wie Mister Superman persönlich, was? Ich will dir mal sagen . . .«
Spätestens hier rufe ich: »Ruhe!« Ob sich Torro und Miß Lucie ähnliche Freundlichkeiten an den Kopf werfen, wenn er sie wild umkreist und sie ihn mit zarter Stimme anmiaut, weiß ich nicht, könnte es mir aber gut vorstel-

len. Sobald er anfängt zu bellen und Miß Lucie die Rückenhaare sträubt, rufe ich: »Schluß jetzt!« Abends, wenn die Kinder im Bett liegen, Torro sich im Korb räkelt und Miß Lucie, zur Kugel gerollt, auf meinem Polsterstuhl schläft, bin ich manchmal heiser.

Jedenfalls aber bin ich erleichtert, weil um mich herum Friede herrscht und schläfrige Harmonie.

Das ist einer der Vorteile des Winters.

Sobald sich der Frühling ankündigt mit blaßgrünem Gras und Krokusspitzen, mit Temperaturen über Null und Katzengeschrei vorm Fenster, ist meine Ruhe dahin.

Die Kinder sind sich unverhältnismäßig einig, zumindest über das Thema. Sie sprechen den ganzen Tag von neuen Rollschuhen. Ächzend, stöhnend, mit Märtyrermienen pressen sie ihre Füße in die Stiefel vom Vorjahr, drehen, kurbeln und schieben an ihren Rollschuhen herum, seufzen, knurren, schrauben und stellen hoffnungslos fest, daß sie in diesem Frühjahr nicht Rollschuh laufen können. Die alten passen nicht mehr. Von neuen ist nicht die Rede. Nicht mir gegenüber.

Aber untereinander sprechen sie laut genug davon.

»Du hast Glück«, sagt Simon mit Grabesstimme zu seiner Schwester, »deine Füße sind zwei Nummern kleiner als meine. Dir passen wenigstens meine Rollschuhe noch.«

»Jungensrollschuhe!« empört sich Friederike, »na hör mal!«

Der Unterschied zwischen Mädchenrollschuhen und Jungenrollschuhen hat sich mir bis heute nicht erhellt. Dabei ist er so einfach zu erklären wie der Unterschied zwischen schwarz und weiß.

»Jungensrollschuhe«, so lautet die Version meiner Toch-

ter, »sind Rollschuhe, die ein Junge gefahren hat. Das sieht man daran, daß die Räder lauter kleine Löcher haben und die Lenkung kaputt ist. In Jungensrollschuhen kommt man nicht mal bis zur nächsten Ecke.«
Mit Erörterungen dieser Art beginnt für mich jeder Vorfrühlingstag. Die Abende werden weitgehend von einem stämmigen, grau getigerten Kater beherrscht, der sich auf der Matte vor der Terrassentür niederläßt und lautstark nach Miß Lucie ruft. Beim ersten Schrei stürzt sie an die Scheibe, betrachtet den Rufer von oben bis unten und wendet sich offenbar enttäuscht wieder ab.
Der Kater klopft mit seinem buschigen Schwanz auf die Steinplatten und schreit ohrenbetäubend.
Miß Lucie scheint taub zu sein. Nachlässig trottet sie in die Küche, nimmt ein Schlückchen Milch und möchte, wie sie mir mitteilt, ein Stückchen Wurst vom Abendbrot.
Draußen jammert der Kater, als liege er im Sterben. Miß Lucie ignoriert ihn völlig, frißt ihre Wurst, wäscht sich das dreieckige weiße Gesicht und den glänzend schwarzen Scheitel. Rollt sich, man hält es kaum für möglich, gemütlich in einem Karton zusammen, der im Winter die Rollschuhe beherbergt hat, und schließt geruhsam die Augen. Miß Lucie liebt Kartons, besonders wenn sie mit einer Schicht Seidenpapier ausgeschlagen sind. Draußen auf der Matte sitzt der Kater und starrt mit grünen Augen durch die Scheibe der Terrassentür. Aber nur so lange, bis Torro, der gerade vom Abendspaziergang kommt, sich mit voller Wucht und drohendem Gebell dagegenwirft. Der Kater macht einen Satz, bleibt am Essigbaum noch einmal stehen und trottet zögernd davon.
Sofort ist Miß Lucie auf den Beinen. Mit einem empörten

Faucher scheucht sie Torro von der Tür fort. Dann pocht sie aufgeregt an die Scheibe, um hinausgelassen zu werden.
Torro, der nichts lieber täte, als den fremden Kater zu verfolgen, muß von Friederike am Halsband festgehalten werden, während Miß Lucie eilig durch den geöffneten Türspalt schlüpft. Sekunden später sitzt sie unterm Essigbaum und betrachtet angelegentlich die fest verschlossenen Blätterkapseln.
Zwei Meter weiter, auf dem Bauch ausgestreckt, ruht der Kater und scheint mit geschlossenen Augen zu meditieren.
Solange sich das alles in unserem Garten abspielt, habe ich nichts dagegen. Aber der Kater ist ein Streuner, ich weiß es. Er wird keine halbe Stunde bleiben.
Sowohl er als auch Miß Lucie, wenn sie zusammentreffen, haben die seltsame Fähigkeit, sich in Luft aufzulösen.
Ich lasse also, für den Fall, daß Miß Lucie es sich ausnahmsweise anders überlegt, die Terrassentür ein paar Zentimeter weit offen.
Torro hat das Interesse verloren, weil er jetzt den allabendlichen Kampf ausfechten muß, den Kampf um seinen Schlafplatz. Er leitet ihn bereits in früher Phase ein, dann nämlich, wenn Friederike sich im Bad die Zähne putzt. Torro, normalerweise ein Bündel Temperament, sitzt unbeweglich wie ein Steiff-Tier neben dem Waschbecken. Friederike, in ihrem geblümten Schlafanzug, bürstet, schrubbt, spuckt und gurgelt endlos. Dazu muß man wissen, daß sie sich früher kaum die Lippen benetzte, außer wenn man sie energisch darauf hinwies. Dann, wenn sie sich auch noch die Haare gekämmt und

die Fingernägel gesäubert hat, was schon einem Wunder gleichkommt, schlendert sie schleppenden Schrittes durch den Flur. Torros Nase haftet an ihren nackten Fersen. »Gut Nacht«, sagte Friederike, und Torros Kopf sinkt schwarz und wollig und ungeheuer deprimiert auf den Teppich.
»Gut Nacht« bedeutet Abschied, Trennung, Einsamkeit und Verlassenheit. Jeden Abend demonstriert mir Torro, daß er es diesmal nicht ertragen wird. Seine Pfoten knicken bereits ein. Er wimmert leise.
»Ist ja gut, Torro«, sagt Friederike traurig, »ist ja gut, Schatz.«
»Nichts ist gut«, heißt das in der Übersetzung, »ein Jammer ist's, daß der Hund im Flur schlafen muß und ich in meinem Zimmer!« Mühsam schleppt sie sich zur Tür. Torro jedoch hört auf zu winseln, schnappt sich die Oberkante des flachen Katzenkorbes, den Miß Lucie ihm großzügig abgetreten hat, und zieht ihn rückwärts tänzelnd bis vor Friederikes Zimmertür. Dort läßt er ihn fallen, und beide – er und meine Tochter – sehen mich letztmals großäugig flehend an.
Es gibt Tage, da rührt mich nichts, nicht einmal der resignierte Plumps, mit dem Torro vor der Tür in den Korb fällt.
Andererseits kommt es vor, und das ist fast schon die Regel, daß Friederike ihre Tür weit offenläßt und Torro seinen Korb hineinschleift, während ich nur hinterherrufe: »Aber er bleibt im Korb, sonst schläft er ab morgen draußen!«

An diesem Frühlingsabend bin ich zerstreut. Ich lausche dauernd nach draußen. Später mache ich einen kleinen

Ausflug hinters Haus, umrunde den Essigbaum und die Terrasse.
Von Miß Lucie keine Spur. Auch der graue Kater bleibt verschwunden. Nun, ewig kann ich nicht aufbleiben. Normalerweise findet Miß Lucie gegen fünf Uhr morgens den Weg nach Haus und läßt es mich wissen. Das heißt, sie schreit durchdringend laut unterm Schlafzimmerfenster. Es ist genau die Stunde, zu der ich am tiefsten schlafe. Diesmal bin ich ausnahmsweise früh um fünf bereits wach und warte darauf, fröstelnd hinauswanken zu dürfen, um Miß Lucie die Haustür zu öffnen. Aber alles bleibt still.
Zwischen sechs und sieben wecke ich die Kinder und lasse Torro in den Garten. Wie eine Kanonenkugel schießt er hinaus. Wesentlich langsamer reagiert Friederike. Ihre Morgenunlust wirkt ansteckend. Nachdem sie nicht einmal ihren Orangensaft ausgetrunken, geschweige denn ein Stück Toast gegessen hat, fühle auch ich mich nicht sehr hungrig. Einzig Simon stopft blicklos alles in sich hinein, was ich ihm vorsetze.
»Miß Lucie ist noch nicht heimgekommen«, sage ich zu ihm. Er klappt ein Asterix-Heft zu, das er, an die Teekanne gelehnt, vor sich aufgebaut hatte, und lächelt mich aufmunternd an.
»Sie wird schon kommen, Mutter, wenn sie Hunger hat«.
Das hoffe ich auch. Obwohl Miß Lucie ein äußerst heikler Esser ist. Zudem beweist sie mir im Sommer täglich, daß sie auf meine Fürsorge nicht angewiesen, sondern durchaus imstande ist, sich selbst zu ernähren. Mäuse haben in unserem Garten keine Chance.
Vorsorglich stelle ich Miß Lucies Milch auf den Küchen-

fußboden und sehe am späten Nachmittag tatenlos zu, wie Torro sie schließlich aufschleckt. Der Abend kommt, und mit ihm der graue Kater.

Er also ist da.

Das bedeutet, daß Miß Lucie allein verschütt gegangen ist.

Vor lauter Sorge bin ich nervös und ungeduldig. Mir fällt auf, daß die Kinder entsetzlich beim Essen herumtrödeln, nachdem sie bereits unerträglich lahm ihre Schularbeiten erledigt haben. Torro dagegen macht mich wahnsinnig durch die ständige Bewegung, in der er sich befindet. Alle drei, das wird mir wieder einmal schmerzlich klar, entbehren der sanften Bestimmtheit, der stillen Souveränität meiner Katze.

»Komm«, sagt Simon und schnürt sich die Schuhe wieder zu, die er gerade ausgezogen hat, »wir gehen sie suchen. So hat das keinen Sinn mit dir.«

Bei einbrechender Dunkelheit ist das zwar schwierig, aber ich bin ihm trotzdem herzlich dankbar.

Torro, der nur ein Paar Schuhe zu sehen und einen Haustürschlüssel klirren zu hören braucht, um sich aufgefordert zu fühlen, springt bereits nach seiner Leine. Dabei geht eine Vase zu Bruch, Friederike stürmt mit dem Aufwischlappen herbei, es vergehen zehn lange Minuten. Es gibt viele Möglichkeiten, für Miß Lucies Ausbleiben, aber ich kann mir nur noch die finstersten ausmalen: Jemand hat sie in einen Sack gesteckt und an die Tierversuchsanstalt verkauft. Oder ein Auto hat sie oben an der Durchgangsstraße erwischt.

Oder der Jäger hat sie erschossen, weil sie gewildert hat. Friederike dagegen zählt auf, wie oft Miß Lucie schon weggeblieben ist und wie lange. Das stimmt zwar,

geschah aber immer nur dann, wenn ich nicht zu Hause war. Ich engagiere die besten Betreuerinnen für Miß Lucie, wenn ich, was selten vorkommt, verreise.
Miß Lucie wirft ihnen nur einen flüchtigen Blick zu, verschwindet und läßt sich erst wieder blicken, wenn ich das Haus heimkommend betrete. In diesem Augenblick erscheint sie aus dem Nichts, preßt ihren kleinen, weichen Körper an meine Füße und läuft mir voraus in die Küche.
Bis zu drei Wochen ist Miß Lucie schon im Untergrund gewesen, wenn ich, wie gesagt, fort war.
Diesmal aber bin ich da gewesen. Wir streifen durch die stillen Straßen unseres kleinen Ortes. Die Kinder hangeln sich an jeder Gartenmauer hoch und spähen in jeden Schuppen. Sie entdecken eine empörte Katzenmutter mit vier winzigen Jungen im Heu einer verlassenen Scheune, ein paar auf Staketen gestülpte alte Handschuhe sowie Wasser in einem sonst ausgetrockneten Bachlauf. Der Ort endet, vor uns liegt nur noch der Friedhof, eine einsame Pferdekoppel und der Wald.
»Sie hat doch ihre Tollwutimpfung?« fragt Simon.
»Natürlich hat sie die.«
»Trotzdem wär's blöd, wenn sie in den Wald gegangen wäre.«
Torro an seiner Leine bäumt sich auf wie ein Fohlen. Friederike kann ihn kaum halten.
Dieser Hund, denke ich, ist das Leben selbst. Und was wird mit Miß Lucie sein?
»Oh, verflixt!« keucht Friederike, aber es ist schon zu spät. Mit fliegenden Ohren saust Torro über die Koppel. Seine Leine schleift über Gräser und Steine. Hinter ihm, mit angewinkelten Ellenbogen, läuft Simon.

Beide werden gebremst von einem Stacheldrahtverhau, den die Gemeinde um eine kleine Tannenschonung gezogen hat. »Warum, zum Teufel«, knirsche ich, während Friederike und ich ebenfalls über die Koppel hasten, »hält er ihn nicht fest? Reicht es nicht, daß uns ein Tier verlorengegangen ist! Und was tut dieser Junge? Nimmt dem Hund auch noch die Leine ab!«
»Damit er sich nicht verfängt!« ruft Friederike zurück, die mir um ein paar Meter voraus ist.
Es dauert eine Weile, bis auch ich endlich die Schonung erreicht habe. Beide Kinder zittern vor Aufregung, während Torro mit wildem Gebell den Stacheldraht umkreist. Eine zarte Stimme antwortet aus dem Dickicht.
»Miau!« sagt Miß Lucie und schiebt ihren schwarz gescheitelten kleinen Kopf unter einem Tännchen hervor.
»Sie kommt nicht durch den Drahtverhau«, erklärt Simon atemlos, »irgendwo muß es ein Loch geben, durch das sie hineingeschlüpft ist. Jetzt hat sie vergessen, wo.«
Friederike, die ohne mein Wissen und bestimmt gegen meinen Willen die herrenlosen Handschuhe vom Staketenzaun mitgenommen hat, zieht sie jetzt triumphierend hervor. Simon streift sie über, benützt mich als Stütze, zerkratzt sich seine neuen Schuhe und den unteren Teil seiner Waden und springt ins Dickicht. Miß Lucie weicht sekundenlang erschrocken zurück. Ich lege alle Überredungskünste in meine Stimme, als ich sie wieder herauslocke.
Simon hebt sie auf und reicht sie mir über den Zaun. Dann folgt er selbst, wobei er sowohl die Handschuhe als auch die Strümpfe zerfetzt.
Miß Lucie erzählt mir eine lange, klagende Geschichte,

während sie auf meinem Arm sitzt und sich nach Hause tragen läßt. Ich mache ihr ernsthafte Vorhaltungen und weise auf Torro hin, ohne dessen Hilfe wir sie nicht gefunden hätten.
Miß Lucie gähnt und blinzelt mich schläfrig an. Torro, von Friederike überschwenglich gelobt, schwillt vor Stolz förmlich an.
»Und ich?« fragt Simon.
»Du kriegst neue Rollschuhe.«
»Und ich?« echot Friederike. »Wo es mein Hund war, der Miß Lucie gefunden hat?«
Ich fange an zu rechnen. Miß Lucie bohrt mir ihren kleinen runden Kopf unters Kinn, als wolle sie fragen, wieviel sie mir wert sei.
»Na schön«, sage ich schließlich, »du auch.«
Friederike vollführt einen Freudentanz, Torro springt sofort einen halben Meter hoch, und Simon hüpft auf einem Bein, um das zerschundene zu schonen.
Miß Lucie legt mir die Pfoten um den Hals und läßt sich um ihre Heimkehr feiern.

3 Miß Lucies Überraschung

Seit Tagen sprechen die Kinder von einem Schaf, beziehungsweise von einem Lamm.
Wäre das nicht ein idealer Rasenmäher? Sollte man Papa dies nicht einreden, anstelle des kreischenden, unförmigen Monstrums aus rotlackiertem Metall, das außerdem auch noch dauernd repariert werden muß?
»Ein Schaf«, gibt Simon ernsthaft zu bedenken und kaut an seinem Füller, »wäre etwas viel Natürlicheres. Du glaubst gar nicht, wieviel jetzt in der Schule vom Umweltschutz geredet wird, Mama!«
Ich glaube ihm. Ich würde auch gerne mit ihm darüber reden; man lernt heutzutage im Gespräch mit seinen Kindern; man bildet sich; man bleibt auf dem laufenden. Aber irgendwie bin ich abgelenkt. Etwas nagt an mir.
»Wir haben schon Torro«, sage ich zu Simon, »und wir haben Miß Lucie. Fürs erste genügt uns das.«
Simon teilt meine Meinung nicht. Ich sehe es an seinen gerunzelten Augenbrauen und dem angestrengten Gesichtsausdruck.
»Lern deine englischen Vokabeln«, sage ich mechanisch, »damit ich dich endlich abhören kann. Nachher muß ich zur Post, dann habe ich keine Zeit mehr.«
Simon, dessen Stärke nicht im Sprachenlernen liegt, tippt mit dem Ausdruck gerechter Empörung auf das mit etlichen Eselsohren verzierte Vokabelheft.
»Es ist einfach nicht fair, Mama. Englische Kinder lernen kein Deutsch. Warum müssen deutsche Kinder Englisch lernen?«

»Damit sie sich auf Reisen verständigen können. Damit überhaupt eine Verständigung möglich ist. Englisch wird in soundso vielen Ländern der Erde gesprochen. Deutsch dagegen nur in wenigen. Herrje, nun mach schon endlich weiter!«

»Und es ist doch unfair«, murmelt Simon, und im Grunde meines Herzens stimme ich ihm zu, denn englischen Müttern bleiben Diskussionen dieser Art ihr Leben lang erspart.

Mit welchem Recht eigentlich?

Wie gesagt, etwas nagt an mir. Eine Frage, früher hundertmal gestellt und schließlich beiseitegelegt, stellt sich plötzlich mit neuer Intensität: Ist Miß Lucie steril? Kriegt sie keine Kinder? Gibt es eine angeborene Unfruchtbarkeit bei Katzen? Sollte ich sie untersuchen lassen? Miß Lucie ist drei Jahre alt. Abgesehen von augenfälliger Schönheit ist sie von liebenswürdiger Sanftmut. Außerdem ist sie sehr klein.

Während ich Simon die verhaßten Vokabeln abhöre, sitzt Miß Lucie auf der Fensterbank und blinzelt hinaus. Ihr weißes Gesichtchen unterm glänzend schwarzen Scheitel sieht nachdenklich aus, so, als lausche sie in sich hinein. Einmal, wie unabsichtlich, hebt sie die kleine Pfote, läßt sie wieder sinken und sitzt still wie ein Denkmal. Simon kann die Vokabeln nur zu Hälfte, ist jedoch nicht zu bewegen, die letzten zehn noch einmal abzuschreiben.

»Ich gehe jetzt Fußball spielen«, sagt er verbissen und schmeißt Hefte und Bücher wahllos in die Mappe.

Soll er. Es ist sein Bier, nicht meins. Immer heißt es, man dürfe den Kindern nicht alle Verantwortung abnehmen, indem man sie gängelt, hinweist, drillt, zwingt.

Obwohl, wie ich mir eingestehe, ein bißchen Drill in

Bezug auf Grammatik und unregelmäßige Verben meinem Sohn nicht schaden würde.
Miß Lucie sieht ihm vorwurfsvoll zu, wie er seine Fußballschuhe schultert und zur Haustür hinaus poltert. Im Geiste schüttelt sie jetzt den Kopf und findet Jungens grob, laut und unmanierlich. Ich trete ans Fenster und streichle ihren kleinen schwarzen Kopf. Sie frißt nicht mehr als sonst, soviel ich weiß, aber sie ist rundlich geworden in diesem Frühling. Es fällt mir auf. Es macht mich unruhig.
Der Kater, groß, stark, grau, mit den schwarzen Streifen der Wildkatze zwischen Augen und Ohren, kommt nicht mehr. Miß Lucie scheint ihn nicht zu vermissen. Meine Gesellschaft, wenn sie überhaupt welche braucht, ist ihr die liebste. Wir betrachten gemeinsam einen Vogel, der draußen im niedrigen Geäst eines Strauches sitzt. Miß Lucies Augen funkeln sekundenlang grün und unternehmungslustig. Aber der Funke erlischt schon, ihr gespannter Rücken senkt sich wieder. Gähnend streckt sich Miß Lucie auf der Fensterbank aus.
Kein Zweifel, sie ist träge geworden.
Zwei Wochen vergehen.
Simon schreibt eine Fünf in der Englischarbeit. Friederike fällt durch die Fahrradprüfung.
Noch nie ist ein bayerisches Kind durch die vom Verkehrsministerium angesetzte Fahrradprüfung gefallen. Es ist eine nationale Katastrophe, eine Blamage auf höchster Ebene. Friederike weigert sich, das Haus zu verlassen. Ich rufe den Lehrer an. Sage ihm, daß Friederike ein gutes Kind ist. Eines, das nie vergißt, seinen Hund zu füttern, und kein böses Wort je gegen seine Mutter schleuderte.

Auch schreibt sie, im Gegensatz zu ihrem Bruder, dem Fußball-As und Radfahrkönig, keine Fünfen.
Na schön, sie kann nicht radfahren. Vermutlich liegt's am Gleichgewichtssinn. Ich habe auch nicht viel. Beim Fensterputzen steige ich ungern auf eine Leiter. Sie wird's also von mir geerbt haben.
Und wenn schon! Wenn man bedenkt, was andere Kinder von ihren Eltern erben! Hang zur Kleptomanie, zum notorischen Lügen, zum Streunen . . .
»Frau Steinberg«, unterbricht mich der Lehrer, »wir schweifen ein wenig vom Thema ab. Seit es diese Prüfung gibt, und sie ist weiß Gott nicht besonders schwer, ist mir kein Kind durchgefallen. Kein einziges. Es wirft ein schlechtes Licht auf mich – verstehen Sie?«
Ich verstehe gezwungenermaßen.
»So ein Idiot!« schreit Simon, nachdem er seine Schwester eine Niete genannt hat, von der er sich am liebsten scheiden ließe, wenn so was unter Geschwistern möglich wäre. »Dem geht's ja überhaupt nicht um Friederike, dem geht's doch nur um seinen guten Ruf! Es wirft ein schlechtes Licht auf ihn! Haaa!«
Miß Lucie wird's zu laut. Sie wälzt sich von meinem Schoß, streckt sich und verschwindet mit steil aufwärtsgerichtetem schwarzen Schwanz im Schlafzimmer. Friederike sitzt mit verweinten, leicht geschwollenen Augen am Tisch und weigert sich zu essen. Höchstens eine Portion Eis mit Sahne. Mehr wird sie nicht hinunterbringen, wo alle dermaßen auf ihr rumhacken.
Wenn sie die Madonna vom Maialtar geklaut hätte, könnte es nicht schlimmer sein.
»Du hältst den Mund«, verweise ich Simon sehr entschieden, »und du ißt wenigstens einen Toast vor dem Eis,

sonst kriegst du Magenkrämpfe, Friederike. Torro, laß das Bellen!«
Es gibt nichts, in das Torro sich nicht lautstimmig einmischte. Sobald in unserem Hause etwas ausdiskutiert wird, besonders dann, wenn es Friederike betrifft, kläfft dieser Hund sich die Seele aus dem Leib.
Ich warte schon lange auf ein offenes Wort des Tadels von unseren Nachbarn und habe eine Entschuldigung dafür schon auswendiggelernt.
Vor lauter Aufregungen habe ich vergessen, den Mülleimer pünktlich rauszustellen. Auch das noch. Jetzt kann ich nicht einmal die Papierkörbe leeren. Alles quillt über.
»Wenn wir«, belehrt mich Simon, »einen Ofen hätten, am besten einen großen Kachelofen, dann könnten wir das ganze Zeug verbrennen. Fast alles, was wir wegschmeißen, ist brennbar. Stell dir vor, wieviel Heizungskosten wir sparen könnten! Überhaupt leben wir falsch. Im Garten zum Beispiel . . .«
Ich weiß, daß jetzt wieder das Lamm ins Gespräch kommt, beziehungsweise das Schaf. Friederikes Augen schwellen bereits ab, ein heller Glanz belebt ihren Blick.
»Wie meinst du das, Simon? Ein Lamm? Aber ja, klar, das wäre die Lösung!«
Im Schlafzimmer schließe ich das Fenster. Es ist kalt in diesem Frühjahr, rauh, unwirtlich.
Miß Lucie liegt auf meinem Bett, genauer gesagt auf der gehäkelten Bettspreite. Ihre Augen scheinen in unbekannte Fernen zu blicken. Sie zieht die Beine ein wenig an, hockt, wie zum Sprung bereit, springt aber nicht. Sie ist rund wie ein Apfel, prall, dick. Ihr Kopf bewegt sich unruhig unter meiner Hand.

Im offenen Türspalt erscheint Torros neugierige schwarze Schnauze.
Miß Lucie faucht wie eine Kobra.
Die Schnauze verschwindet in Sekundenschnelle.
Ich habe erschrocken meine Hand von Miß Lucies Kopf abgezogen.
Was, um Gottes Willen, fehlt dem Tier? Was hat es? Bevor Miß Lucie faucht, muß sie sich ernstlich bedroht fühlen. Aber wer bedroht sie? Was?
Sie läßt sich schwerfällig auf alle vier Pfoten nieder und brütet dumpf vor sich hin.
Draußen klingelt das Telefon.
»Mama«, ruft Simon, »komm mal an den Apparat!«
Es ist Friederikes Lehrer, dem meine Vorhaltungen zu Herzen gegangen sind. Friederike kann die Prüfung nachmachen, nächste Woche.
»Nein!« ruft Friederike, als ihr die frohe Botschaft verkündet wird, »nicht noch mal in diesen gräßlichen Verkehrsgarten mit den vielen Ampeln und Kreidestreifen auf dem Boden! Ich will das nicht noch mal machen, Mama, bitte, nicht noch mal!«
»Wir werden es uns in Ruhe überlegen«, sage ich, meine Gedanken sortierend, »für heute möchte auch ich nichts mehr davon hören. – Irgendwas stimmt nicht mit Miß Lucie.« Die Kinder, wie immer, wenn ich richtig bedrückt bin, reagieren wie Seismographen.
»Komm, wir sehen sie uns mal an«, schlägt Simon mit der besänftigenden Stimme eines Therapeuten vor und nimmt mich sogar bei der Hand. Noch bevor wir das Schlafzimmer erreichen, hören wir Miß Lucie einen Schrei ausstoßen, der mir das Blut in den Adern gerinnen läßt. Die Kinder stehen wie angewurzelt, leichenblaß beide.

Es dauert eine Weile, bis wir ins Schlafzimmer vordringen. Miß Lucie liegt auf der Seite. Sie ist ungeheuer beschäftigt. Ihr kleiner runder Kopf bewegt sich rhythmisch von rechts nach links und von links nach rechts.
»Oh!« haucht Friederike und fällt auf die Knie. Simon hält den Atem an. Ich gewinne meine Fassung wieder, fühle mich erlöst, erleichtert, glücklich wie selten und schrecklich aufgeregt.
Miß Lucie leckt methodisch und überaus gründlich ihr erstgeborenes Kind sauber. Sie beutelt es liebevoll zwischen den Vorderpfoten und legt es dann vorsichtig beiseite.
»Es sieht aus wie eine Maus«, flüstert Friederike andächtig. Sie hat recht.
»Kriegt sie noch eins, Mama?«
»Wahrscheinlich. Aber ich glaube, sie wäre lieber allein.«
Sehr widerstrebend ziehen sich die Kinder zurück. Miß Lucie wirft mir einen Blick voller Dankbarkeit und Ergebung zu. Dann bringt sie ihr zweites Kind zur Welt.
Ein Mädchen, wie ich mit geschärftem Blick feststelle, auch dieses eher einer Maus ähnlich. Schwarz, soviel ich sehe, oder sehr dunkelgrau. Das dritte ist winzig und ein bißchen unterentwickelt. Miß Lucie tut, was sie kann. Zehn Minuten lang kümmert sie sich mit gesteigerter Konzentration ausschließlich um diese spärlich behaarte, nur wenige Gramm wiegende Unansehnlichkeit.
Sie massiert, beklopft, zupft, beutelt, schiebt und leckt den Winzling.
Die beiden anderen melden sich bereits mit dünnen, jammernden Stimmchen. Miß Lucie ignoriert sie.
Ich werde nervös.
Miß Lucie ist klein und verwöhnt.

Sie ist drei Jahre alt und hatte nie Kinder. Wer weiß, ob sie alles richtig macht. Andererseits – wie sollte sie sich mit gleicher Intensität um alle drei gleichzeitig kümmern? Müßte ich ihr zur Hand gehen?
Der Winzling gibt einen klagenden Ton von sich.
Miß Lucie läßt erschöpft von ihm ab. Offenbar ist das Ziel ihrer Bemühungen erreicht. Sie rollt mit der Pfote die beiden anderen zu sich heran und streckt sich der Länge nach auf der gehäkelten Bettspreite aus.
Ihre mausähnlichen Kinder graben sich in ihr weiches weißes Bauchfell und fangen schmatzend an zu trinken.
Miß Lucies Augen sind weit offen. Sie sieht mich lange an. Ihr Blick verrät Triumph und grenzenloses, unbedingtes Vertrauen.
Ich lege ihr vorsichtig die Hand auf den Hinterkopf und versichere ihr, nie schönere Kinder gesehen zu haben als die ihren.
Ich gebe ihr zu verstehen, daß sie sich phantastisch gehalten hat. Sie schließt und öffnet beide Augen mehrmals, zum Zeichen dafür, daß sie jedes Wort versteht.
Dann stürze ich hinaus und rühre Eiermilch, wärme Hackfleisch und frage mich und die Kinder – meine Kinder! –, wann und wie wir die kleine Familie in einen großen Korb umbetten sollen.
Zu diesem Umzug, der Miß Lucie offenbar weniger ausmacht, als ich erwartet hatte, ringe ich mich erst am nächsten Morgen durch. Die Nacht verbringen mein Mann und ich auf Sofas im Wohnzimmer. Zweimal erscheint Miß Lucie im Türrahmen, als wolle sie sich vergewissern, daß wir auch wirklich dort zu übernachten gedenken.
Sie ist so sicher auf den Beinen, als wäre nichts gesche-

hen, und – ich kann das nicht verstehen – genauso rund wie gestern und vorgestern.
»Warum schleicht sie bloß dauernd rum?« frage ich.
»Um zu sehen, wo Torro geblieben ist«, mutmaßt mein Mann, »sie hält ihn für einen natürlichen Feind ihrer Kinder.«
Das wäre übrigens nicht nötig gewesen. Torros ungeheurer Respekt vor Miß Lucie wächst ins Unermeßliche, seit sie mit den drei Babys im Korb liegt und ihn anfaucht, sobald er ahnungslos vorbeitrottet.
Er tut uns leid.
Friederike geht stundenlang mit ihm spielen und spazieren; abends darf er ohne große Umstände gleich mit in ihr Zimmer. Eine weitere Woche vergeht.
Draußen scheint warm und hell die Frühlingssonne. Wir stellen den Korb mit den Kleinen auf die Terrasse. Miß Lucie freut sich sichtlich darüber. Jetzt kann auch sie in Ruhe ein bißchen Luft schöpfen. Ihre Kinder haben inzwischen hellblaue Augen und kleine Katzenpfoten bekommen. Es sind zwei Töchter und ein Sohn. Der Junge wird binnen kurzem aussehen wie ein Spielzeugtiger, grau in grau gestreift. Die eine Tochter ist einfarbig dunkelgrau, sehr apart. Die jüngste, unterentwickelte, von der ich schon annahm, sie werde das Leben nie kennenlernen, sieht aus wie Miß Lucie, nur daß sie erst die Größe eines Hamsters erreicht hat. Auch ist ihre Zeichnung nicht ganz so originell. Von allen dreien ist sie die Zäheste, Ausdauerndste, die Ewig-Quengelnde. Wäre Miß Lucie eine Menschenmutter, dieses jüngste Kind würde ihr pausenlos auf die Nerven fallen.
Aber Miß Lucie ist eine Katzenmutter, und Nerven hat sie nicht. Alle paar Minuten striegelt und säugt sie den

Schreihals, bis er still ist und friedlich einschläft. Miß Lucies Geduld ist ohnegleichen, ihre Milchquellen scheinen nie zu versiegen, was auch kein Wunder ist bei der Beköstigung, die sie genießt. Selbst jetzt, draußen auf der Terrasse, serviere ich ihr Milch. Sie hat immerzu Durst. Aber nicht nur sie.

Aus dem Nichts taucht der Kater auf, der Streuner, Gefährte ihrer Vorfrühlingsnächte. Sie sieht ihn nicht. Ungleich Torro, kommt der Graue auf samtweichen Pfoten, nähert sich über die Terrassenmauer, landet ziemlich verdutzt im Sprung neben dem Korb. Miß Lucie wird zur rasenden Furie. Ihr Fell sträubt sich von Kopf bis Schwanz, ihr kleines weißes Gesicht wird breit wie das einer Löwin. Der Kater hebt wie zur Selbstverteidigung die Pfote, Miß Lucie stürzt sich auf ihn. Sie ist halb so groß wie er.

Ich will gerade nach einem Besen eilen, während die Kleinen im Korb leise quietschen, aber das brauche ich nicht mehr. Der Spuk ist vorüber. Zehn Sekunden oder zwanzig. Länger hat es nicht gedauert. Der Kater hinkt eilig durch den Garten zum Zaun. Seine Pfote blutet. Miß Lucie hat sie durchgebissen.

Simon folgt ihm, um ihn zu verarzten, wenn möglich. Ein bißchen Arnika vielleicht und Lebertransalbe auf die Wunde. Und ein Stück Fleischwurst zum Trost. Miß Lucie lagert sich zwischen die Kleinen. Noch zittern ihre Schnurrhaare. Die Babys krabbeln eilig ins weiße Bauchfell. Sie sind kein bißchen geschickt. Ihr Vertrauen in Miß Lucie, in ihre Stärke, ihre Wachsamkeit und ihre Milch ist unendlich. Man kann es förmlich spüren. Sie schnurren wie drei kleine Nähmaschinen, während Miß Lucie sich langsam entspannt. Sie kennt meine Abneigung gegen

Kräche jeder Art, gegen Gewalttätigkeit und wüste Raufereien.
»Ich konnte nicht anders«, scheint ihr grüner Blick zu sagen, »diesmal hatte ich keine andere Wahl.«
Ich kraule sie unterm Kinn und streichle die hamstergroßen, weichen Kinder mit dem Zeigefinger. Miß Lucie läßt es ruhig geschehen. Im großen und ganzen verläßt sie sich auf mich. Nur in Augenblicken höchster Gefahr tut sie es nicht, sondern handelt lieber selbst. »Du hast recht, wie immer«, sage ich und höre Simon zurückkommen. Die Wurst ist er losgeworden, soviel steht fest. »Und wenn du es richtig überlegst«, höre ich ihn eindringlich zu seinem Vater sagen, der aus dem Wagen gestiegen ist und jetzt über die Steinfliesen kommt, »bist du mit einem Schaf wesentlich besser dran als mit einem Rasenmäher . . .«
»Hej«, schrillt Friederikes Stimme dazwischen, »ich hab die Fahrradprüfung nachgemacht und bestanden. Was sagst du jetzt?«
»Phantastisch«, höre ich meinen Mann ganz überwältigt antworten, »lauter Erfolgsmeldungen! Möchte wissen, ob Miß Lucie auch eine hat!«
»Und ob«, sage ich, während Miß Lucie ihre Kinder emsig sauber schrubbt, zum Vorführen, sozusagen.

4 Miß Lucie und der Bumerang

Was ich in zwanzig Jahren schaffe, wenn überhaupt, hat meine Katze in acht Wochen hinter sich gebracht: Aufzucht, Erziehung und Abnabelung ihrer Kinder.

Es waren drei. Ein grau getigerter Junge, auf den Miß Lucie besonders viel Sorgfalt verwendete, was die sportliche Ertüchtigung betraf, das heißt, sie lockte ihn täglich mindestens fünfmal auf ein besonntes Mäuerchen und hieß ihn sich an den bemoosten Steinen wieder hinunterhangeln. Am Anfang krallte er sich angstbebend oben fest, zum Schluß wagte er schon übermütige kleine Sprünge. Wir nannten ihn Leo. Die Leute, die ihn achtwöchig in ihre Penthauswohnung mitnahmen, stellten ihm sofort einen harten Holunder-Kletterbaum in die Diele und schirmten ihre Balkonbrüstung mit einem Drahtgeflecht ab.

Die Tochter, durchgehend dunkelgrau, wurde ebenfalls von Miß Lucie energisch trainiert. Sie schien mir gelehriger als der Junge, schneller im Erfassen aller lebenswichtigen Situationen und bald schon im Begriff, ihrer Mutter über den Kopf zu wachsen. Miß Lucie empfand wohl ähnlich. Diese Tochter hatte zu viel Charme.

Miß Lucie war erleichtert, als Cleo – der Name paßte wie das weiche, dunkelgraue Fellkleidchen – unser Haus verließ.

Dann war da noch Zaza, das spät entwickelte Sorgenkind mit der Jammerstimme, die Tote auferweckte. Zaza, die schreiend unter dem Mäuerchen saß und auch hinaufwollte. Zaza, die, wenn sie mit meiner und Miß Lucies Hilfe endlich oben war, noch lauter schrie, um wieder heruntergehoben zu werden.

Zaza, deren kleine, spitze Ohren lange Zeit nur spärlich behaart blieben, obwohl Miß Lucie sie täglich striegelte und massierte, säuberte und zurechtstrich. Zaza, die in Miß Lucies Schatten lebte und sie auch nachts nicht ruhig schlafen ließ, weil sie stets in Mutters Bauchfell ruhen wollte, so wie als kleines Katzenbaby. Miß Lucies unendliche Geduld hatte plötzlich Grenzen gezeigt. Sie wollte nun wieder ihren Polsterstuhl für sich allein bewohnen. Zazas durchdringende Stimme schien sie nicht mehr zu beeindrucken, nur noch zu stören. Irgendwann während der letzten Woche, die Zaza in unserem Hause verbrachte, mauserte sie sich unversehens zu einem ansehnlichen schwarz-weißen Kätzchen, wenn ihr auch die augenfällige Schönheit ihrer Mutter versagt blieb.

Elmar Weidleich jedenfalls, Grafiker von Beruf, Tierfreund aus Passion, fand sie so anziehend, daß er sie sich wie eine Brosche auf den Jackenaufschlag setzte und frohgemut nach Hause trug.

Das ist jetzt drei Wochen her. Von Leo erhalte ich regelmäßig aufregende Bulletins per Telefon. Er benutzt den Kletterbaum, um auf massive Bilderrahmen zu springen und dort zu schaukeln. Die Leute erwägen, auch dort mit dem Drahtgitter zu arbeiten, das sich auf der Balkonbrüstung gut bewährt hat.

Von Cleo höre ich, daß ihr die Familie zu Füßen liegt und man sich allabendlich darum streitet, wer sie mit ins Bett nehmen darf. Sie frißt nur noch rohes Hackfleisch, mindere Kost lehnt sie ab.

Von Zaza weiß ich nur, daß sie gut angekommen ist. Das soll mir vorläufig genügen. Elmar Weidlich ist mit Tieren aller Art vertraut. Er hat sogar schon Schlangen gehalten, als seine Behausung dies erlaubte. Ein junges Kätzchen dürfte ihn kaum über Gebühr beanspruchen.
Außerdem habe ich zu tun. Der Tag ist heiß. Miß Lucie hat sich bäuchlings auf dem Gartentisch ausgestreckt und schläft.
Ich mache mir Gedanken um das Mittagessen. Die Kinder haben sich Hamburger bestellt. Sie tun das dreimal in der Woche, aber nur einmal im Monat lasse ich mich darauf ein. Meist ist es eine große Enttäuschung für alle Beteiligten, außer für Miß Lucie und Torro. Aber unbelehrbar, wie ich leider oft bin, schneide ich hurtig Brötchen auf, brate Hackfleisch aus, wasche frische Salatblätter, stelle den Ketchup zurecht und wiege mich in froher Erwartung.
Diesmal, sage ich mir, wird's ein Erfolg. Ich sage es mir allerdings nur so lange, bis Friederikes Schulranzen durch die Gartentür geflogen kommt und sie mit finsterem Gesicht folgt. Torro umspringt sie bekümmert und leckt ihr tröstend beide Hände.
Statt sich sofort die Finger zu waschen, plumpst meine Tochter erst einmal auf einen Stuhl.
»Hamburger?« fragt sie mit einem Hoffnungsschimmer in den Blauaugen.
»Natürlich! Ihr habt sie doch extra bestellt.«
Aber Friederike hört nicht zu. Ihre Gedanken sind noch immer da, wo sie gerade hergekommen ist: in der Schule.
»Er ist ja so gemein!« kommt es aus den Tiefen ihrer Überzeugung gesprudelt, und sie trommelt mit den ungewaschenen Händen aufs Tischtuch. Ihre Augen

sprühen blaue Funken, während sie heiser fortfährt: »Meinst du vielleicht, wir hätten heute Zeichnen gehabt? Meinst du das? Wo es doch so auf dem Stundenplan steht, fünfte und sechste Stunde Zeichnen, nicht wahr? Aber nie, nie, nie« – ihre Stimme schrillt – »hält er sich an den Stundenplan! Immer mit seinem blöden Rechnen kommt er daher! Weil er das ja so gerne macht! Wo er's ja auch kann, haa!« Die schrille Stimme schwankt vor Erbitterung. Torro sitzt sprungbereit, gespannt wie eine Feder, fähig und willens, sich auf den unbekannten Feind zu stürzen.

»Immer«, zischt Friederike, »geht's nur nach ihm! Rechnen macht er, Grammatik macht er, Schönschreiben macht er! Er macht einfach, was er will! Es ist ungerecht von ihm und richtig gemein!«

Er ist ihr Lehrer. Ihr Anfang und ihr Ende. So heftig wie ihre Neigung zu ihm ist ihre Kritik an ihm. Wäre er ein Übermensch, hätte Friederike Steinberg mit Sicherheit auch noch etwas auszusetzen, ein Recht übrigens, das sie nur sich selbst zugesteht.

»Was ist denn mit ihr los?« erkundigt sich Simon, der auch nicht gerade taufrisch, aber weit weniger aufgewühlt nach Hause gekommen ist.

»Ach, nichts Besonderes. Heute ist Dienstag, und sie hatten wieder kein Zeichnen.«

»Dagegen würde ich mich wehren, ganz einfach.«

»Nun laß schon, Simon —«

»Nein wirklich, ich tät's Mama! Er hat sich nach dem Stundenplan zu richten, fertig. Er kann nicht einfach nach seiner Nase Schule halten! Ich kenne ihn! Mir hat das früher auch immer gestunken!«

»Dich geht das gar nichts an!« schreit Friederike und hebt

schon das Salzfaß, um damit zu werfen, »er weiß, was er tut! Ganz genau weiß er das! Er tut's ja nur, damit wir was lernen, du Blödmann, und weil er sein Programm schaffen muß! Außerdem ist er mein Lehrer, nicht deiner! Als du ihn hattest, war er ganz anders! Du sollst ihn nicht immer vergleichen! Ich will das nicht!«
Simon hebt matt die Hand, murmelt resigniert: »Halt doch endlich die Klappe«, und nimmt Platz.
Ich bringe in nicht mehr ganz froher, aber ungebrochener Erwartung das Essen auf den Tisch.
»Was ist denn das?« erkundigt sich mein Sohn so erstaunt, als hätte ich aus Versehen einen Sandkuchen gebacken.
»Das sollen Hamburger sein«, belehrt ihn seine Schwester mit mürrischem Gesicht.
»Wirklich, Mama?« Er starrt mich ungläubig an.
»Ja, was denn sonst wohl?« frage ich zurück, in einem Ton, der beide verstummen läßt.
»Ihr habt euch für heute Hamburger gewünscht«, sage ich anklagend, »oder habt ihr das wieder vergessen?«
»Ja. Das heißt nein. Wir habens nicht vergessen. Aber wir meinten Hamburger, Mama.«
»Und was ist das hier, bitte?« Ich deute auf die gefüllten Brötchen und rücke den Ketchup in Greifnähe. Persönlich verabscheue ich das Zeug. »Sie sind zu knusprig«, erklärt Simon vorsichtig und geduldig, »matschig müßten sie sein. Und die Schicht innen ist zu dick. Da kriegt man ja Maulsperre!«
»Wenn ihr im Lokal Hamburger eßt, kriegt ihr auch immer Maulsperre. Aber dort fällt es nur nicht auf, euch nie!«
Die Kinder wechseln einen Blick der besagt, daß mit mir

jede Diskussion fruchtlos ist. Ich fühle mich marode und verkalkt. »Im Lokal«, sagt Friederike und zupft mit spitzen Fingern die Salatblätter zwischen den Brötchenhälften heraus, »schmecken sie eben anders. Sie sehen auch anders aus. Sie sind überhaupt anders.«
»Warum ißt du den Salat nicht?«
»Er hat solche Strünke.«
Ich muß mich sehr zusammennehmen, um nicht lauthals loszulegen von wegen dem Überfluß, in dem sie großwerden (als wenn sie etwas dafür könnten!), und von wegen der Menschen, die täglich auf der Welt verhungern. Einen Teil dieser Gedankengänge verdränge ich, wie üblich, aber den Rest kann ich mir auch wieder nicht verkneifen.
Sie hören mit leerem Blick zu. Sie kennen die Geschichte so gut wie die von Hänsel und Gretel.
Simon leert schweigend die halbe Ketchupflasche über die beiden mißverstandenen Hamburger auf seinem Teller und ißt alles rasch und methodisch auf, als wolle er es hinter sich bringen. Friederike trödelt endlos und füttert verstohlen ihren Hund unterm Tisch.
Miß Lucie öffnet beide Augen weit und witternd und springt entschlossen von meinem Schreibtischstuhl.
»Gib ihr auch was ab«, sage ich zu meiner Tochter.
»Ich denke, wir dürfen bei Tisch die Tiere nicht füttern?«
»Stimmt. Gut, daß du dich daran erinnerst. Aber wenn du schon sowieso dabei bist . . .«
»Ich? Wieso denn?«
Ihr blauer Blick ist voller Unschuld. Nur Torros begehrliches Schmatzen im Schutz der herabhängenden Tischdecke klingt verräterisch.
»Jetzt hör mir mal gut zu«, beginne ich, um all meinem

aufgestauten Unmut Luft zu machen, aber weiter komme ich nicht, weil das Telefon klingelt.
Ich stehe auf und habe in demselben Moment ein hellseherisches Erlebnis. Ich ahne nicht nur, wer am Apparat sein wird, ich weiß es.
Miß Lucie scheint es ähnlich zu gehen. Lauschend hebt sie den Kopf vom Teppich, während Torro sich über die Reste des Hamburgers hermacht.
Es bleibt mir nichts anderes übrig, als beherzt nach dem Hörer zu greifen und der Stimme zuzuhören, die da ohne Punkt und Komma zu summen beginnt.
Es ist die Stimme des Mannes, der von sich behauptet, mit Tieren besser auszukommen als mit Menschen. Der es sich zutraut, Exoten hier heimisch zu machen; der sogar schon Schlangen gehalten hat. Des Mannes, der unsere Zaza vor nunmehr drei Wochen unbefangen davontrug. » . . . absolut keinen Sinn«, höre ich Elmar Weidlich sagen, wobei mir eine gewisse nervöse Gereiztheit nicht entgeht, die förmlich durch den Draht strahlt und mich ansteckt, »sie hat bisher kaum etwas gefressen oder getrunken, sie spielt nicht, sie reagiert auf nichts. Sie sitzt am Türspalt und schreit. Sie schreit, Frau Steinberg, ununterbrochen. Tag und Nacht. Wer das nicht erlebt hat, glaubt es nicht. Aber ich habe es erlebt. Ich erlebe es noch. Ehrlich gesagt, ich kann nicht mehr. Ich bin am Ende.«
Wem sagt er das? Auch an mir sind Zeichen äußerer und innerer Erschöpfung festzustellen. Meine Hand, zum Beispiel, die den Hörer hält, zittert ein bißchen.
»Passen Sie auf, Herr Weidlich«, unterbreche ich sein heiseres Lamento, »ich finde, sie verdient noch eine einzige Chance. Vierundzwanzig Stunden vielleicht. Es

könnte sich schließlich um die allerletzte Anpassungsphase handeln, nicht wahr?«
»Nach insgesamt drei Wochen?«
Seine Stimme klingt hohl, hoffnungslos und sehr müde.
»Nur noch vierundzwanzig Stunden«, höre ich mich sagen, mit der forcierten Munterkeit, die ich sonst nur den Kindern gegenüber anwende, wenn sie sich in eine fixe Idee verrannt haben. Und genauso wie die Kinder bei solchen Gelegenheiten reagiert Elmar Weidlich.
»Na ja«, murmelt er mürrisch, unentschlossen, abweisend, »aber wirklich nur noch vierundzwanzig Stunden.« Für ihn mag das eine Ewigkeit sein. Für mich ist es eine kaum ausreichende Frist, um alle Beteiligten, in der Hauptsache meinen Mann, von der Notwendigkeit zu überzeugen, daß Zaza uns wiedergeschenkt wird.
Denn darauf wird es hinauslaufen, darauf und auf nichts anderes. Denn selbst wenn ich außer Miß Lucie, die mir eher wie ein geheimnisvolles zweites Ich erscheint, und Torro, der neunundneunzigprozentig Friederikes Hund ist, bis jetzt kein Tier gehalten habe, von Echsen und Schlangen ganz zu schweigen, so weiß ich eines ganz gewiß: daß Zaza sich während der nächsten vierundzwanzig Stunden so wenig anpassen wird wie in den vergangenen drei Wochen.
Den Kindern sage ich's gleich.
Wenn es nicht gerade um Schule, Sport, Sauberkeit und das geht, was andere Kinder haben und andere Kinder dürfen, kann man mit ihnen reden wie mit seinesgleichen.
»Drei Wochen lang hat sie kaum etwas gefressen?« fragt Simon mit umwölkter Stirn und gebrochener Stimme.
»Sie hat Heimweh«, schluchzt Friederike und wirft sich

heulend an meine Brust, »sie würde lieber sterben, als woanders leben! Ich wäre ganz genauso! Ruf den Mann an, Mama, und sag ihm, er soll sie gleich bringen, sofort. Wer weiß, vielleicht ist sie morgen schon tot!«

Die Wirkung ihrer Worte mischt sich mit der des kleinen Cognac, den ich mir gedankenverloren eingeschenkt habe, weil mir so flau im Magen geworden ist. Die Wählscheibe dreht sich wie durch ein Wunder von selbst.

»Herr Weidlich«, sage ich ohne Einleitung, »kommen Sie am besten jetzt gleich, und bringen Sie uns das Unglückskind zurück«.

»Bin schon unterwegs«, ist seine rasche, forsche Antwort. Man hört nicht nur sein erlöstes Aufatmen, man spürt es deutlich.

Miß Lucie, die Aufregungen nicht mag, selbst wenn sie sich ihr nur durch Spannungen mitteilen, die in der Luft liegen, hat sich ins Schlafzimmer zurückgezogen. Ich mache mir Sorgen um ihren Seelenfrieden. Schon nach kürzester Zeit, so steht in den einschlägigen Büchern, vergißt eine Katzenmutter ihre erwachsenen Kinder. Für Miß Lucie wird demnach Zaza nicht Zaza sein, sondern ein fremder kleiner Eindringling der eigenen Art, mit dem sie sich erst allmählich zusammenraufen muß, um halbwegs zu harmonieren. Noch bevor ich den Gedankengang beendet habe, klingelt es am Gartentor, und Torro stürzt mit entsetzlichem Gekläff quer übers Blumenbeet. Elmar Weidlich ist schneller als der Schall gewesen. Ich begrüße ihn etwas fahrig und lasse Torro vorsichtshalber erst mal im Garten.

Herr Weidlich betritt unseren Wohnraum und setzt den offenen Korb auf den Boden, in dem sich nichts Leben-

des zu befinden scheint. Totenstille hängt im Zimmer.
»Es ist«, sagt Elmar Weidlich mit belegter Stimme, »eine richtige Katastrophe.« Die Kinder sind wie gelähmt.
»Oje«, flüstert Friederike.
Nichts und niemand rührt sich.
Miß Lucies Kopf erscheint in der offenen Tür. Sie sieht uns überhaupt nicht. Ihre Schnurrhaare zittern, wittern, vibrieren. Langsam, mit schleichenden Bewegungen nähert sie sich dem Korb, stützt sich mit der Vorderpfote auf den Rand und blickt sekundenlang hinein. Dann streckt sie sich geschmeidig, läßt sich vorsichtig auf dem alten Pullover nieder, der im Korb liegt, und nimmt ihr armseliges, still und bewegungslos gewordenes Kind in die Arme. Noch immer geschieht nichts mit Zaza. Miß Lucie beutelt sie ein bißchen, und als auch das keinen Erfolg zeitigt, beginnt sie ihr liebevoll und energisch das kleine dreieckige Gesicht zu schrubben, den Hals zu waschen, den schmal gewordenen kleinen Rücken zu massieren.
Ein Laut kommt aus den Tiefen des Korbes, ein Urlaut, zweisilbig, in dem alles Glück und alles Unglück dieser Welt mitschwingen.
»Mama«, raunt Friederike mit nassen Augen, »hast du gehört? Zaza hat ›Mama‹ gesagt!«
Wir haben es alle gehört.
Der Laut scheint Miß Lucie zu aktivieren wie noch nie. Mit größter Geschäftigkeit dreht und wendet sie das kleine Fellbündel hin und her, schubst es, striegelt es, schnurrt es an. Wärmend bettet sie es immer wieder an ihren weichen weißen Bauch.
Und endlich, endlich gibt Zaza Zeichen von Behagen und neu erwachender Lebensfreude von sich. Ihre Pföt-

chen heben sich schwach, aber spielerisch, sie wälzt sich ein bißchen auf dem alten Pullover und beginnt leise, aus den Tiefen ihres winzigen, abgemagerten Körpers zu schnurren wie ein Rädchen.
Miß Lucie läßt von ihr ab, hangelt sich zum Korbrand empor und blickt zurück. Dann springt sie entschlossen auf den Boden. Simon hält es nicht mehr aus. Er hebt Zaza aus dem Korb.
Zwei Minuten später hängt sie bereits überm Milchschüsselchen und pumpt sich förmlich voll. Anschließend, etwas langsamer und sehr genüßlich, frißt sie das von den Hamburgern übriggebliebene Hackfleisch auf. Miß Lucie sitzt neben ihr und schaut ihr zu. Sie selbst rührt nichts an. Als Zaza ihre erste üppige Mahlzeit nach drei Wochen Hungerstreik beendet hat, rollt sie sich im Bauchfell ihrer Mutter zusammen und schläft unverzüglich, zutiefst erleichtert und zufrieden, ein. Miß Lucie schüttelt den schönen schwarz- weiß gescheitelten Kopf in leiser Mißbilligung und holt das nach, was jede gesunde, gut erzogene Katze nach jeder Mahlzeit tut: sie säubert ihrem heimgekehrten Kind eifrig und methodisch Gesicht und Pfoten. Zaza, mit fest geschlossenen Äuglein, läßt es sich wohlig, schläfrig und dankbar gefallen.
Miß Lucie sieht mich an.
»Manche Kinder«, sagt ihr nachdenklicher grüner Blick, »wird man nie los.«
Dann schläft auch sie, die Pfoten um Zazas dünnen Hals gelegt, beruhigt ein.
Selbst meinem Mann, denke ich, wird zwingend klarwerden, daß wir von nun an zwei Katzen haben.

5 Miß Lucie als rettender Engel

Es gibt Katzen, die freuen sich, wenn Besuch kommt. Sie drücken ihre Köpfe unaufgefordert unter lose herabhängende Hände, streichen kurz an fremden Beinen entlang und strecken sich wohlig auf fremden Knien aus. Miß Lucie tut das nie.

Beim Klang einer unbekannten Stimme stellt sie ihre schwarzen Ohren auf, lauscht, zieht den Kopf ein und verschwindet, nicht ohne mir einen Blick tiefsten Vorwurfs zuzuwerfen.

»So ist's recht«, sagt sie mit jämmerlicher Stimme und klopft aufgebracht von innen an die Terrassentür, um sofort hinausgelassen zu werden, »sei nur nett zu diesen gräßlichen Leuten! Ekle mich hinaus! Du wirst schon sehen, was du davon hast!«

Sehr widerstrebend öffne ich die Tür, und sie eilt davon, ihr kleines schwarzes Hinterteil geringschätzig schüttelnd.

Obwohl ich fest davon überzeugt bin, daß sie nur zwei Steinwürfe weit läuft, um sich unter einer Hecke niederzulassen und abzuwarten, bis unser Haus wieder angenehm leer ist, mache ich mir doch jedes Mal Gedanken, besonders im Winter. Niemand von uns weiß genau und mit Sicherheit, wo sich Miß Lucie aufhält, wenn sie das Haus verlassen hat. Ihre Fähigkeit, sich in Luft aufzulösen und aus dem Nichts wieder aufzutauchen, ist eines der Geheimnisse, mit denen sie sich umgibt.

»O Lucie!« seufzt Nicola und schiebt sich ein wenig auf

der Luftmatratze zur Seite, auf der sie nicht etwa schlafen muß, wenn sie hier ist, sondern schlafen darf.
Miß Lucie bohrt ihr den Kopf in die Armbeuge, und Nicola weicht noch ein Stückchen weiter, bis sie schließlich auf dem Boden liegt und Miß Lucie die Luftmatratze beherrscht mitsamt den weichen Kuscheldecken und Laken und Kopfkissen, den Stofftieren und der Negerpuppe und einem Bündel Papiertaschentücher, die Nicola braucht, weil sie sich erkältet, wo sie geht und steht. Nicola ist meine Nichte. Sie ist acht Jahre alt und lebt in einem tropischen Land, genauer gesagt: in Lateinamerika. Alle zwei Jahre kommt Nicola zu uns; sie bleibt sechs Wochen und ist der einzige Besuch, den Miß Lucie uneingeschränkt und egoistisch liebt, schon des Bettzeugs wegen, das sechs Wochen lang allabendlich auf dem Boden ausgebreitet wird. Außerdem – und nur dadurch ist Miß Lucie die Benutzung der Luftmatratze und der darauf befindlichen Herrlichkeiten überhaupt zugänglich – ist Nicola von ihr entzückt.
Ihr einziger schwacher Protest, wenn Miß Lucie robbend vom angewärmten Teil der Matratze Besitz ergreift und dabei schnurrt wie ein Rädchen, erschöpft sich in einem geseufzten: »O Lucie!«
Es ist immer Winter, wenn Nicola kommt. Das liegt nicht an der Unvernunft ihrer Eltern, sondern an ihren großen Ferien, die im November-Dezember stattfinden. Kaum hat Nicola den Fuß auf europäischen Boden gesetzt, ist sie auch schon krank. Weder die Temperaturen um Null draußen noch die trockene Heizungsluft drinnen bekommen ihr, denn an beides ist sie nicht gewöhnt. Einen Teil ihres Aufenthaltes bei uns verbringt sie daher auf der Luftmatraze, in Gesellschaft von Miß Lucie, die,

so habe ich den Eindruck, glaubt, wir würden Nicola eigens ihretwegen einfliegen lassen.
Ist Nicola halbwegs dazu fähig, bestehe ich darauf, daß sie an die frische Luft geht.
Das Vorspiel dazu muß man, wie Simon kopfschüttelnd sagt, erlebt haben. »Was«, fragt Nicola verwirrt und zeigt auf etwas, das sich in Schlangenlinien um ihre Beine windet, »ist das?«
»Eine Strumpfhose.»
»Muß ich die anhaben?«
»Unbedingt. Du frierst sonst ein, wenn du rausgehst.«
»Wie heißt es?«
»Strumpfhose.«
»Schrecklich«, sagt Nicola.
Dann ziehe ich ihr einen Pullover über von Friederike, drüber eine Strickjacke, zuoberst einen ausrangierten Anorak von Simon. Nicola selbst besitzt nur kleine, weite, bunte Flatterröckchen, ärmellose Blüschen, Riemchensandalen und Bikinis. Da es sich beim besten Willen nicht lohnt, sie für sechs Wochen im Jahr mit warmen Sachen auszustaffieren, trägt sie ausnahmslos das, was ich von den Kindern extra für sie aufhebe. Sie haßt jedes einzelne Stück. Manches, dessen Gebrauch ihr fremd ist, stürzt sie in tiefste Verwirrung.
»Was«, flüstert sie, wenn ich ihr den Anorak angelegt habe wie eine Zwangsjacke, »machst du jetzt mit mir?«
»Ich setze dir eine Mütze auf.«
»Und was sind das für komische Topflappen?«
»Es sind Handschuhe, Nicola. Man streift sie sich über die Finger – siehst du – so –«
Stumm, fassungslos und steif wie eine Puppe steht Nicola da.

»Jetzt aber raus mit dir an die frische Winterluft!« rufe ich betont fröhlich, schiebe sie vor mir her zur Tür hinaus und warte darauf, daß sie sich in Bewegung setzt.
»Geh nur«, mahne ich.
Nicola wirft mir einen Blick zu, als wolle sie fragen: Meinst du das im Ernst? und geht langsam bis zum Gartenzaun.
Dort bleibt sie wie angewurzelt stehen. So wenig wie an Kältegrade und Winterkleidung ist sie daran gewöhnt, allein irgendwohin zu gehen.
Zwar kommt sie ohne Begleitung von Guatemala nach Frankfurt, wenn's sein muß, aber um ihren Hals hängt ein Pappschild mit Namen und Ankunftsort, und alle Stewardessen reißen sich darum, sie mit Farbstiften und Malbüchern und Kaugummis zu versorgen, bis zu dem Moment, da einer von uns in Erscheinung tritt und sie in Empfang nimmt.
Ihren Garten zu Hause verläßt Nicola nur, um zu Mutter oder Vater ins Auto zu steigen. Weder zur Schule noch ins Schwimmbad, weder zu ihren kleinen Freundinnen noch zu ihren Großeltern geht Nicola jemals zu Fuß.
Wenn unsere Kinder zu Hause sind, ist alles einfacher. Sie nehmen Nicola zwischen sich und zerren sie bis zum Spielplatz. Oder sie führen sie zum nächsten Kiosk, um sie mit Gummibärchen, Brausebonbons und Dauerlutschern bekannt zu machen.
Dummerweise hat zwar Nicola Ferien, Simon und Friederike jedoch müssen täglich zur Schule. Es ist, wie mir Simon ernst auseinandersetzt, eine Ungerechtigkeit sondergleichen. Auch ist es, und darin stimmt seine Schwester haarscharf mit ihm überein, eine unverdiente Härte für Nicola, die dadurch jeder Gesellschaft und Hilfe

entbehrt. Man müsse, meinen beide, im Sinne der Völkerverständigung handeln, indem man sie für die Zeit von Nicolas Aufenthalt von der Schule beurlaube.
Manchmal, wenn ich Nicola steif und stumm vorm Gartentor stehen sehe, bin ich sogar geneigt, den Kindern zuzustimmen. Meistens jedoch bin ich der typischen Erwachsenenmeinung verhaftet, nämlich der, daß wir uns alle gemeinsam ein bißchen bemühen sollten.
Jawohl, bemühen.
»Ach, Lucie«, seufzt Nicola, wenn ich diese meine Meinung in Worte kleide, und ich sehe ihr an, wie sie Miß Lucie nicht nur um ihr weiches, naturgemäß anschmiegsames Fellkleidchen ebenso beneidet wie um die Tatsache, daß sie sich nie um etwas bemühen soll.
Außer den Dingen, die sie liebt, nämlich ihren Flatterröckchen und Volantblüschen, Armreifchen und anderem Kinkerlitz führt Nicola stets auch etwas bei sich, das sie für völlig überflüssig hält: zwei dicke schwarze Hefte, nämlich und zwei Schulfibeln, eine deutsche und eine spanische. All dies wird jeden Mittag zwischen zwei und drei auf unserem großen runden Tisch ausgebreitet und von Simon folgendermaßen kommentiert: Ein Kind arbeitet reichlich genug während der Schulzeit. Es während der Ferien mit diesem – hier fällt ein Wort, das nicht druckreif ist – zu belasten, grenzt an Boshaftigkeit, Gemeinheit, Unverschämtheit. Er, an Nicolas Stelle, würde sich weigern, strikt und unnachgiebig, wenn ihm dergleichen abverlangt würde.
Nicolas Blick, wenn er solches mit großer Festigkeit vorträgt, ruht auf ihm mit Andacht und Bewunderung. Wäre er ein Abgeordneter, sie würde ihn wählen, man sieht's ihr an. Ich dagegen, mit Direktiven aus Guatemala

und der Notwendigkeit konfrontiert, meine Nichte zu beschäftigen, während meine Kinder ihre Schularbeiten machen müssen, lese zum zehnten Mal den Brief meiner Schwester und wende mich dann an Nicola.
»Du sollst über den Zehner rechnen üben«, sage ich, mit dem Zeigefinger auf den Brief tippend.
»Was?« fragt Nicola erstaunt, als habe sie nie davon gehört.
»Achtzehn plus sieben«, fahre ich ungerührt fort, »zum Beispiel.«
Simon malt Kringel auf sein Löschblatt und wippt dabei auf zwei Stuhlbeinen, was mich erfahrungsgemäß nervös macht. »Sitz endlich still!« schnaube ich ihn an, »und du, Nicola, denk bloß nicht, ich hätte den ganzen Nachmittag Zeit! Achtzehn plus sieben ist?«
Nicolas Gesicht ist blank wie ein Teller und ebenso weiß.
»Nimm«, sage ich, um Ruhe und Geduld ringend, »meinetwegen die Finger zu Hilfe, aber sag mir endlich, was achtzehn plus sieben ist!«
»Ich kann's nicht«, stößt meine Nichte bebend hervor, »nicht in Deutsch kann ich das. Nur in Spanisch.«
Auf mich wartet eine Maschine Wäsche, die aufgehängt werden muß, unter anderem. Außerdem bin ich pädagogisch noch nie sehr wertvoll gewesen, andernfalls ich mir einen entsprechenden Beruf ausgesucht hätte.
»Hör mal«, sagte Simon, der für einen Jungen ein viel zu weiches Herz hat, »sie muß sich doch erst die Zahlen übersetzen, siehst du das ein? Wenn sie mit dir Spanisch reden würde, wärest du genauso aufgeschmissen!«
»Ja«, sekundiert Nicola eifrig, die plötzlich wieder Farbe ins Gesicht kriegt und die Sprache wiederfindet, sogar

die deutsche! – »es stimmt, was Simon sagt. Ich verstehe überhaupt nicht, was du mich fragst, Tante!«
»Moment mal –«
»Lern die Zahlen in Spanisch, Mama«, unterbricht Simon ernst und kategorisch, »von eins bis – sagen wir – hundert. Nicola kann dich abhören. Jeden Tag ungefähr zehn Stück. Danach, wenn du sie fließend beherrschst, kannst du dann auch mit ihr rechnen. Das ist«, fügt er rasch hinzu, denn vermutlich hat sich meine Miene drohend verfinstert, »keine Schikane, Mama. Das ist nur fair! Sie geht in eine spanische Schule, und der ganze Unterricht wird in Spanisch gehalten.«
Mittags zwischen zwei und drei habe ich meinen toten Punkt. Am liebsten würde ich mich für ein Stündchen aufs Bett legen, die Augen schließen und sowohl die Wäsche als auch die Frage, was achtzehn plus sieben ist, vergessen.
»Im Grunde«, fährt mein Sohn mitfühlend fort, »lohnt sich die Mühe natürlich nicht für die paar Wochen, in denen du mit Nicola üben mußt . . .«
»Spanische Zahlen«, wirft meine Nichte stirnrunzelnd ein, »sind furchtbar schwer zu lernen. Sieh mal, ich habe zwei Jahre gebraucht.«
In diesem Moment fällt ein kleiner Sonnenstrahl ins Zimmer. Nicola seufzt tief.
»Ich war heute überhaupt noch nicht an der frischen Luft«, piepst sie und sieht dabei so erbarmungswürdig aus, daß es einen Stein jammern würde. Für mich aber ist das ein Stichwort, dem ich noch im Tiefschlaf Folge leisten würde. Sofort bin ich auf den Füßen und stopfe Nicola in sämtliche Sachen, die ihr halbwegs passen. Ausnahmsweise verliert sie kein einziges Wort über die

kratzige Strumpfhose und steigt erstmals von allein in ein paar gefütterte Stiefel. Auch tritt sie – ein Wunder! – ohne Zögern durchs Gartentor hinaus auf den Bürgersteig. Fünf Minuten später ist mir auch klar, warum.

»Vielleicht«, sage ich schneidend zu meinem Sohn, der jetzt endlich mit seinen eigenen Rechenaufgaben beginnt, »kann ich's mündlich wirklich nicht von ihr verlangen. Aber schriftlich, mein Lieber, bleibt sich's gleich in Deutsch und in Spanisch. Ich hätte ihr bloß eine Seite Aufgaben aufzuschreiben brauchen, statt, wie du es so hilfreich vorschlugst, die Zahlen bis hundert in Spanisch zu lernen! Ihr denkt vielleicht, ich bin schon total verkalkt, aber –«

»Mama«, stößt mein Sohn gepeinigt hervor, »ich versuche, mich zu konzentrieren, ja? Wenn du natürlich schwätzt und schwätzt, kann ich das nicht!«

Ich klappe den Mund wieder zu, sehe, daß Friederike freudig bewegt die Augen niederschlägt, und lasse Miß Lucie hinaus, die sich gelangweilt vor der Terrassentür herumdrückt. Ich hänge die Wäsche auf und koche mir einen starken Kaffee. Dann lese ich dreimal das orthographische Wunderwerk durch, das Friederike als Aufsatz bezeichnet. Es ist mir vollkommen unerklärlich, wie ein Mensch so viele Fehler in so wenige Worte praktizieren kann. »Schreib's neu«, ist alles, was ich dazu sage.

»Und nimm dich zusammen«, fügt Simon mechanisch hinzu, weil ich das sonst immer folgen lasse.

Friederike schreit auf, wie von der Tarantel gestochen.

»Du hast mir überhaupt nichts zu sagen, weißt du das?«

Sofort fällt Torro lauthals bellend ein, die Bratäpfel im Ofen beginnen ein bißchen verbrannt zu riechen, und ich stürze hinaus in die Küche. Ein Blick auf die elektrische

Uhr belehrt mich, daß es schon fast fünf Uhr geworden ist. Und wo, um alles in der Welt, bleibt Nicola?
Ich reiße die Haustür auf und rufe. Nichts.
Ich erlöse die Kinder von ihrem lahmen Arbeitsstreß am runden Tisch und schicke sie los, Nicola zu suchen. Zehn Minuten später sind sie schon wieder da. Draußen wird's dunkel. Nicola ist nirgends zu sehen. Weiter als bis zum Spielplatz und zum Kiosk ist sie bisher nie vorgedrungen, und dort hat sie niemand gesehen.
»Du hast sie vergrault mit dieser blöden Rechnerei«, wirft Simon mir mit anklagender Stimme vor, während Friederike heult, er solle mich in Ruhe lassen. »Torro«, frage ich streng den Hund, »wo ist Nicola?« und halte ihm den Pullover unter die Nase, den Nicola gestern trug. Er gehört Friederike, und Torro springt aufgeregt an ihr hoch. »Gib ihm was von Nicolas eigenen Sachen zum Riechen«, schlägt Simon vor, und wir jagen zu dritt nach den Flatterröckchen.
Draußen ist's dunkel geworden. Man soll es nicht für möglich halten, wie früh und wie schnell im November über Mitteleuropa die Nacht hereinbricht.
Die Kinder nehmen den Hund an die Leine und hasten mit ihm davon. Ich, vor Angst fast gelähmt, schleiche in der entgegengesetzten Richtung davon.
Nicola. Sie hat sich einfach abgesetzt wegen achtzehn plus sieben. Ist gegangen, weiter und immer weiter, ahnungslos, fremd, ohne jede Orientierung. Meiner einzigen Schwester einziges Kind. Und nicht einmal ein Pappschild trägt es um den Hals mit seinem Namen drauf und seiner Adresse. Wenn es nun bis zur Autobahn geirrt ist? Oder in den Wald? Oder wenn jemand es gekidnappt hat?

Meine Gedanken verheddern sich hoffnungslos im Schwarzen.
Zwei Minuten bevor ich endgültig den Verstand verliere vor Angst, sehe ich eine kleine, unsicher stampfende Gestalt um die nächste Ecke biegen. An ihren Stiefeln scheint etwas zu kleben.
»O Lucie!« höre ich eine schwache, fragende Stimme seufzen. »Ist's noch weit, Lucie?«
Das Etwas löst sich von den Kinderstiefeln und huscht mir entgegen. Es hält mir einen längeren, vorwurfsvollen Vortrag in der Katzensprache und wartet ab, bis Nicola mir erleichtert in die Arme sinkt.
»Wo warst du denn bloß, Kind?« bringe ich mühsam hervor, denn meine Zähne klappern immer noch.
»Ich weiß nicht«, sagt Nicola, während Miß Lucie uns voraus nach Hause eilt, »alle Häuser sehen gleich aus, und alle Straßen eine wie die andere. Ich war richtig verlorengegeht – gegungt – gegingt –«
»Gegangen, Nicola«
»Aber dann plötzlich ist sie gekommt – gekamt –«
»Gekommen.«
Deutsch ist schwer, sage ich mir und halte Nicolas Hand fest wie in einem Schraubstock, auch ohne daß man es in Zahlen faßt.
»Und hat mich«, fährt Nicola aufatmend fort, »Miß Lucie wieder heimge . . .– wie heißt es? – bracht?«
»Phantastisch«, sage ich und schließe die Haustür auf, vor der meine Katze bereits laut jammernd sitzt, »heimgebracht ist richtig.«
Die Kinder mit Torro stürmen durchs Gartentor. Wir schalten alle Lichter an. Die Schulsachen verschwinden wie von Geisterhand vom runden Tisch. Bratäpfel,

Kuchen, Tee werden aufgetragen. Ich schlachte ein Kalb in Form zweier Schachteln Pralinen, während Nicola zum dritten Mal die Geschichte ihrer wunderbaren Rettung erzählt, in Spanisch inzwischen, was uns gar nicht mehr auffällt.
Draußen regnet's eiskalt.
Drinnen im Kinderzimmer gräbt sich Miß Lucie emsig unter die Decke und rollt sich auf der Luftmatratze zusammen, als gehöre sie ihr.
»Ach, Lucie«, seufzt Nicola und macht sich's ihrerseits auf dem Teppich bequem. Miß Lucie schnurrt genüßlich, bis ich sie aufnehme und hinaustrage, wissend, ich werde sie am nächsten Morgen wieder dort finden.
Nicolas Ferien dauern bis Januar.

6 Miß Lucie streikt

Wir haben den Waldhof nicht im Zuge einer Ferienreise entdeckt, wir haben ihn auch nicht gezielt über ein Maklerbüro gesucht.
Er klebt am Südhang eines bewaldeten Tales mitten in der Eifel, und wir haben ihn schon immer gekannt.
Seine würzigen Wiesen, sagten wir uns, müßten der Wunschtraum eines jeden Pferdes sein, der Hof und die wischfest gefliesten Fußböden das einzig Wahre für jeden Hund, die kuscheligen Heuschober das Ideal der Katze.
Außerdem – aber darüber haben wir nie ein Wort verloren, weil es uns zweitrangig erschien – lieben wir das trutzige Gemäuer mit seinen kleinen, weißgekalkten Räumen, abgeschrägten Ecken und Fenstern, die allesamt wie Bilder aussehen von nahen Wäldern und fernen Höhenzügen, mit Silberdisteln und altersschwachen Zäunen im Vordergrund.
Unseretwegen – das sei hier einmal ganz klar umrissen – hätten wir nie den Absprung gewagt aus dem zentralgeheizten, teppichbelegten Bungalow in der Mainebene, hinauf auf sechshundert Meter hoch gelegene luftige Eifelhöhe.
»Unseretwegen«, sage ich zu Miß Lucie, die, wie die Kinder manchmal eifersüchtig bemerken, nicht nur meine Katze, sondern mein Augäpfelchen ist, »haben wir's wirklich nicht getan!«
Miß Lucie antwortet mit keinem Ton, obwohl ihr die Bitterkeit in meiner Stimme nicht entgangen sein kann.

Es ist elf Uhr abends, und ich habe mein gerüttelt Maß an Streß hinter mir. Miß Lucie müßte das wissen. Sie müßte ebenso wissen, daß ich meine müden Glieder nicht ausstrecken kann, bis sie endlich aus der Reserve gekrochen ist.

Aber Miß Lucie stellt sich tot.

Seit der Ankunft unseres Ford Taunus am Morgen dieses langen, ereignisreichen Tages steckt sie unter dessen Vordersitz und gibt in keiner Weise zu erkennen, ob sie nicht hinauswill oder nicht hinauskann. Ob sie freiwillig dort zu verbleiben gedenkt, oder ob sie hoffnungslos verklemmt ist.

Von Zeit zu Zeit gibt sie einen klagenden, leisen Laut von sich, der mir das Herz bricht. Aber sie rührt sich nicht. Miß Lucie ist tatsächlich nicht nur meine Katze, insofern haben die Kinder recht. Sie ist ein Wesen, dessen Wohlwollen und schnurrende Zustimmung ich brauche. Niemals in den vier Jahren ihres Lebens hat sie's mir versagt. Aber ausgerechnet hier und jetzt, nachdem ich alle Kräfte angespannt und alle Hebel in Bewegung gesetzt habe, um ihr etwas Optimales zu bieten, läßt sie mich im Stich.

Es ärgert mich nicht nur, es kränkt mich.

Alles haben wir probiert.

Mein Mann ist auf allen vieren so weit unter den Sitz gekrochen, wie dies sein Bandscheibenleiden erlaubt. Unser Möbelfahrer, ein äußerst hilfsbereiter farbiger Amerikaner kam ihm von der Beifahrerseite her entgegen. Er heißt Mr. Thomas. Zu seinem professionellen Wortschatz gehören hauptsächlich »auf«, »ab« und »hau ruck«.

»Hau ruck«, sagte Mr. Thomas und zog im selben

Moment mit schmerzverzerrtem Gesicht beide Hände zurück, die er bereits hoffnungsfroh unter den Sitz geschoben hatte.
»Au!« schrie Miß Lucie empört.
»Lassen Sie nur«, schnaufte mein Mann und kam leicht verstaubt wieder zum Vorschein, »vielen Dank! Aber es hat keinen Sinn!«
Die Kinder umstanden den Wagen, Friederike minutenlang auf einem Bein wie ein Storch, Simon mit hängender Unterlippe.
Sie waren beide den Tränen nahe.
»Versuch's mit Fisch!« riet mein Mann. »Dem kann sie nicht widerstehen!«
Sofort setzen wir uns alle in Bewegung, froh, etwas tun zu können.
Wir rissen die mit »Küche« beschrifteten Kartons einen nach dem anderen auf, förderten Kaffeekannen, Bratpfannen, Raviolidosen und siebenundzwanzig andere Dinge zutage, alles mögliche, nur keine Büchse mit Ölsardinen.
Die Kinder liefen wie gejagt los, eine zu kaufen. Sie brauchten endlos lange, denn der Waldhof, wie schon sein Name sagt, liegt am Wald. Die Stadt dagegen liegt in wohltuender Ferne. Man ahnt sie nur. Simon schwenkte die Ölsardinenbüchse schon von weitem, Friederike humpelte heulend hinter ihm her, weil sie sich den Knöchel verstaucht hatte und aus schnellem Laufen nichts macht.
Miß Lucie stak unterm Vordersitz und stellte sich tot.
Wir füllten die Ölsardinen in ein Schälchen, plazierten es dahin, wo wir ihre Nase vermuteten, und zogen uns wie Trapper wieder zurück.

Statt Miß Lucies heißersehnter Nase erschien Torros begierige Schnauze überm Tellerchen. Bevor wir noch in einen schrillen Warnschrei ausbrechen konnten, war das Tellerchen blankgeleckt.
»Ich geh nicht mehr«, schluchzte Friederike, »wenn wir wenigstens Fahrräder hätten!«
Ich sah das Chaos der halbgeleerten Kisten – fünfundvierzig an der Zahl – unsere Diele und die Küche füllen, hörte einen von Miß Lucies tonlosen Jammerseufzern aus der geöffneten Autotür dringen, merkte, daß Mr. Thomas inzwischen sowohl hungrig als auch durstig war und warf meiner Tochter den schärfsten Blick zu, über den ich verfüge. Denn angesichts der Situation brauchte ich nur noch eine Diskussionsrunde zum Thema »Kinder auf Rädern«, und ich konnte ebensogut bis zum frühen Abend im Wald spazierengehen.
»Zweiradfahren im heutigen Straßenverkehr«, so die unumstößliche, durch nichts zu korrigierende Meinung meines Mannes, »ist glatter Selbstmord.«
Die Meinung der Kinder, ebenso festgefügt, lautet: »Alle anderen Kinder in unserem Alter besitzen ein Fahrrad, benutzen es täglich mehrmals und leben immer noch.«
Zwischen diesen beiden Fronten drohe ich seit Jahren aufgerieben zu werden, zumal sie sich zusehends verhärten.
»Heute nicht«, bat ich entschieden, »morgen oder übermorgen meinetwegen, aber heute will ich nichts über Fahrräder, Selbstmorde und andere Kinder hören.«
Anscheinend wirkte ich sehr überzeugend, denn sogar Mr. Thomas warf mir einen besorgten Blick zu.
»Ist dir klar«, sagte mein Mann, dem ein Unglück allein nie genügte, »daß wir noch keinen Strom haben?«

»Erstens«, erwiderte ich, mich in Geduld fassend, »ist es – Gott sei Dank – Sommer und abends lange hell. Zweitens werden wir kaum den Wunsch verspüren, stundenlang im Bett zu lesen, nicht, wenn wir diese Kisten alle ausgepackt haben!«
»Es handelt sich nicht ums Lesen«, gab mein Mann unwillig zurück, »sondern ums Kaffeekochen. Ich könnte einen vertragen, und Mr. Thomas sicher auch.«
Beide betrachteten mit nachdenklichem Blick erst mich und dann den alten Kohleherd.
Draußen jammerte Miß Lucie leise vor sich hin. Wir stürzten aus dem Haus und knieten vor der offenen Autotür nieder wie vor einem Altar.
»Komm doch raus, Lucie, bitte, komm doch raus!«
»Sie kann nicht«, meinte mein Mann mit schicksalsschwerer Stimme, »wißt ihr, was das heißt?«
Er wechselte einen bedeutungsvollen Blick mit Mr. Thomas, der bedächtig vor sich hin nickte, während mein Mann weitersprach:
»Feuerwehr. Wir müssen sie holen. Nur die Feuerwehr ist für so was zuständig.«
»Nein!« rief ich entsetzt.
»Überleg dir's«, sagte mein Mann mit erzwungener Ruhe und machte sich daran, die Regale aufzustellen, »es ist schließlich deine Katze. Die Entscheidung liegt bei dir. Aber eine andere Möglichkeit sehe ich einfach nicht.«
»Die Feuerwehr!« wiederholte ich dumpf.
»Was wird sie machen?« rief ich durchs offene Fenster hinein.
»Vermutlich die Sitze abschrauben«, rief mein Mann zurück.
»Können wir das nicht selbst tun?«

»Dann hätten wir's längst getan! Ich habe keinen sternförmigen Schraubenzieher.«
»Wofür braucht man den?«
»Für die sternförmigen Schrauben an den Sitzen!«
»Logisch«, murmelte Simon, und ich hatte das Gefühl, als schäme er sich meiner Dummheit.
»Mama«, Friederikes Hand stahl sich tröstlich in meine, »Miß Lucie kommt bestimmt von allein raus. Sie hat nur Angst, weil alles so fremd für sie ist und so neu.«
»Wenn man's nur wüßte!« seufzte ich und versuchte, mich zwei Stunden lang auf die Kisten und ihren Inhalt zu konzentrieren, während die Kinder – welch angenehme Überraschung zur Abwechslung! – ein prasselndes Feuerchen im Herd entzündeten und das Wasser im Kessel tatsächlich zum Kochen brachten.
Der Kaffee half uns allen wieder auf die Beine, Mr. Thomas verabschiedete sich mit einem mitleidigen Blick in Richtung auf unser Auto, dessen Türen immer noch sperrangelweit offenstanden.
Miß Lucie schwieg. Man hätte denken können, sie sei entwischt, hätte man nicht, wenn man sich bäuchlings auf den Boden legte, ihre weiße Stirn und ihre Pfötchen leuchten sehen.
Der Abend sank, und wir hatten nichts mehr zu verlieren, außer Schlaf.
Vor dem Vordersitz unseres Autos waren wie Opferschalen ein Tellerchen mit rohem Hackfleisch, eines mit Milch und eines mit Dosenfutter aufgebaut. Selbst Torro verging sich nicht mehr daran. Er hatte sich in Friederikes Zimmer zur Ruhe gebettet.
Das alles ist nun drei Stunden her. Meine Familie schläft. Nur ich sitze auf dem Beifahrersitz unseres Autos, das

auf dem Hof neben einem Mäuerchen geparkt ist, und spreche zu Miß Lucie.
»Erspar mir das bitte«, sage ich laut in die Dunkelheit, »die Feuerwehr! Mit Blaulicht und Tatütata! Ich kann ihre fassungslos feixenden Gesichter schon deutlich vor mir sehen, wenn sie erfahren, um was es hier geht! Wir werden zum Gespött, noch bevor die Kinder einen Fuß in die neue Schule gesetzt haben! Auch daran müssen wir denken! Also komm, tu mir den Gefallen, mach dich frei und schleich dich!« Nichts geschieht, außer daß sich ein paar fremde Tiere neugierig ums Auto scharen.
Die Augen fallen mir zu.
Eine Zeitlang verdöse ich die Nacht mit hochgezogenen Schultern und schmerzendem Kreuz. Dann reiße ich entschlossen die Augen wieder auf, rolle mich aus dem Wagen, knalle sämtliche Türen zu und wanke ins Haus. Es kommt eben immer der Augenblick, wo einem alles, aber auch wirklich alles egal ist.
Mein Bett, ein bißchen klamm und feucht, nimmt mich auf. Das Fenster – es führt zum Hof – steht einen Spalt weit offen.Kaum bin ich in wohltätigen Schlaf gesunken, reißt ein enervierendes Geräusch mich wieder hoch.
Irgend etwas schreit.
Friederike? Simon?
»Miß Lucie«, murmelte mein Mann und zieht sich demonstrativ die Decke über die Ohren, »sie wünscht, herausgelassen zu werden.« Ich stürze, den Bademantel mit fliegenden Händen gürtend, in die Nacht hinaus, reiße die Autotür auf und sehe sprachlos zu, wie sich Miß Lucie lässig-elegant unterm Vordersitz hervorschlängelt, ausgiebig gähnt, mit spitzer rosa Zunge ein paar Stäubchen vom Fellkleid bürstet und hoheitsvoll davonschreitet.

Bis zu sechshundert Kilometer, geht es mir durch den Sinn, während Müdigkeit und Erschöpfung mich lähmen, findet eine Katze zu ihrem angestammten Heim zurück.
Bis nach Karlstein, wo wir hergekommen sind, dürften es nur zweihundertfünfzig sein. Was, wenn Miß Lucie die ersten zwei schon geschafft hat? Warum habe ich nichts getan, um sie aufzuhalten? Kein Netz gespannt, keinen Korb offengehalten, nichts –
Warum?
Weil ich zu müde war, zu erschlagen.
Weil mich mein Verstand im Stich gelassen hat, und meine Vorsicht.
Sei's drum. Ich kann's nicht korrigieren, nicht mehr ändern, nicht mehr rückgängig machen. Auch traue ich mir keinen Dauerlauf durch den Wald um diese Stunde. Völlig entnervt schleiche ich ins Haus, ins Schlafzimmer, ins Bett.
»Ausnahmsweise«, knurrt mein Mann, »und nur dieses eine Mal!«
Ich denke, er spricht im Schlaf. Wirre Träume scheinen ihn zu quälen.
Wahrscheinlich hat er sich und seinen Bandscheiben zuviel zugemutet. So ein Umzug ist kein Kinderspiel, die Tage und Nächte des Packens mit eingerechnet.
»Ich möchte nicht«, fährt mein Mann entschieden fort, und es klingt, als sei er hellwach, »daß eine Gewohnheit draus wird, hörst du?«
»Natürlich«, raune ich besänftigend, »ich höre und verstehe jedes Wort.«
»Na, hoffentlich versteht sie auch«, seufzt mein Mann und rollt sich wieder zusammen. Mit ihm rollt Miß Lucie auf die andere, wärmere Seite des Bettes, gräbt ein

bißchen mit den Pfoten im Leintuch herum und schließt erleichtert die Augen.
Mir rollen zehn Steine vom Herzen, und endlich, endlich darf auch ich einschlafen.
Der nächste Tag zieht feucht, kühl, regnerisch und verhangen herauf. Der Sommer hält kein Wort von dem, was sein Name verspricht. Das Thermometer zeigt knappe zehn Grad Celsius.
Miß Lucie sieht mir andächtig zu, wie ich mittels einer halben Zeitung und einem halben Dutzend Tannenzapfen das Feuer im Herd anzuzünden versuche. Seit fünfundzwanzig Jahren habe ich kein Frühstück auf einem Kohleherd zubereitet, von Mittagessen und anderen Mahlzeiten ganz zu schweigen.
»Meinst du vielleicht, wir wären unseretwegen hierhergezogen?« frage ich Miß Lucie, die ich vorsichtshalber eingesperrt halte.
»Warum denn sonst?« fragen ihre grünen Augen zurück.
»Euretwegen«, ereifere ich mich und knülle eine weitere Zeitungsseite zusammen, »damit ihr mal das echte, wahre Leben kennenlernt! Du vor allem!«
»Ich?« Miß Lucie starrt konsterniert in die kleine Flamme, die unter den Tannenzapfen emporzüngelt. Es ist offensichtlich, daß sie meine Begeisterung angesichts des Herdfeuers nicht versteht.
Aber sie ist mir noch nie eine Antwort schuldig geblieben, und so erklärt sie mir an diesem feucht-kühlen Sommermorgen in der Küche des Waldhofs auf ihre unnachahmliche Art, was sie von meiner gutgemeinten Idee hält: Nichts.
Miß Lucies echtes, wahres Leben, demonstriert sie mir überzeugend, hat nichts mit Scheunen, Heubergen, Zäu-

nen und Silberdisteln zu tun. Ein oder besser noch zwei Betten, in denen sie sich tagsüber nach Belieben räkeln kann, ohne gestört zu werden, reichen ihr durchaus, ein gepflegter kleiner Garten mit ein paar Mauselöchern und Maulwurfshügeln decken ihren Bedarf an natürlicher Ernährung, und bei Verdauungsbeschwerden nimmt sie gern mit einem Blatt vom Gummibaum vorlieb. Es müssen keine wildwachsenden, fetten Gräser sein.
Vor allem aber, zischt sie mit einem Blick auf dem ebenerdigen Fenster, schätzt sie Ruhe und Abgeschlossenheit. Möglicherweise wird's das für mich hier geben, für sie jedoch – ich folge ihrem giftigen Blick – scheinen die Aussichten gering zu sein.
Draußen vor dem Fenster kugeln sich zwei Kätzchen, ein grau getigertes und ein schwarzes, vom Mäuerchen auf den Boden. Es scheint ihnen großes Vergnügen zu machen. Miß Lucie wendet sich angewidert ab und sieht mich lange anklagend an.
Außer ihrer Tochter Zaza, an die sie notgedrungen gewöhnt ist, hat Miß Lucie die Gesellschaft von Artgenossen nie sehr geschätzt.
Während sich meine Familie um den Frühstückstisch versammelt und herrliche Pläne für den neuen Tag schmiedet: Holz sägen auf der Kreissäge, eine Box fürs Pferd zimmern im zwar vorhandenen, aber nicht salonfähigen Stall, mit Torro den Wald erkunden – schweift Miß Lucies Blick träumerisch an der Fensterscheibe aufwärts und hellt sich zusehends auf. Keine zwei Meter über ihr klebt ein Schwalbennest. Vater und Mutter Schwalbe kreisen aufgeregt im Sturzflug am Fenster vorbei. Drei winzige, breitschnäblige Gesichtchen lugen neugierig über den Rand des Nestes.

»O nein, Miß Lucie!« ruft Simon mit bebender Stimme.
»Untersteh dich!« knurrt mein Mann.
»Sie tut's ja nicht«, begütigt Friederike, »sie stellt sich's bloß vor!«
Miß Lucie, die jedes Wort versteht, trollt sich langsam von der Fensterbank. »Wie war das?« fragt ihr grüner Blick in meine Richtung. »Was hast du vorhin gefaselt vom wahren, echten Leben, das sich für eine Katze hier erfüllen soll?«
Ihr steil aufgerichteter schwarzer Schwanz ist ein einziger bitterer Vorwurf, während sie still die Küche verläßt, um hinaufzusteigen und festzustellen, welche Enttäuschungen ihrer auf dem Speicher harren.
Oder vielleicht, um auszuprobieren, ob das Schwalbennest von oben zugänglich ist.
Mein Mann, der morgens für sein Leben gern frische Brötchen ißt, kaut mit Todesverachtung auf einem Brotkanten herum. »Wenn wir Räder hätten«, sagt Simon hilfsbereit, »könnten wir die Brötchen holen, Papa.«
»Wenn das Wörtchen wenn nicht wär«, orakelt mein Mann, steht auf, klopft sich die Krümel ab und fragt in die Runde: »Wer macht einen Waldlauf mit mir?«
Der erste, der ohrenbetäubend antwortet, ist Torro, der Hund.
Unter dem Vorwand, das Herdfeuer hüten zu müssen, bleibe ich zu Hause.
Miß Lucie hat sich wieder unsichtbar gemacht. Erst vom Holzschuppen aus, dessen Inhalt ich erforsche, sehe ich sie. Anscheinend hat sie eine Luke gefunden, die offenstand. Sie sitzt oben auf dem Dach und blickt mit unternehmungslustigem Glitzern in den Augen über mich hinweg.

Es scheint ihr zu gefallen, was sie da von ihrem Hochsitz übersieht. Sie hebt eine zierliche Pfote und beginnt sie hingebungsvoll zu waschen. Es sieht aus, als krempte sie die Ärmel hoch.
Eine Ahnung des echten, wahren Lebens hat sie wohl doch noch gestreift.

7 Miß Lucie und die Waisenkätzchen

Das Zimmer meiner Tochter Friederike ist seit jeher ein Stein des Anstoßes gewesen, ein Zankapfel, ein Dorn im Auge, eine chaotische Angelegenheit, das niemand betritt, ohne einen Schrei auszustoßen, weil nämlich unter jedem Fuß Gummitiere quietschen, Legosteine bersten, Luftballons platzen, Buntstifte splittern, Salzstangen zerbröseln und Bonbons krachen.

Es hat, sage ich mir, keinen Sinn, in einem solchen Raum teure Kinderzimmermöbel aufzustellen, wie sie in den Schaufenstern der großen Möbelhandlungen so gefällig drapiert feilgeboten werden, denn abgesehen von dem Chaos auf dem Fußboden wird das Auge des ahnungslosen Betrachters total verwirrt von winzigen Mickymäusen, die auf den Tischplatten, Fröschen, Katzen und Fabeltieren, die auf sämtlichen Schranktüren und Schubladen, ja sogar auf den Lichtschaltern kleben, auf den Schirmen der Stehlampe und den Fensterkreuzen. Eine Stelle in Friederikes Zimmer, an der nichts hängt, nichts klebt und nichts liegt, gibt es meines Wissens nicht. Alle paar Wochen lasse ich außer einer Flut Seifenwasser ein heiliges Donnerwetter los, versprühe ich Unmut und Sagrotan in gleicher Dosierung, mit dem Erfolg, daß sie weinend ein halbes Hundert zertretener Perlen zusammenklaubt, in ein Beutelchen steckt, dieses wiederum in ein Köfferchen, das Köfferchen in einen Schuhkarton und selbigen in eine Schublade. »Mir«, schluchzt Friederike, während ich vergeblich über den Verbleib der Perlen nachsinne, »gefällt auch vieles nicht in deinem Zimmer, aber das würde ich nie sagen, nicht mal freundlich, weil es ja dein Zimmer ist und nicht meins und du dir sicher was dabei gedacht hast, als du das gräßlich trübe Bild an die Wand gehängt hast, zum Beispiel. Aber du –«, hier bricht sie wieder ungehemmt in Tränen aus, »du fällst dauernd über mich her, nur weil du keine Klebebilder leiden kannst und nie auf dem Fußboden spielen würdest, so, wie ich das gern tue.«

»Schon gut«, sage ich, mich rabenmütterlich und unzeitgemäß autoritär fühlend, »hör auf zu weinen und komm lieber mit runter. Wollen mal sehen, ob wir nicht unter den ausrangierten Möbeln noch was finden, das wir bemalen und bekleben und verwenden können – für deine Puppenkleider meinetwegen und die Stofftiere und andere Staubfänger. Ein Schränkchen vielleicht oder eine Kommode.«

Aus diesem Grund betrat ich an einem Tag gegen Ende des Sommers die Scheune, begleitet von meiner leise vor sich hin schnupfenden Tochter Friederike und meiner lautlos uns folgenden Katze Miß Lucie.

In der Scheune steht alles, was für den nächsten Sperrmülltermin vorgesehen ist, darunter auch zwei altersschwache Nachtschränkchen, für deren eines sich Friederike sofort erwärmt.

»Man könnte es blau streichen«, überlegt sie und zerrt die Schublade heraus, »und Blumen drauf malen mit Ölfarbe.« Sie dreht das Möbelstück einmal um die eigene Achse und erstarrt.

Irgend etwas hat geschrien. Miß Lucie und ich stehen lauschend stocksteif. Miß Lucies Ohren sind aufgestellte, kleine schwarze Dreiecke. Ihre Schnurrhaare vibrie-

ren. Friederike klappert verwirrt mit den Augendeckeln.
»Hast du was gehört, Mama?«
»Ja.«
»Aber was war's denn?«
»Keine Ahnung.«
»Warte«, flüstert Friederike und geht in die Knie, »ich seh mal nach.«
Das Schränkchen hat ein Türchen, das sichtlich klemmt und halb offensteht. Hinter dem Türchen auf einer Lage zerschlissener Handtücher krabbeln blind vier grau getigerte Kätzchen herum.
»Nein!« haucht Friderike überwältigt. Vorsichtshalber nehme ich Miß Lucie auf den Arm. Möglicherweise hält sie die grauen Krabbler für Mäuse, und ein Massaker würde Friederike vollends verstören.
»Sie schreien so, Mama? Warum schreien sie denn so?«
»Wahrscheinlich haben sie Hunger, oder ihnen ist's unheimlich geworden. Am besten, wir lassen sie ganz in Ruhe.«
»Ich brauch das Schränkchen ja auch gar nicht, Mama.«
»Eben. Jedenfalls brauchst du es nicht gleich. Lassen wir ihnen Zeit, darin großzuwerden –«
»Wo«, fragt Friederike, sich auf dem staubigen Scheunenboden niederlassend, »ist denn nur ihre Mutter?«
Ich weiß es nicht. Die Frage ist berechtigt. Es gibt eine graue Katze, eine zerzauste, halb wilde, unfreundliche Patriarchin mit drei halbwüchsigen zutraulichen Jungen, für die sie immer noch sorgt. Einen Wurf hatte sie inzwischen nicht. Die vier jämmerlich schreienden, einsamen Krabbler im Schränkchen gehen keinesfalls auf ihr Konto. Miß Lucie auf meinem Arm beginnt sich zu winden wie ein Aal, und ich verlasse eilig die Scheune.

Friederike folgt mir zögernd, den blonden Kopf in tiefem Nachdenken schüttelnd.
Ihr Bruder Simon, der kurz danach eintrifft, wird sofort in die Scheune geführt.
»Die Mutter«, mutmaßt Simon, »ist sicherlich furchtbar scheu. Solange wir hier rumstehen, traut sie sich nicht zu den Kleinen. Auf, los, verschwinden wir.«
Damit schließt er vorsorglich die große Scheunentür hinter sich und Friederike. Auf dem Mäuerchen gegenüber sitzt Miß Lucie und wäscht sich hingebungsvoll ihr schwarzes Fellkleidchen.
Am Abend dieses Tages wünscht sie energisch, hinausgelassen zu werden.
»Nein, Mama!« ruft Friederike schrill. »Laß Miß Lucie nicht vor die Tür! Sie hat nichts anderes im Sinn als die kleinen Kätzchen!«
»Unsinn!«
»Doch, Mama. Sie sind immer noch allein. Ich habe eben nachgesehen. Ihre Mutter läßt sich nicht blicken. Bitte, halte Miß Lucie heute nacht drin! Wenn du sie auf die armen kleinen Kerle losläßt . . .«
»Sie hat recht«, sekundiert Simon, der bereits ein Pfund Bananen, drei belegte Brote und einen Apfel gegessen hat, »die Kleinen sind absolut hilflos.«
»Aber Miß Lucie ist doch kein Untier!«
»Sie ist ein Räuber«, sagt Simon und greift sich eine Tüte mit Erdnüssen, »denk an die Eidechse!«
Ich werfe Simon einen enttäuschten Blick zu. Damals, als Miß Lucie sich stundenlang mit einer Smaragdeidechse beschäftigte und sich durch nichts davon ablenken ließ, nicht einmal durch rohe, an Bindfäden tanzende Fleischstückchen, war Simon im wesentlichen auf meiner Seite

gewesen, das heißt, er hatte Miß Lucie nicht rundweg verdammt.
Miß Lucie kratzt indessen heftig an der Tür. Ihre scharfen, kleinen Krallen hinterlassen Schrammen im weichen Holz. Sie für etwas anderes zu interessieren ist erfahrungsgemäß vergebliche Liebesmühe. Zwei Minuten lang läßt sie sich den schönen weißgescheitelten schwarzen Kopf streicheln, dann wirft sie sich wieder auf die Tür, Miß Lucie gibt zu verstehen – sie will nicht nur, sie muß hinaus.
Ich öffne die Tür und folge ihr vorsichtshalber.
Draußen bleibt sie sekundenlang schnuppernd und witternd stehen, bewegt den steil aufgestellten schwarzen Schwanz wie eine Antenne und verschwindet im Gebüsch um die Ecke. Die Scheune liegt auf der entgegengesetzten Seite. Triumphierend trete ich wieder ins Haus.
»Die kleinen Katzen interessieren sie überhaupt nicht«, sage ich zu den Kindern, denen die Skepsis auf der Stirn geschrieben steht.
Draußen bricht die Dämmerung herein. »Wenn die Katzenmutter nicht bald auftaucht, verhungern die Kleinen«, sagt Friederike mit bebender Stimme.
»Wart's ab«, rät Simon und wirft die leere Erdnußtüte in den Papierkorb, »und misch dich nicht zu früh ein.«
Am späten Abend schleiche ich mich mit der Taschenlampe in die Scheune, schon Friederike zuliebe, und sehe Miß Lucie auf einem Dachbalken sitzen, unbeweglich wie ein Standbild.
Zwei Meter unter ihr jammern leise die Kätzchen.
»Komm runter«, befehle ich flüsternd Miß Lucie, die

mich überhaupt nicht zur Kenntnis nimmt. Ihr Blick schweift träumerisch in die Runde, und wieder gibt sie vor, an nichts zu denken als höchstens die Stäubchen auf ihrem Kleid. Leise Zweifel an ihren guten Absichten melden sich nun auch in meinem Herzen.
Trotzdem – ich kann nicht die Nacht in der Scheune verbringen.
Miß Lucie mit großen, runden, in der Dunkelheit phosphoreszierenden Leuchtaugen blickt mir aufmerksam nach.
Am nächsten Morgen sind die Kätzchen noch da. Ihr Jammern klingt verzweifelter, sie wirken geschwächt.
»Fünfzig Pfennig«, sagte Friederike mit versagender Stimme und streckt mir die geöffnete Hand entgegen, »bitte, Mama, Vorschuß aufs Sonntagsgeld.«
»Wofür?« frage ich, in meinem Geldbeutel kramend.
»Für Liebesperlen, natürlich.«
»Wozu brauchst du sie?«
»Ich brauch sie gar nicht. Ich brauch bloß das Fläschchen, in dem sie drin sind.«
»Und den kleinen Schnuller«, ergänzt Simon, der offensichtlich eingeweiht ist.
Meine ganze Kindheit fällt mir wieder ein.
»Gibt's das denn überhaupt noch?«
»Aber sicher. Unten am Kiosk. Für fünfzig Pfennig.«
Anschließend ziehen sie beide los, zur Schule, und ich habe Zeit, mir Gedanken über Leben und Tod zu machen. Streng genommen, haben wir mit Miß Lucie, ihrer Tochter Zaza, der halbwilden Grauen und ihren drei halbwüchsigen Kindern Katzen genug auf dem Hof. Aber diese Überlegung nützt gar nichts, wenn man nebenan in der Scheune vier Winzlinge verhungern,

verdursten, sterben sieht. Es läßt einen sämtliche Überlegungen über den Haufen werfen und aktiv eingreifen. Die Milch ist schon vorgewärmt, als Friederike und Simon mittags atemlos mit zwei Fläschchen voller bunter Liebesperlchen und aufgesetzten roten Gummischnuller angehetzt kommen. Die Perlen werden in ein Schüsselchen geleert, die Fläschchen ausgewaschen, die Milch eingefüllt, und dann geht's los. In der Scheune hocken sie sich auf die Erde und greifen sich jeder eins der Kleinen, die mit dünnen Stimmchen schreien.

»Sie mal«, flüstert Friederike, ein überirdisches Leuchten im Gesicht, »es trinkt schon, Mama!«

Jeder Zweifel ist ausgeschlossen. Das Katzenbaby nukkelt wie wild. Sein Geschwisterchen auf Simons Arm begreift etwas langsamer, dafür um so nachhaltiger. Anschließend auf den Boden gesetzt, zittern sie wie Espenlaub. Wichtig ist, fällt mir ein, daß sie nach dem Trinken von der Mutter geleckt werden, was massierend wirkt und ihren Stoffwechsel anregt, andernfalls sie nichts verdauen können.

Also hocke auch ich mich auf den staubigen Boden und streiche ihnen mit den Fingern vorsichtig das weiche Fellchen. Ob es viel nützt, weiß ich nicht, sie beruhigen sich ein bißchen, aber nicht ganz. Immerhin fahren Friederike und Simon mit der Fütterung fort.

Vom Dachbalken aus beobachtet uns Miß Lucie aufmerksam mit großen grünen Augen.

»Gebt ihr auch was«, fordere ich die Kinder auf, »sonst wird sie eifersüchtig!«

»Aber sie wird doch nicht das Fläschchen nehmen, Mama!«

»Versucht's wenigstens!«

Miß Lucie kommt auf lockendes Rufen hin vom Balken herunter und läßt sich ohne weiteres die Flasche geben. Danach windet sie sich aus Friederikes Arm und ist bei den Kleinen, bevor wir sie daran hindern können.
Als Simon sie greifen will, winke ich aufgeregt ab. Miß Lucie beschnuppert die Babys, streckt eine zierliche Pfote aus, rollt sie vorsichtig hin und her, beugt sich mißbilligend darüber und – nein, sie beißt sie nicht. Sie frißt sie nicht. Sie beginnt sie heftig und nachdrücklich zu striegeln, eins nach dem andern. Unter ihrer kleinen, rauhen Zunge verwandeln sich die zitternden, mit Milch gefüllten Bündelchen in schnurrende, kleine Kätzchen, die sich wohlig räkeln, alle viere von sich strecken und sich schließlich zufrieden zusammenrollen.
Miß Lucie, erschöpft von der vierfachen Kraftanstrengung, legt sich zu ihnen. Ist es zu fassen?
Seit anderthalb Jahren hat sie keine eigenen Kinder gehabt. Sie ist sterilisiert worden. Hat sie keine Mutterinstinkte entwickeln können – oder doch? Vielleicht ist Miß Lucie ein tierpsychologisches Wunder. Wer weiß?
In der Küche spülen wir die Fläschchen aus und probieren die Liebesperlen. Sie schmecken keinem von uns besonders gut, aber irgendwie, irgendwann werden sie trotzdem verzehrt.
In Friederikes Zimmer müssen die Fenster geputzt, drei Dutzend stumpfe Malstifte, ein komplettes Mensch-ärgere-dich-nicht-Spiel, etliche Kaugummipapierchen und die Preßbilder eingesammelt werden. Letztere sind so bunt wie die Liebesperlen und genauso altmodisch. Da gibt es schwellende, knallrote Rosenknospen, Kränze aus Vergißmeinnicht, Buben in Pluderhosen, Mädchen in fußlangen Kittelkleidchen, alles auf Hochglanz, ausge-

stanzt, der Bogen zu fünfundzwanzig Pfennig. Friederike ist eine leidenschaftliche Preßbildsammlerin. Sie kauft, tauscht, handelt. Es gibt unter ihren kleinen Freundinnen eine Börse für Preßbilder, die lebhafter nicht sein könnte, wenn es um Aktien ginge.

Die einzige Gelegenheit, bei der man sich von einem Preßbild trennt, ist das Poesiealbum. Dahinein werden die schönsten geklebt, denn das verschafft einem Ansehen im Kreise Gleichgesinnter. Es gibt nur einen einzigen Grund, aus dem Friederike mir hilft, wenn ich ihr Zimmer aufräume: die Angst, ich könnte ihre herumliegenden Preßbilder samt und sonders in den Papierkorb stopfen. Dergleichen ist – ich schäme mich nicht, es zuzugeben – vorgekommen. Dann nämlich, wenn der Ärger über das Chaos mich überwältigte. Sie sammelt also mit flinker Hand die knallroten Rosenknospen und leicht zerknitterten Vergißmeinnichtkränze ein, zieht drei Poesiealben aus dem Schulranzen und setzt sich aufatmend an ihren Tisch. Ich putze ihr Fenster und schaue hinaus. Unten will sich Miß Lucie aus der Affäre ziehen. Sie schlüpft behende aus der Scheunenluke, verhält den Schritt und blickt verstohlen hinter sich. Eine Weile geschieht nichts. Dann, zu ihrer und meiner Verblüffung, taumelt ein kleines, grau getigertes Etwas mühsam hinter ihr her. Miß Lucie betrachtet es mit gelindem Entsetzen, schubst es energisch wieder zurück, bedenkt Torro, der sich neugierig herbeigetrollt hat, mit einem bitterbösen Faucher und folgt dem Kind in sein Schrankbett.

Ob sie ihm dort einschärft, immer schön dort zu bleiben und sich nicht wegzurühren, weiß ich nicht, aber ich stelle es mir vor. Dann nach einer Weile erscheint Miß

Lucie wieder, glättet und putzt sich das Kleid, hebt die schwarze Nase in den sinkenden Herbstabend und verschwindet im Gebüsch.
»Ihr habt Miß Lucie unrecht getan«, werfe ich den Kindern beim Abendessen vor, das großenteils aus Quark besteht.
»Ach, ich weiß nicht«, meint Simon, der ungern etwas zugibt, »vielleicht hatten wir bloß Glück. Genausogut hätte sie die Kleinen anknabbern können.«
»Igitt!« schreit Friederike, sich die Serviette vor den Mund pressend. »Sag doch so was nicht beim Essen!«
»Reg dich ab«, knurrt Simon ungnädig.
»Du verdirbst einem den ganzen Appetit!«
»Um so besser! Quäl dich nicht. Laß den Quark stehen. Er füllt sowieso bloß einen hohlen Zahn.«
Das Ganze endet damit, daß Friederike angewidert ihren Teller zurückschiebt und Simon ungerührt die Schüssel zu sich herüberzieht.
Am Fenster klopft es. Ich öffne.
Miß Lucie schlängelt sich herein. Das tut sie selten am Abend, außer wenn es sehr kalt zu werden droht. Aber draußen ist es mild.
»Die Kleinen müssen nochmals gefüttert werden«, fällt mir ein, und Friederike rennt schon nach den Fläschchen.
Miß Lucie weiß, was von ihr erwartet wird. Sie reißt sich nicht darum, man sieht's ihr an, aber sie drückt sich auch nicht davor. Langsam, im Abstand von einem Meter, folgt sie uns in die dunkle Scheune, sieht gelangweilt zu, wie die Kinder fläschchenweise Milch in die grauen Katzenbabys füllen, und nimmt sich eins nach dem anderen zur Behandlung vor. Sie schnurren wie kleine Nähmaschinen.

»Du bist ein gutes Tier«, sage ich zu Miß Lucie, die den Kopf hebt, um gestreichelt zu werden, bevor sie endgültig in die Nacht verschwindet.
Aber am nächsten Morgen, als wir schon vor dem Frühstück in die Scheune schleichen, liegt sie im Schränkchen und wärmt die Kleinen, die in der Morgenkühle wohl gefroren haben.
Zwei Wochen später – die Kätzchen haben inzwischen offene, hellblaue Augen und winzige Schnurrhaare bekommen – betrachtet Miß Lucie die Milchfläschchen mit einer gewissen spürbaren Verachtung. Aber sie beutelt alle vier pflichtgemäß, leckt ihnen zärtlich die kleinen Stirnen und macht sich davon. Am Nachmittag ertönt ihr Beuteschrei wie eine kleine Fanfare, noch bevor man sie sieht. Ihre Adoptivkinder kullern aus der Scheunenluke und torkeln ihr erwartungsvoll entgegen.
Ich nehme gerade die Wäsche ab und sehe, wie Miß Lucie eine mittelgroße Maus eilig über den Hof schleppt. Alle vier Kinder wieseln aufgeregt um sie herum. Es dauert eine Weile, bis sie begreifen, was das Ganze soll. Es scheint, sie lernen schnell, denn eine Viertelstunde später ist der Hof wie leergefegt und von der Maus nichts mehr zu sehen.
Von diesem Tag an beutelt und striegelt Miß Lucie die Kätzchen nicht mehr regelmäßig, sondern beschränkt sich auf gelegentliche freundliche oder ärgerliche Nasenstüber. Sie trinken seitdem aus flachen Schüsselchen, zu Friederikes großem Bedauern, die nichts lieber tat, als ihnen die Fläschchen zu reichen. Gelegentlich tut sie's immer noch. Miß Lucie ignoriert das. Sie hält es, man sieht es ihr an, für Schwachsinn. Man sollte, sagte ihr zufriedener grüner Blick, der durchs Fenster über die

ungeschickt jedem Käfer nachjagenden grauen Kätzchen schweift, sich lieber freuen, wenn sie langsam selbständig werden. Ich teile Miß Lucies Meinung, wobei ich unter anderem an Friederikes Zimmer denke und mich frage, ob und wann sie jemals in der Lage sein wird, es selbst in Ordnung zu halten.

»Man sollte«, sagt Miß Lucie, gähnt, streckt sich und schlüpft durchs offene Fenster, »für den Anfang nicht zuviel verlangen.«

Es ist früher Abend, und sie macht sich auf den Weg, den Kleinen die tägliche Maus zu fangen, zu bringen und zu servieren. Um dieselbe Zeit steige ich die Treppe hinauf und lüfte ein bißchen in Friederikes Zimmer, wobei ich die Fensterbank von einem Stoß Asterix-Heften, einem selbst gehäkelten Brustbeutel mit Inhalt, einem Bällchen Knetgummi, zwei Schlumpf-Figuren und – wie könnte es anders sein – einem Poesiealbum befreie.

8 Miß Lucie und die Konkurrenz

Miß Lucie ist unzufrieden mit mir. Kein Mensch kann mich so vorwurfsvoll ansehen, so mürrisch, so ernstlich verstimmt wie meine Katze.
Und das um eines einzigen Satzes willen, den ich heute in der Frühe achtlos aussprach, als ich schlaftrunken durch die Diele wankte, um die Kinder zu wecken, die längst wach waren. Ich sagte: »Guten Morgen, Tommy.«
Das war zuviel.
Miß Lucie, aus der Höhe des Schrankes, auf dem sie Posten bezogen hatte, schnappte ein.
Wäre es nach ihr gegangen, hätte ich entgeistert in die Hände geklatscht und »schschsch« gerufen, die Tür nach draußen aufgerissen und ihn hinausgejagt.
Statt dessen hatte ich ihm freundlich-zerstreut einen guten Morgen gewünscht, so, als gehöre er zur Familie.
»Wird er«, fragt Miß Lucies mißbilligender grüner Blick, »demnächst zur Familie gehören?«
Wenn's nach ihr geht, bestimmt nicht. Er ist ein sechs Monate alter Kater mit hübsch gezeichnetem Tigermuster auf Gesicht und Rücken.
Solange er sich draußen herumtrieb, störte er sie nicht besonders. Seitdem er hartnäckig versucht, in unserem Teil des weitläufigen Hauses Fuß zu fassen, verabscheut sie ihn.
Die Kinder, in einer nicht enden wollenden Enid-Blyton-Ära befangen, die in Wort, Bild und Ton auf uns niederrieselt, seitdem Pippi Langstrumpf nicht mehr akut ist,

nannten ihn Master Tom. Das war mir auf die Dauer zu feierlich und zu langatmig. Ich nenne ihn Tommy, und darauf hört er auch.
Besonders hellhörig zeigt er sich, wenn Tellerchen auf Fliesenböden gestellt werden, egal, was sie beinhalten. Und damit, glaube ich, gewann Master Tom mein Herz.
Nicht nur meine Kinder, auch meine Tiere gehören zur Gattung der Naserümpfer. »Igitt!« stöhnen Simon und Friederike zweistimmig, wenn auch nur ein Quadratmillimeter Fett am Fleisch verblieben ist. Steht ein Bohneneintopf auf dem Herd, stürzen sie mit zugehaltener Nase aus der Küche, und es gibt Tage, da siebt sich mein Sohn eigenhändig die Gulaschsuppe, als enthielten ihre festen Bestandteile Krötenhälse oder Mehlwürmer.
Miß Lucie, der menschlichen Sprache zwar nicht fähig, läßt mich in ihrer ebenso verständlicher Weise wissen, was sie nicht mag, was ich ihr nicht vorzusetzen brauche. Alles, zum Beispiel, was älter ist als einen Tag, egal, ob es sich um eine angebrochene Dose Katzenfutter oder die Hähnchenreste von gestern handelt. Miß Lucie streicht mit zitternden Schnurrhaaren darüber hinweg, wirft mir einen verständnislosen Blick zu, umkreist probehalber das Ganze noch einmal und wendet sich entschieden ab.
Nicht so Master Tom.
Erst einmal trinkt er literweise Milch. Das tut selbst Zaza, Miß Lucies quengelige Tochter nicht. Er aber trinkt sie mit Lust, wobei er sich sein grau getigertes Gesichtchen vor lauter Eifer bespritzt. Dann frißt er grundsätzlich alles, und alles mit Begeisterung. Katzenfutterreste mit Haferflocken vermischt, drüber einen Klecks übriggebliebener Bratensoße, eine Kombination, die ich Miß Lucie nicht im Traum anzubieten brauchte.

Master Tom dagegen kommt, entdeckt den Teller wie ein Weihnachtsgeschenk, stürzt sich drauf, knabbert, kaut, läßt sich auf alle vier Pfoten nieder und schnurrt vor Glück.
Er schnurrt überhaupt immer, jedenfalls sobald er mich sieht.
Miß Lucie schnurrt auch. Aber sie muß dabei auf einer Plüschdecke liegen, eine spezielle, hohe Zimmertemperatur muß herrschen, ein ganz bestimmtes sehr gutes Essen muß vorausgegangen sein, und niemand sonst darf sich in der Nähe befinden.
Master Tom schnurrt auf kalten Fliesenböden, wenn er nichts weiter intus hat als ein in Milch aufgeweichtes, altes Stück Brot. Er schnurrt so laut, daß er die Wettermeldungen im Radio damit übertönt. Er schnurrt, wenn Torro, der Hund, ihn mißtrauisch beäugt, wenn Miß Lucie ihm vom Schrank her Böses zuzischt, wenn die Kinder hereingepoltert kommen oder der Briefträger einen Packen Post durchs Küchenfenster schmeißt – Master Tom läßt sich durch nichts und niemanden aus dem Schnurren bringen und vermittelt damit eine gewisse beständige Behaglichkeit, die Balsam auf meine gelegentlich ramponierten Nerven träufelt.
Anfangs ließ er sich nicht anfassen. Wie seine Geschwister war er an menschliche Nähe oder Berührung nicht gewöhnt.
»Die sind richtig«, lobte mein Mann, als er sie einträchtig auf einem morschen Holzzaun sitzen und sich die Krallen darauf wetzen sah – Miß Lucie bevorzugt zu diesem Zweck die bereits zweimal aufgearbeiteten Beine eines Biedermeier-Stuhls oder, weil er meistens auf dem Boden liegt, den Schulranzen unserer Tochter Friederike.

»So müssen Katzen sein«, meinte mein Mann beifällig, als er Master Tom und seine rabenschwarze Schwester ein Bett aus Stroh teilen sah, in der Scheune, versteht sich, und er wies uns dringend an, aus keinem dieser Naturkinder ein Kissen-Bett-und-Schoßtier à la Miß Lucie zu machen. »Aber nein!« riefen wir unisono und gedachten der vielen Gelegenheiten, die wir im wahrsten Sinne des Wortes hatten vorübergehen lassen.

Ich kann, das sei hier einmal gesagt, einer Anschluß suchenden, obdachlosen Katze nur schwer widerstehen. In diesem Zusammenhang wird Friederike und mir wohl lebenslänglich ein Tag vor Weihnachten in Erinnerung bleiben, an dem wir beide die letzten Feiertagseinkäufe tätigten. Ein armseliges, zerzaustes Tier kam uns miauend entgegen, mager, schwach, ausgemergelt.

Vor meinem inneren Auge erstanden Gänsebratenreste, Kartoffelpüree und all die anderen Herrlichkeiten, die innerhalb der nächsten vierundzwanzig Stunden von unserem Tisch abfallen würden; und schon ging ich in die Knie.

Vor Friederikes Augen dagegen erstand eine fauchende Miß Lucie, ein furioser Vater, ein entgeistertes Großelternpaar, ein Versteck im Abstellraum, wo leider auch der Wein lagerte, und das herzklopfende Warten auf den unausbleiblichen Impuls der Männer, ein paar Flaschen holen zu gehen und bei dieser Gelegenheit das ausgewiesene, unansehnliche Etwas wieder vorzufinden, ein erneuter Kampf bis aufs Messer um Aufnahme und Verbleib – und all dies am Heiligabend, wo anderorts eitel Friede und Eintracht herrschen.

In solche Fällen, das hatten wir schon herausgefunden, hilft nur die sprichwörtliche Vogel-Strauß-Politik.

»Mach die Augen zu, Mama«, beschwor mich Friederike, »mach sie ganz fest zu, und geh weiter – geh ruhig weiter und denk an was anderes!«
Irgendwie rührte mich wohl die Eindringlichkeit in ihren Worten. Ich schloß gehorsam die Augen und wankte an ihrer fürsorglich ausgestreckten Hand vorwärts, so lange, bis sie mich plötzlich losließ, vermutlich, um sich zu vergewissern, daß die Katze uns nicht mehr folgte.
Ich aber, einmal in Gang gesetzt, torkelte blind weiter, mitten hinein in die Schaufensterscheibe eines Radiogeschäfts. Ins krachende Klirr und Bum mischte sich eine befremdete Stimme, die »aber Frau Steinberg!« sagte. Natürlich gehörte sie einem derjenigen, denen ich immer schon suspekt erschienen war mit meinem bis frühmorgens eingeschalteten Lampenlicht und dem ewigen Schreibmaschinengeklapper, ohne daß ich ein Büro unterhielt, das dergleichen gerechtfertigt hätte. Von diesem Tag an galt ich in gewissen Kreisen der Vorspessartgemeinde mit Sicherheit als geistesgestört, was einen Gesichtsverlust bedeutet. Außerdem fiel es mir um Weihnachten herum nicht leicht, eine Spezialglasscheibe zu ersetzen. Es hat mich also einiges gekostet, der Versuchung in armseliger, heimatloser Gestalt zu entgegnen, aber Miß Lucie weiß es nicht und kann es daher auch nicht würdigen. Sie sitzt auf dem Schrank und knurrt. Master Tom, unten auf dem Boden, antwortet mit sanftem Schnurren. Jedes andere Herz würde er damit schmelzen, nur nicht das meiner Katze.
Master Tom merkt, wenn er absolut unerwünscht ist. Er verabschiedet sich mit wehem Blick von mir und dem Tellerchen, das Hühnerbrühe vom Vortag enthält, und trollt sich zur Hintertür hinaus. Miß Lucie auf dem

Schrank streckt sich, dehnt ihre Glieder, öffnet und schließt die Augen, kommt über die Heizung herunter und schnuppert ungläubig an der Hühnerbrühe.
»Alt«, sagt ihr linkes Auge streng, »uralt und ungenießbar! Wem hast du diesen Fraß zugedacht? Mir etwa?«
Ich versichere ihr, daß mir dergleichen nie in den Sinn gekommen wäre, und fülle frisches Futter in ihre kleine Schüssel. Master Tom, draußen vor der Scheibe des Küchenfensters sitzend, sieht wehmütig zu. Ihn erblikken, den drohenden Brummton einschalten und die Pfote auf den Tellerrand mit der verabscheuten Brühe legend, ist Miß Lucies sofortige Reaktion. Master Tom wendet sich kummervoll ab und beginnt seine Vorderpfote zu schrubben, als interessiere ihn das Schlaraffenland jenseits der Scheibe überhaupt nicht mehr. Miß Lucie glaubt ihm kein Wort und keine Geste.
Die Kinder kommen aus der Schule, Simon mit der obligaten Vier in der Englischarbeit, Friederike mit einer Zwei, die sie taktvoll verschweigt angesichts der Niedergeschlagenheit ihres Bruders.
Wir trösten ihn mit gebratenem Fisch, seinem Lieblingsessen, und einer doppelten Lage Puderzucker auf dem Nachtisch-Omelette, aber der düstere Ausdruck will nicht aus seinem Gesicht weichen. Er ist zwar, was seine Noten im Sprachlichen angeht, denkbar unverwöhnt. Bei einer Drei belohnt er sich selbst bereits mit einem neuen Pferdeposter. Aber die heutige Vier, wir merken es alle, ist ein besonderer Tiefschlag.
»Weil«, sagt Simon mit schwerer Stimme, »ich bis zur Vergasung geübt habe. Da dürfte das doch nicht passieren! Da müßte man doch einen Erfolg sehen! Wenn das so ist, brauche ich überhaupt nicht mehr üben. Logisch,

nicht?« Friederike kräht lauthals ihre Zustimmung, während ich zu bedenken gebe, daß sich der Fleiß erst nach mehrmaliger Anwendung auszuzahlen beginne.
»Nein«, sagt Simon und steht vom Tisch auf, langsam, wie ein vom Leben enttäuschter Mann, »mit mir nicht mehr. Nie mehr! Mir stinkt das zu sehr. Ich gehe jetzt reiten, macht, was ihr wollt.« Was Friederike angeht, sie leistet seiner Aufforderung unverzüglich Folge. Sie macht ohnehin meistens, was sie will. Ich dagegen mache den Abwasch.
Durch die von Simon sperrangelweit offengelassene Tür schlängelt sich lautlos Master Tom. Ich merke es nicht, aber ich höre ihn schlürfen, denn Miß Lucie hat die Hühnerbrühe auf Dauer verschmäht. Auch sie hört seinen geräuschvollen Genuß und ist momentan zur Stelle. Mit krallenbewehrter Pfote zieht sie ihm rasch eins über die Ohren, daß er erschrocken aufschreit, und nimmt vor dem Tellerchen Platz, indem sie sich aufplustert wie eine wütende Henne.
Master Tom schleicht rückwärts bis zur Tür, die Friederike inzwischen geschlossen hat.
»Sei nicht so mißgünstig«, sage ich ärgerlich zu Miß Lucie, die mir überhaupt nicht zuhört.
»Ich spiele jetzt Flöte«, verkündet Friederike und packt bereits alles, was sie dazu braucht, auf den Küchentisch. Ein gelbes Futteral, ein grünes und ein rotes Liederheft – Miß Lucie sieht's. Als der Flederwisch zum Vorschein kommt, mit dem als erster Arbeitsgang die Flöte ausgewischt wird, ergreift Miß Lucie panikartik die Flucht.
Master Tom nimmt die Gelegenheit wahr, um sich vorsichtig ein zweites Mal dem Tellerchen zu nähern, und diesmal klappt es.

Hingerissen schlürft er die Brühe. Emsig reinigt Friederike die Flöte. Dann schlägt sie eins der bunten Liederhefte auf und versenkt sich sekundenlang in den Inhalt.
Master Tom hat die Hälfte geräuschvoll geschafft.
Friederike hebt die Flöte zum Mund und beginnt mit einem tiefen C.
Master Tom erstarrt. Er hat den Kopf eingezogen und gäbe was drum, sich die Ohren zuhalten zu können. Verzweifelt macht er sich über die restliche Brühe her, aber er hält es nicht aus. Friederike tiriliert inzwischen das hohe C, was schwierig ist. Man hört's. Es rutscht ihr unter dem Finger in ungeahnte Höhen, ein Kunstgenuß, den auch ich oft nicht richtig zu würdigen weiß. Master Tom, mit einem letzten resignierenden Blick aufs Essen, jagt wie wild davon. Katzen, so heißt es, hören siebenmal lauter als Menschen. Wenn mich das verrutschte hohe C meiner Tochter bereits nach Luft schnappen läßt, klingt es in Master Toms Ohren vermutlich wie eine Sirene.
Er rettet sich auf einen ausrangierten Ofen in der großen Diele, wo bereits Miß Lucie Platz genommen hat.
Aber sie scheucht ihn nicht hinunter. Sie duldet ihn.
Nicht, daß sie ihm plötzlich wärmere Gefühle entgegenbringt. Aber ihn zurückzujagen ins schrille Sirenengeheul scheint eine furchtbare Härte zu sein, die man selbst einem törichten jungen Feind wie Master Tom nicht antut. Er nähert sich ihr millimeterweise, schnurrt sie liebreich und begütigend an und bleibt in respektvollem Abstand sitzen.
Friederike spielt »Der Winter ist verga-ha-hangen«. Sie tut es hingebungsvoll, während ich mich vergeblich wie immer frage, warum man die Kinder alle Flöte spielen

läßt. Warum nicht Gitarre? Warum nicht Klavier? Warum nur ausgerechnet, in Dreiteufels Namen, Flöte? Es ist nicht einzusehen, es ist nicht anzuhören, es ist nicht auszuhalten. Natürlich ist die Frage dumm und kindisch. Die Flöte ist ein Instrument, mit dem auch schon ein Vierjähriges fertig wird, das es fassen kann, ohne sich die Fingerchen zu verrenken. Außerdem schafft eine Flöte keine Platzprobleme. Auch wirft sie keine großen finanziellen Fragen auf, und im Verhältnis zu einem Schlagzeug ist sie sogar leise. Trotzdem . . .

»Schätzchen«, sage ich zu meiner eifrig im roten Liederheft blätternden Tochter, »draußen ist herrliches Wetter. Wie wärs's, wenn du ein bißchen rausgingst?«

»Später«, antwortet Friederike mit einer Stimme, in der großes Pflichtbewußtsein schwingt, »jetzt muß ich erst üben, Mama.« Miß Lucie und Master Tom scheinen es verstanden zu haben. Sie hangeln sich, einer nach dem anderen, vom Ofen und verschwinden durch die offene Haustür ins Freie.

Um mein pflichteifriges Kind nicht negativ zu beeinflussen, folge ich meinen Katzen, das heißt, ich schlendere einfach den Hang hinunter. Die beiden Ponys stehen wie Bildsäulen. Das tun sie oft. Mähnen und Schwanzhaare streifen das hohe Gras. Master Tom spielt ein bißchen mit den weißen Zotteln, dann hüpft er scheinbar ziellos weiter. Miß Lucie hält nicht viel von ihm, das weiß ich, und ich kann's ihr nachfühlen. Seine Lebenserfahrung ist nicht viel mehr als null. Aber er hat eine clevere, mit allen Wassern gewaschene Mutter, die ihm wohl so manchen Tip mit auf den Weg gegeben hat. Es kommt nicht oft vor, daß er sich daran erinnert, aber manchmal tut er's eben doch.

Miß Lucie, der Haus, Scheune, Hof und Garten inzwischen vertraut sind, kennt das weitere Gelände nicht. Sie folgt in unregelmäßigen Abständen, mal ist sie mir zwischen den Füßen, mal bleibt sie weit zurück. Dann rufe ich sie, warte, bis sie kommt, und stolpere weiter. Es ist ein herrlicher Tag. Ich lasse mich im warmen Gras nieder, da, wo der Hang sanfter wird, und blinzele den Katzen nach, meine Sonnenbrille schmerzlich vermissend.

Miß Lucie bleibt nicht bei mir. Es sieht so aus, als drehe sich Master Tom nach ihr um, signalisierend, und sie folgt ihm tatsächlich. Bis zum Bach ist's nicht weit, ich kann sie noch gut sehen. Dann pirschen sie sich hintereinander bachaufwärts, schlüpfen durch eine Zaunlücke und verschwinden im Weihergelände.

Ich döse ein wenig ein. In der Mittagsstunde bin ich immer schläfrig. Die Stimme meines Sohnes weckt mich unsanft und laut.

»Mama«, sagt Simon, beide Hände in die nicht vorhandenen Hüften stemmend, »was glaubst du, was die zwei machen, Miß Lucie und Master Tom? Sitzen am Weiher, da, wo er flach ausläuft, und klauen sich die kleinen Fische! Das gibt Ärger, sag ich dir, das gibt bestimmt einen Mordsärger, Mama!«

Ich reibe mir die Stirn mit der Hand und rappele mich mühsam hoch.

»Nun geh schon vor«, knurre ich Simon an, »und stör sie!«

Das braucht er nicht. Sie kommen uns bereits entgegen, noch immer schmatzend, sichtlich zufrieden, ein bißchen feucht unterm Bauch und an den Pfoten, ansonsten sonnenwarm, harmlos, träge und in seltener Eintracht.

Was soll ich tun? Die Fische aus ihnen herausschütteln? Ihnen eine Predigt halten über die Verteilung des Grundbesitzes auf dieser Welt?
Miß Lucie reibt ihren Kopf an meinem Knöchel und möchte gestreichelt werden. Ich tue ihr den Gefallen.
»Na, Tommy?« sage ich zu Master Tom. Miß Lucie läßt's geschehen. Sie faucht ihn nicht weg, als er dicht herankommt, sie schlägt nicht nach ihm, sie sieht mich nicht an, als sei ich eine Verräterin.
Sie wirft einen kurzen, nachdenklichen Blick zurück, als wolle sie den Weg noch einmal im Geiste überprüfen, damit sie ihn jederzeit, bei Tag oder Nacht, auch sicher wiederfinde, den Weg ins Gelobte Land, den Tommy ihr so selbstlos gewiesen hat.
Zu Hause steht immer noch der Rest Hühnerbrühe auf dem Küchenboden. Master Tom peilt ihn vorsichtig an. Miß Lucie zeigt sich großmütig wie nie. Sie geht daran vorbei, zischt kein böses Wort zurück über die Schulter, setzt sich auf die Fensterbank und rührt sich nicht, als er anfängt zu schlürfen.
»Übernächste Woche«, sagt Friederike, stopft die Flöte ins gelbe Etui und schiebt den Flederwisch hinterher, »ist Schulkonzert. Da kannst du mal die ganze Gruppe hören, Mama. Wir sind sieben! Drei Lieder werden wir vorspielen! Es klingt wunderbar, Mama!«
Ich zweifle nicht daran.
Und selbstverständlich werde ich hingehen.

9 Miß Lucie und der Räuber

Miß Lucie hat's gut«, findet Friederike zum hundertsten Mal und läßt sich mit etlichen spitzen Schreien ihr ellenbogenlanges, dickes Haar in Zöpfe flechten.
Es ist sieben Uhr morgens.
Miß Lucie liegt lässig ausgestreckt auf einer Fensterbank, genau da, wo die Nachtspeicherheizung ihren wärmenden Luftstrahl ausbläst.
»Miß Lucie hat ihre Sorgen genau wie jeder andere«, entgegne ich gewohnheitsgemäß, hoffend, daß Friederike nicht merkt, wie ungleich mir die Zopfsträhnen geraten sind, »und außerdem eine Menge natürlicher Feinde . . .«
»Nicht solche wie ich«, seufzt Friederike, »nicht solche gräßlichen, die sie jeden Tag sieht und zu denen sie dann auch noch nett sein muß, wie ich zu Müller Zwo.«
»Da hat sie recht«, sekundiert Simon, der gerade hereinstapft, die Parka voller Heuhalme, denn er hat bereits drei Pferde gefüttert, ans Barometer geklopft, Miß Lucies Sandkästchen auf die schmale Eisbahn geleert, die sich vor unserer Haustür gebildet hat.
»Miß Lucie«, sagt Simon, die Parka sorgfältig überm Küchenboden ausschüttelnd, »kann sich einem natürlichen Feind gegenüber ganz natürlich verhalten. Ihn anfauchen, ihn beißen und kratzen. Unsereiner dagegen muß sich dauernd verstellen.«
»Ihm hinten reinkriechen«, fügt Friederike bitter zum besseren Verständnis hinzu.

»Schon gut«, sage ich hastig und abschließend, »es geht auf halb acht, Kinder.«
Simon, mit einem ungläubigen Blick auf den Radiowekker, setzt sich die Kapuze auf und greift sich ein Butterbrot. »Bei Müller Zwo«, stellt er kauend fest, sich in die lose herabhängenden Ärmel der Parka arbeitend, »kriegt Friederike niemals ein Bein auf den Boden.«
Den Eindruck habe ich auch.
Müller Zwo ist ihr Deutschlehrer. Alle paar Wochen schreibt Friederike einen wunderschönen Aufsatz, den Müller Zwo mit bissigen Kommentaren und der Note Vier versieht. Aufsätze sind eben Geschmacksache.
Friederike, deren Glanz in der Grundschulzeit der Aufsatz war, traut sich nach drei Monaten Gymnasium keinen halben Satz mehr zu. »Geh endlich hin, Mama«, verlangt Simon, »und hau ihm das Heft um die Ohren, damit er merkt, daß sie nicht allein in der Welt steht, sondern auch noch eine Mutter hat!«
»Ja, Mama«, piepst Friederike, ganz das vermeintliche Waisenkind, »das müßtest du wirklich mal tun! Und ihm sagen, daß du viel mehr davon verstehst als er!«
»Und daß er«, fährt Simon selbstvergessen fort, »ein altes, blödes – « hier folgt ein nicht druckfähiger Ausdruck – »ist!«
»Nein«, kichert Friederike, die sich an diesem Thema sichtlich erwärmt, »das kann Mama doch nicht sagen! Du vielleicht, aber Mama doch nicht!«
»Ich kann's auch nicht«, gibt Simon mürrisch zurück, zwei durchlöcherte Handschuhe über die Finger streifend, »niemand kann's. Deshalb wird er's ja auch nie wissen und sich immer für den Größten halten. Menschenskind –«, er reißt die Augen auf, »wir müssen doch weg!«

Und starrt mich so anklagend an, als habe ich sie beide bis jetzt geknebelt, gefesselt und mühsam am Gehen gehindert.
Es folgt das übliche Gepolter, Verrenkungen und Hauruck-Geräusch, mit dem allenthalben Schulranzen aufgesetzt werden, Gedrängel und Geschubse im Türrahmen, kurzes Geknurr und Wehgeschrei »Latsch mir doch nicht immer auf die Füße, Idiot!«
Und dann Ruhe. Himmlische, wohltuende, wunderbare Ruhe!
Miß Lucie, die längst von der beheizten Fensterbank geflüchtet ist, taucht aus dem Nichts wieder auf und bewegt ihren runden, weichen, schwarz und weiß gescheitelten Kopf unter meiner streichelnden Hand.
Wir warten.
Durchschnittlich zweimal in der Woche kommt eins der Kinder zurückgestürmt, weil es etwas Lebenswichtiges vergessen hat, seine Turnschuhe zum Beispiel, oder die zwanzig Pfennig, die es gestern jemand schuldig geblieben ist. Wir lauschen eine Weile angestrengt nach draußen. Aber nichts geschieht. Es scheint, wir können frühstücken. Wenn's nach Miß Lucie ginge, täte sie das am liebsten auf gleicher Höhe mit mir, vorzugsweise auf dem Tisch, natürlich, sonst auf dem Kühlschrank, wenn nicht dort, dann wenigstens auf der Fensterbank, keinesfalls jedoch auf dem Fußboden.
Irgendwie kann ich das verstehen.
Auf allen unseren Böden riecht es entweder nach anderer Tiere Spuren, oder es riecht nach Chemie, nach Scheuermitteln, Sagrotan und ähnlichen Scheußlichkeiten. »Stell's mir hinaus«, verlangt Miß Lucie, indem sie erst auf den Tisch, dann auf den Kühlschrank und schließlich

auf die Fensterbank springt, während ich ihr Schüsselchen noch in der Hand balanciere. Der frühe Morgen findet mich nie in bemerkenswerter Frische, und erzieherisch bin ich schon deshalb eine Null, weil ich viel zuviel Verständnis habe. Miß Lucie ist ein Tier, das allein gehalten werden müßte, ohne den Schatten eines anderen in näherer Umgebung. Sie ist, obwohl sie es nie war, das geborene Einzelkind. Statt dessen wieselt, tappt, schnurrt, schnaubt, bellt und wiehert es um sie herum. Es ist ihr zuviel, ich weiß es.

Und noch etwas macht ihr zu schaffen:

Der Winter und die Energiekrise.

Früher, wie weitläufig unsere jeweilige Wohnstatt auch war, standen alle Türen immer offen.

Heute, im Zeichen einer gewissen unumgänglichen Sparsamkeit, werden Außentüren hastig zugeschlagen und sogar Innentüren, wenn auch bedächtiger, aber immerhin geschlossen.

Der Ruf »Tür zu!« ist zum Abgesang einer von wohliger Wärme und Kommunikation erfüllten Ära geworden, der niemand so sehr nachtrauert wie meine Katze.

Ungehindert umherstreifen zu können, lästigen Menschen und Tieren ausweichend, ohne sich dabei in die totale Isolation begeben zu müssen, von Schrank zu Schrank, von Bett zu Bett, von Raum zu Raum und natürlich jederzeit ins Bad, wo ihr Sandkästchen steht, ist ein elementares Bedürfnis für Miß Lucie, das durch den Ruf »Tür zu!« neuerdings unterbunden wird.

All dies nachfühlend und mich dabei unklar schuldig fühlend, schneide ich ein Stückchen Fleischwurst in Würfel, um sie ihr, als Ausgleich sozusagen, auf der Fensterbank zu servieren.

Sie fällt darüber her, als habe sie seit Tagen nichts Eßbares gesehen. Dann, einen unbeobachteten Moment ausnützend, besteigt sie den Brotkorb und rollt sich darin zusammen. Besser gesagt, sie quetscht sich hinein. Ihr schwarzweißes Fellkleidchen quillt über den Rand, denn Miß Lucie ist füllig geworden und der Korb für sie um etliche Nummern zu klein.

Sie tut's bei jedem neuen Brotkorb nur ein einziges Mal. Manchmal gönnt sie ihn uns nur drei Tage, manchmal auch ein halbes Jahr. Die ausrangierten stapeln sich am hinteren Ausgang neben den Blumentöpfen. Einmal benutzt, würdigt Miß Lucie sie keines Blickes mehr.

Durchs Küchenfenster kann ich jeden Besucher sehen, der auf uns zukommt, im heutigen Fall den Wildhüter des umliegenden Forsts, Herrn Traxler, in Lodenmantel und Jägerhut.

Am Morgen, wie gesagt, sind meine Reaktionen etwas schleppend. Selbst wenn ich Miß Lucie hätte verscheuchen wollen, hätte ich es kaum rechtzeitig geschafft. Die Hoffnung, sie werde sich beim Klang der fremden Schritte verflüchtigen, wie sie's meistens tut, erlischt. Miß Lucie bleibt, wo sie ist.

Herr Traxler, den grünen Hut in der Hand, hat angeklopft und ist eingetreten. Die Küche liegt gleich neben der Haustür, die immer offensteht. Große Umwege über Klingel, Türöffner und dergleichen werden nie gemacht. Herr Traxler steht da und traut seinen Augen nicht, man merkt's ganz deutlich. Was er vor sich sieht, ist ein nett gedeckter Frühstückstisch mit Steingutgeschirr, Kaffeekanne und dem üblichen Zubehör, das Millionen Frühstückstische in Europa ziert. Außerdem aber – und das gibt diesem zivilisierten Stilleben eine bizarre Note –

steht da etwas neben dem Milchkännchen, das einem riesigen schwarzen Ei im geflochtenen Eierbecher ähnelt. Herr Traxler hat in seinem langen, der Natur in Wald und Feld gewidmeten Leben vielerlei Merkwürdigkeiten gesehen. Aber diese hier kann er nicht sofort einordnen. Ich tue so, als ob nichts wäre, und im Grunde ist ja auch nichts. Es handelt sich lediglich um den dritten oder vierten Brotkorb in diesem Jahr, aber er stammt aus Hongkong und war billiger als das Brot, das er beherbergt. Wozu also lange drüber reden.
Ich biete Herrn Traxler in aller Unbefangenheit eine Tasse Kaffee an, die er stumm, um nicht zu sagen entsetzt, ablehnt. Jäger, Förster, alle überhaupt, die das grüne Tuch tragen, machen sich in der Regel nichts aus Katzen.
Herr Traxler, nehme ich an, bildet da keine Ausnahme.
»Hier im Haus«, sagte er, immerhin den Stuhl annehmend, den ich ihm anbiete, »gab's früher immer eine Falle, die ich mir leihen konnte, wenn ich eine brauchte. Wissen Sie darüber Bescheid?«
Ich weiß es nicht. Das Haus ist groß, alt, weitläufig und birgt eine Menge Dinge, von denen ich nicht einmal ahne, wozu sie gut sind. Aber ich verspreche, mich danach zu erkundigen.
»Wir haben hier nämlich«, erklärt Herr Traxler bedächtig, »ein Steinmarderpärchen mit Jungen, so an die drei, vier. Ich fange sie, wenn überhaupt, erst im Februar, weil dann die Felle am besten sind. Es eilt also nicht.«
Miß Lucie im Brotkorb blinzelt, als wünsche sie weitere Einzelheiten zu hören. Aber erst im Hinausgehen sagt Herr Traxler, seinen Hut aufsetzend und den Blick schweifen lassend, als suche er etwas: »Sie hatten hier

früher doch immer Katzen. Ich meine in der Scheune ...«
»Ja«, sage ich und frage mich, wofür er Miß Lucie hält. Für ein Plüschtier?
»Die Marder«, schließt Herr Traxler seine sparsame Rede, »gehen an Katzen. Sie gehören zu den sogenannten kleinen Raubtieren und erledigen alles, auch Ratten, Katzen, Eichhörnchen und dergleichen.«
»Gut, daß Sie mir das sagen«, bringe ich dankbar und beklommen hervor. Dann geht er.
Miß Lucie und ich bleiben zutiefst beunruhigt zurück.
Es ist ja nicht möglich, sage ich mir, daß Miß Lucie die Worte verstanden hat. Schließlich, nicht wahr, ist sie eine Katze, ein Wesen, dem die menschliche Sprache nicht zugänglich ist.
Wie aber ist es dann zu erklären, daß Miß Lucie von diesem aufschlußreichen Vormittag an das Haus nicht mehr verläßt?
Ich weiß es nicht. Es ist eines der Rätsel, mit denen sie sich umgibt und denen ich, weil es eben Rätsel sind, nicht trauen kann. Also schlafe ich nachts nur noch sehr unruhig.
Die Kinder haben in der Küche ein Poster auf die Kacheln geklebt, das ein sehr possierliches Tier in Kletterhaltung zeigt.
Den Marder.
Da hängt er nun, neben Schöpflöffeln und anderen Harmlosigkeiten, Miß Lucies natürlicher Feind.
Ich schlafe ebenerdig bei aufgeklapptem Fenster, sofern die Temperaturen über Null liegen. Sinken sie unter Null, denke ich an meinen Rheumatismus und klappe das Fenster zu.
Etwa zwei Wochen nach dem Besuch des Waldhüters

sinke ich sehr spät und sehr müde ins Bett. Irgend etwas reißt mich aus dem ersten wohltuenden Schlaf.
Widerwillig registriere ich ein Geräusch vorm Fenster; endgültig aufwachend, höre ich ein Schleifen und Scharren auf dem mit grobkörnigem Lavasand bestreuten Weg zwischen Haus und Heuschober. Dazu einen Laut, den ich nicht identifizieren kann.
Das ist nichts Neues bei mir. Als ich im vorigen Jahr erstmals die Hirsche zur Brunftzeit röhren hörte, dachte ich an nichts anderes als eine Gang wild gewordener Mopedfahrer oberhalb der Fahrstraße auf den Waldwegen. Fünfundzwanzig Jahre Großstadt, so scheint es, haben mein Gehör der Natur total entfremdet.
Das, was sich ins unmißverständliche Scharren und Schleifen mischt, ist ein Ton, der aus der Kehle eines seltenen Waldvogels ebenso kommen könnte wie – wie? Herr im Himmel, wo ist Miß Lucie? Und Zaza? Ich verheddere mich in den Ärmeln meines Bademantels, werfe dabei das Thermometer von der Wand, reiße den Vorhang vorm Fenster zurück und wünsche mir Vollmond. Aber natürlich herrscht rabenschwarze Finsternis. Die Taschenlampe – wo könnte sie anders sein – liegt neben Simons Bett, und das wiederum steht im ersten Stock. Das ist mir zu weit. Eile tut not. Ich spare mir den Gang zur Haustür und klettere mit schmerzendem Schulterblatt aus dem Fenster. Mein Rheuma!
Es dauert mindestens eine Minute, bis sich mir in der Dunkelheit die Szene enthüllt – die Umrisse zweier in Jagdstellung geduckter Schatten im Schutze des vorspringenden Heuschoberdaches sowie Tommy, der junge Kater, der töricht und traumverloren mitten auf dem Weg mit einem rollenden Steinchen beschäftigt ist.

Bevor ich meine trockene Kehle befeuchten kann, um »Tommy!« zu rufen, ertönt ein Schrei vom Dach, der Mark und Bein erschüttert. Die beiden Schatten – Herr und Frau Marder, wie ich annehmen muß – zucken zusammen, als habe man sie gestochen.
Tommy setzt eine dicke graue Pfote auf das Steinchen und starrt verstört zum Dach hinauf, genau wie ich. Oben auf dem First sitzt Miß Lucie und schreit wie eine Sirene.
Die Schatten ziehen sich zurück und verschwinden mit scharrendem, schleifenden Geräusch, dem ich mit hysterischem »Schschsch«, Händeklatschen und anderem kopflosen Unsinn nachhelfe.
Tommy schlüpft durchs offene Fenster direkt in mein Bett. Miß Lucie bleibt unbeweglich auf dem Dachfirst sitzen und beobachtet den Abzug der Räuber in allen Einzelheiten. Dann kommt sie lautlos durch die spaltweit offene Speichertür die Treppe herunter ins Schlafzimmer, springt aufs Bett, sieht Tommy, haut ihm feste eine runter, weil das Bett nicht seins ist, bestenfalls meins, ganz bestimmt aber ihres, duldet ihn schließlich ganz unten am Fußende und sieht ihn mißbilligend einschlafen. Dann setzt sie sich auf die Fensterbank und schaut, scheinbar schläfrig, mit halb geschlossenen Augen hinaus.
Genau dort sitzt sie auch morgens noch, als der Wecker klingelt und die Kinder mürrisch und schlaftrunken die Treppen heruntergetaumelt kommen, Torro zwischen sich, von dem ich die ganze Nacht keinen Laut vernommen habe.
»Im Notfall«, sage ich, den Kindern das nächtliche Abenteuer in der gebotenen Kürze schildernd, »ist nur Verlaß auf Miß Lucie.«

»Das ist ungerecht!« schreit Friederike, ihren Hund verteidigend, indem sie mich mit der Zahnbürste fast aufspießt. »Torro schläft nach der anderen Seite raus! Und wenn er auf jedes Scharren reagieren würde, müßte er die ganze Nacht bellen. Das würde dir auch nicht gefallen! Kein bißchen!«
Torro stürzt aufgeregt mit Simon hinaus, die Pferde füttern.
Friederike knabbert lustlos an einem Zwieback herum.
»Wir schreiben heute einen Aufsatz«, bemerkt sie düster, »ich werde eine Vier schreiben oder Vier minus.«
»Geh endlich zu Müller Zwo«, verlangt Simon, dessen Stiefel zwei große Pfützen auf dem Fußboden hinterlassen, »und mach's wie Miß Lucie. Setz dich vor ihn hin und schrei wie am Spieß!«
In Friederikes Augen funkelt ein grüner Hoffnungsschimmer auf.
»Könntest du das tun, Mami?»
»Ich werd's versuchen.«
»Fein. Heute in der letzten Stunde hat er Sprechstunde. Kommst du?«
»Ich denke, ich kann es einrichten.«
»Haa«, seufzt Friederike, zapplig vor Aufregung, »was der wohl sagen wird!«
»Mach ihn fertig!« fordert Simon in einem Ton, als ginge es um die Boxweltmeisterschaft. Dann rempeln sie sich gegenseitig aus der Tür.
Mir tut die Schulter weh. Ich fühle mich müde und unausgeschlafen, schichte zwei Brotscheiben auf ein Frühstücksbrettchen und wünschte, ich brauchte heute nicht in die erste Runde mit Müller Zwo zu gehen. Aber es wird mir nichts anderes übrig bleiben. Anschließend

werde ich drei neue Brotkörbe kaufen. Den von gestern habe ich auf die Fensterbank gestellt. Miß Lucie betrachtet ihn sinnend und verständnislos wie einen Fremdkörper. »Was soll ich damit?« fragt ihr grüner Blick, bevor sie ihn mißtrauisch mit der Pfote betastet und schließlich hinunterwirft.

10 Miß Lucie und die Andere

»Ich glaube«, sagt Friederike beim Abendessen und schiebt eine Platte mit Käse und Tomaten naserümpfend aus ihrer Reichweite, »ich will ins Internat.«
»Du?« ruft Simon und sticht mit der Gabel in Friederikes Richtung.
»Jawohl, ich«, schnappt seine Schwester, »und dich geht das gar nichts an, hörst du?«
Aufreizend gemächlich zieht sich Simon die Platte neben seinen Teller.
»Ins Internat? Du? Wo du keine Eier, keinen Käse, keine Tomaten, ja nicht mal Butter ißt! Dich möchte ich mal im Internat essen sehen! Hahaha!« Er lacht herzlich und macht sich ein riesiges Brot zurecht, Friederikes Hand, die über den Tisch geschnippt kommt, geschickt ausweichend.
»Ruhe!« rufe ich. »Wenigstens beim Essen, wenn schon sonst nicht!«
Meine Nerven sind derzeit nicht die besten. Erstens sind Ferien, und mir fehlt ein ruhiger Vormittag. Zweitens hat Torro, der Hund, Frühlingsgefühle und verschwindet bei jeder sich bietenden Gelegenheit spurlos.
Drittens ist meine Katze, Miß Lucie, ungeheuer verstimmt, weil Pussy, die alteingesessene Scheunenbewohnerin mit unübersehbarer Zähigkeit ins Haus drängt.
Die Auseinandersetzung zwischen zwei Katzen, die einander hassen, läßt einem das Blut in den Adern gerin-

nen. Bis zu viermal am Tag erstarren wir alle, einschließlich Torro, vor Schreck, wenn ein entsetzliches Fauchen, Schreien, Toben und Poltern im Flur wie ein greller Blitz einschlägt.

An die fünfzigmal haben wir Pussy sanft und energisch des Hauses verwiesen, haben wir sie hinaus gelockt, getragen, gescheucht, obwohl sie uns eine gewisse unfreiwillige Achtung abverlangt.

Im Gegensatz zu Miß Lucie, die ihr Leben lang von mir gefüttert wurde und dabei ähnliche Eßunlustgefühle entwickelt hat wie Friederike, war Pussy immer Selbstversorgerin. Noch jedes auf dem Boden vorgefundene Schüsselchen mit irgendeinem von Miß Lucie verschmähten Rest empfindet sie als Beute. Sie schiebt es vorsichtig hin und her, kreist es ein und stürzt sich dann drauf, als wäre es eine fette Maus. Oder ein Häschen. Oder ein Maulwurf. Oder was sie sonst jagt.

Pussy ist, daran gibt es keinen Zweifel, ein echtes kleines Raubtier mit Raubtierinstinkt und Raubtiergewohnheiten.

Den Sommer über haben wir sie kaum gesehen. Alle acht Tage etwa tauchte sie aus dem Nichts auf, verunsicherte Miß Lucie, indem sie durchs Haus streifte, als sei es ihres, und verschwand lautlos durchs offene Fenster im hohen Gras der Wiesen in Richtung Wald. Sie fauchte, wenn man sie nur ansah, und sie knurrte lauter als der Hund, wenn man ihr etwas verweigerte.

Manchmal, wenn sie wochenlang wegblieb, wähnten wir sie vom Jagdaufseher erschossen, wobei ich zwischen uneingestandener Erleichterung und Bedauern schwankte.

Meine Gefühle für Pussy waren immer zwiespältig, die

der Kinder ebenfalls, nur die Gefühle von Miß Lucie waren von Anfang an eindeutig: sie hätte ihr gern die Gurgel durchgebissen.

Pussy also, um das Maß meiner enervierenden häuslichen Probleme vollzumachen, drängt ins Haus.

Und wenn Pussy etwas will, dann will sie es. Dann läßt sie sich nicht ablenken, abwimmeln und mit Ersatz ködern. Die Kinder haben ihr in der Scheune einen reichen Tisch gedeckt, einen weichen alten Pullover auf einem warmen Strohballen ausgebreitet. Pussys grasgrüne Augen im spitzen grauen Gesicht sagten »Nein«, nachdem sie im Vorübergehen alles Eßbare vertilgt hatte. Nein!

Die Kinder schlichen sich aus der Scheune, und Pussy schlich mit ihnen.

Sie kam mit ihnen durch die Küchentür, ein unscheinbarer grauer Schatten, und Miß Lucie schrie erbittert vom Schrank ihren Widerspruch herunter.

Pussy blieb in der Nähe der Küchentür, von wo der Weg ins Freie führt, aber sie blieb. Ungeachtet der schrillen Haßtiraden, die Miß Lucie stets und ständig auf sie abfeuerte, ungeachtet des lärmenden Protestes von Torro blieb Pussy, zwar immer auf dem Sprung, aber ungerührt und scharf beobachtend unter der Küchenbank sitzen.

Inzwischen hat sie sich einen Schritt weiter vorgewagt, nämlich auf die Bank. Dort liegt sie nun in der äußersten Ecke und knurrt unheilverkündend jeden an, der sich auf einen der beiden anderen Bankplätze niederlassen will.

Ehrlich gesagt, wir alle meiden die Bank seitdem, denn ich kann niemandem dazu raten, sich über Pussys

Geknurre einfach hinwegzusetzen. Ebenso ist es uns nicht mehr möglich, sie aufzunehmen und hinauszutragen. Genausogut könnte man sich einem jungen Tiger nähern.

Eins steht also fest: Pussy hat beschlossen, zu bleiben, einem unerforschlichen Ratschluß zufolge, den sie in einer uns unbekannten Stunde faßte, ist sie gewillt, sich eher erschlagen zu lassen, als von der Küchenbank zu weichen.

Und natürlich erschlagen wir sie nicht, obwohl dies Miß Lucies innigster Wunsch wäre, und auch das scheint Pussy genau zu wissen. Sie kennt uns besser als wir uns selbst. Inzwischen, um allen Bodengefechten aus dem Weg zu gehen, stellen wir ihr das Milchschälchen auf die Küchenbank.

Unsere Küche ist ein Durchgangsraum und daher ein strategisch wichtiger Punkt. Die Tür nach draußen ist in der kalten Jahreszeit meist geschlossen, aber die Tür nach drinnen, die zu drei anderen Zimmern und dem Treppenhaus führt, steht meistens offen. Von der Bank aus kann man sich, wenn man will, umfassend informieren.

Mir ist, als tue Pussy seit zwei Wochen nichts anderes.

Draußen ist es kalt, naß und unwirtlich. Wenn anderorts die Forsythien blühen und die Primeln sprießen, sind bei uns die Schneeglöckchen mal grade aus der Erde. Die Eifel im Frühling wartet eher mit Schneestürmen auf als mit lieblichem Sonnenschein.

»Im Internat«, spinnt Friederike ihren Monolog weiter, während Pussy einen halben Meter von ihr entfernt aufmerksam die spitzen Ohren aufstellt, »schläft man mit vielen Kindern zusammen, nicht so einsam und allein wie zu Hause.«

»Furchtbar!« sagt Simon, der Individualist.
»Aha!« murmele ich. Mir dämmert der Zusammenhang.
Friederike ist zwar die einzige, die seelenruhig neben Pussy frühstückt und zu Abend ißt, die sich durch ihr warnendes Fauchen nicht beeindrucken läßt und sie höchstens über den gekrümmten Rücken streichelt.
Sie nimmt auch Regenwürmer, Schnecken und kleine Frösche vorsorglich vom Bürgersteig und bettet sie in den grünen Hang, wo sie ihr sicherer erscheinen, ohne dabei, so wie Simon, ein Papiertaschentuch zur Hilfe zu nehmen.
Das alles schreckt sie nicht.
Friederikes Ängste gelten ganz anderen Wesen, die, wenn man ihr glauben will, allnächtlich ihr Zimmer bevölkern:
Dracula, zum Beispiel, und Frankenstein, Bankräuber und Kidnapper. Friederikes Zimmer – tagsüber ein mit Legosteinen, Puppenbetten, Krimskrams und Stofftieren freundlich belebter Raum – wird allnächtlich zum Gruselkabinett. »Weil«, wie Friederike nicht müde wird, mir zu versichern, »niemand sonst drin schläft.«
Das hat zur Folge, daß sie, wenn ihr Vater während der Woche im fernen Frankfurt weilt, gelegentlich in sein Bett kriecht, um mal wieder richtig und ungestört auszuschlafen.
Man sollte indessen, so heißt es übereinstimmend in allen Erziehungsbüchern, dies keinesfalls zur Gewohnheit werden lassen.
»Heute nacht«, seufzt Friederike und legt resigniert die Gabel hin, mit der sie ohnehin nur herumgestochert hat, »werde ich bestimmt wieder schreckliche Alpträume haben!«

Draußen rüttelt, wie zur Bestätigung, der Frühlingssturm an der Dachrinne, daß es scheppert.
»Klingt grauslich«, flüstert Friederike. »Dabei«, sagt Simon, der, außer in der Schule, überhaupt keine Nerven zu haben scheint, »schlafe ich immer am besten!«
»Na gut«, sage ich, wieder einmal geschlagen, denn die Sache mit dem Internat geht mir nah. Unter welchem Druck muß ein Kind stehen, wenn es freiwillig die Wärme und Geborgenheit seines Elternhauses aufzugeben bereit ist – und zum Teufel mit den schlauen Büchern!
»Ich sehe schon«, bemerkt Simon spitz, »daß ich wieder der einzige bin, der in Sperlingslust schläft!«
Da hat er recht.
Sperlingslust ist das obere Stockwerk, wo beide Kinderzimmer liegen, während sich mein Schlafzimmer der Küche gegenüber im Parterre befindet. Es ist ein kleiner Raum, in den mit Mühe und Not zwei Betten passen.
In einem davon macht es sich Friederike bereits erleichtert bequem.
Ich dagegen folge ihr erst drei Stunden später, nachdem ich den Hund noch einmal hinausgeführt und endlos auf Miß Lucie gewartet habe, die im unbelaubten Holunder saß und nicht zu bewegen war, herunter und nach Hause zu kommen.
Zu den Augenblicken, die ich bewußt genieße, gehört der, wenn ich mich in meinem Bett ausstrecke, todmüde, kreuzlahm und mit leichtem Rheumaschmerz im linken Arm, der nur so lange dauert, bis ich mich in meine Winterschafwolldecke gewickelt habe. Frühling hin, Frühling her, ich brauche sie immer noch. Drüber liegt ein etwas leichteres Exemplar, der besseren Optik wegen in einem blau und weiß gestreiften Baumwollbezug.

Mag der Tag gebracht haben, was er will, ich schlafe tief und mit Genuß, vorausgesetzt natürlich, daß niemand mich stört. In dieser Nacht, soviel ich weiß, erfreue ich mich eines ganz besonders erholsamen Schlafes. Friederike, die sich normalerweise im Bett windet wie ein Aal, schnauft und prustet und unzusammenhängend schläft, verhält sich ausnahmsweise ruhig.

Irgendwann, der Morgen dämmert bereits durch den orangeroten Vorhang, höre ich Vogelgezwitscher. Es klingt zart und irgendwie gedämpft und sehr nah.

Die Uhr zeigt fünf.

Beruhigt rolle ich mich wieder zusammen. Das Gezwitscher hält an.

Vollends wach geworden, arbeite ich mich aus der Schaffelldecke, richte mich auf und lausche.

Vielleicht geht es nicht mit rechten Dingen zu, oder ich habe Halluzinationen. Aber die Vögel, so scheint es, befinden sich in meinem Bett.

Vorsichtig taste ich die obere Decke ab.

Nichts.

Ich reibe mir die Augen, lasse mich zurücksinken – und sitze im nächsten Moment wieder kerzengerade.

Das Konzert kommt aus meinem Bett.

Ist es zu fassen?

Ist es die Möglichkeit?

Oder hat Friederike ihre kleinen Gespenster mitgebracht?

Sie jedenfalls hört nichts, sondern liegt in friedlichem Tiefschlaf. Ich beuge mich vor und hebe beherzt die obere leichte Decke von der unteren. Das Bild, das sich meinen verschlafenen Augen bietet, wirft mich fast aus dem Bett.

Pussy, liebreich schnurrend, bettet gerade in selbstvergessener Geschäftigkeit ein feuchtes, rundliches Etwas an ihren hellgrauen Bauch. Ein zweites klebt dort bereits. Sie hebt den Blick und sieht mich an mit einer ungewohnten Milde und Duldsamkeit in den grasgrünen Augen. »Du darfst sie ansehen«, sagt der Blick, »mehr allerdings nicht. Sind sie nicht wunderschön?«
Ihr spitzes Gesicht ist ein einziger Triumph.
Im Gegensatz zu mir beherrscht sie die Situation vollkommen. Kein Wunder, denn sie hat ja in allen Einzelheiten diesen wahrhaft gelungenen Coup geplant. Nirgendwo sonst hätte sie ihre Kinder in diesem Hause ungestört zur Welt bringen können. In allen andern Zimmern, in Küche, Diele und Treppenhaus glimmen in der Nacht drei aufmerksame Augenpaare: das von Miß Lucie, das ihrer Tochter Zaza und das von Torro, dem Hund.
Zwei Wochen lang hat Pussy die Lage von der Küchenbank aus gepeilt. Dann, in Erwartung ihrer großen Stunde, muß sie hinter Friederike oder mir ins Schlafzimmer geschlüpft sein, sich vorsichtshalber unterm Bett versteckt haben und schließlich, als alles schlafend und damit sicher erschien, das wärmste und weichste Stück Unterlage in Besitz genommen haben, das es hier gibt: meine Schafwolldecke. Die andere, leichtere, blau-weiß gestreifte störte sie nicht, im Gegenteil, sie bildete eine willkommene Höhle und machte sie, für den Fall des Falles, außerdem noch dazu unsichtbar.
Dieser Gedankengang, nur zögernd nachempfunden von meinem schwerfälligen Menschenhirn, überwältigte mich.
In tiefer Zufriedenheit blinzelt mich Pussy aus den Tiefen meiner Decke an und schließt erlöst die Augen. Aktion

sauber durchgeführt und beendet, lese ich aus ihrer Haltung.
Flüsternd wecke ich Friederike auf. Sie ist sofort ganz da. Inzwischen ist es auch halb sechs. Wenn ich sie für die Schule wecke, ist es, als würde ich einen Stein rütteln. Aber es sind ja Ferien. Da lohnt es sich, den Tag früh zu beginnen.
»Was ist los, Mama?«
Halblaut setze ich sie ins Bild. Ungläubig richtet sie sich auf, starrt über ihre eigenen Knie hinweg das Stilleben zu meinen Füßen an und haucht hingerissen: »Wie unbeschreiblich süß! Aber daß du überhaupt nichts gemerkt hast, Mama!«
»Nichts«, versichere ich ihr zum zweiten Mal.
»Nein wirklich!« staunt Friederike und schwingt sich aus dem Bett, um sich das Wunder näher zu betrachten. Im Gegensatz zu mir hat sie sich nie heimlich vor Pussy gefürchtet.
Behutsam gräbt sie ein bißchen in Pussys Bauchfell, was ich niemals wagen würde, und streichelt ein paarmal ihren Kopf.
»Es sind tatsächlich nur zwei, Mama. Die können wir doch behalten, nicht wahr?«
»Mal sehen«, sage ich vorsichtshalber, die stereotype Antwort aller Mütter, die hundertmal auf ein gedankenloses »ja, ja«, festgenagelt worden sind. Dann begeben wir uns gemeinsam in die Küche, um ein schmackhaftes Mal für Pussy zu bereiten. Die Tür zum Schlafzimmer lassen wir dummerweise und aus Eile offen.
Ich bücke mich gerade zum Kühlschrank hinunter, als ein Schrei mich in der Bewegung zu Eis erstarren läßt. Ein Schrei, der mich an Hyänen, Leoparden, Gewehre

und Mord denken läßt. Friederike und ich lösen unsere verkrampften Hände mit Mühe von der Kühlschranktür und schleichen in die Diele.

Völlig zerstört sitzt da Miß Lucie und sieht uns an, Vorwurf, Schreck und die Schlüsselfrage in den Augen: Was tut das Biest in deinem Bett? Und wie kommt es dazu, zwei weitere kleine Biester hineinzulegen?

Ich nehme Miß Lucie auf den Arm, aber sie entwindet sich mir, zutiefst gekränkt.

Später, als ich frühstücke und sie füttere, was sie gnädig gestattet, versuche ich sie zu trösten, während Friederike Torro tröstet, der von Pussy eins mit der Pfote auf die neugierige Nase gekriegt hat.

»Wir gehen schwierigen Zeiten entgegen«, sage ich zu den Kindern, »aus der geplanten kleinen Ferienreise wird nichts werden.«

»Macht nichts«, tröstet Simon seinerseits mich und sieht dabei sehr fidel aus, denn er ist am liebsten zu Hause und nur mit Gewalt wegzubringen, »ich gehe nachher und kaufe ihr Bücklinge. Die ißt sie am liebsten.«

Wobei er Miß Lucie meint, die unbedingt versöhnt werden muß. Aus eben diesem Grunde übertrage ich Hege, Pflege und Fütterung der jungen Mutter den Kindern, obwohl's mir schwerfällt.

Zu sehen, wie sie täglich ein Stückchen wachsen, wie sie Gestalt annehmen und Fell, sich balgen und herumpurzeln, die Augen öffnen und krabbeln lernen – all das opfere ich meiner Katze Miß Lucie und ihrer grenzenlosen Eifersucht.

Nur selten öffne ich die Tür zu Friederikes Zimmer, wo wir Pussy und die Kleinen in einem großen Korb untergebracht haben.

Aber jedesmal, wenn ich einen verstohlenen Blick riskiere und die Tür leise wieder geschlossen habe, trete ich fast auf Miß Lucie, die dicht hinter mir sitzt und mich streng und unerbittlich mustert, als wolle sie sagen: »Hab ich dich schon wieder erwischt?«
Nie, das steht fest, würde sie einem anderen Menschen anhängen als mir. Was, so fragt sie sich wohl, brauche ich anderen Katzen nachzuschleichen?
Treulos komme ich mir vor.
»Ich kann jetzt nicht ins Internat«, teilt mir Friederike atemlos mit, unaufhörlich Tellerchen und Schüsselchen treppauf und treppab balancierend, »jetzt nicht. Vielleicht später.«
Das ist immerhin etwas.

11 Miß Lucie und die Halbstarken

Pussys Frühlingskinder, in meinem Bett geboren und von Pussy fürsorglicher umhegt als alles andere, das sie je zuvor zur Welt brachte, sind zwei Monate alt.
Der Junge, der wochenlang einer Maus ähnlicher sah als einer Katze, heißt Speed. Sein Pate, die Zeichentrickfilmfigur Speedy Gonzales, ist als schnellste Maus der Welt in die Kinderfernsehgeschichte eingegangen.
Das Schwesterchen, um einen Grauton dunkler und um einiges kesser, bekam den schönen Namen Julie. Simons wegen, der neuerdings nicht nur mit dem Englischen, sondern auch noch mit dem Französischen kämpfen muß, sprechen wir den Namen französisch aus, also Jüli.
Anfangs war der Korb mit Speed und Jüli, die sich schläfrig räkelten und außer traumverlorenen kleinen Rollkuren kaum Bewegungen machten, ein erbittertes Streitobjekt zwischen den Kindern.
Dann kam die Zeit, wo sie ihn sich gegenseitig zuschoben, ja aufdrängten, und schließlich der Tag, an dem ich ihn unter den Arm nahm und hinübertrug in ein unvollendetes Gebäude, das mit Stroh, Holz und aufgeschlitzten alten Sandsäcken wohnlich ausgestattet ist.
Es war ein kalter, unwirtlicher Abend im Mai, man hörte die Eisheiligen förmlich mit ihren Frostmänteln klirren, und mein Gewissen peinigte mich bis zur inneren Zerrissenheit, als ich die beiden dort zurückließ: zwei graue Winzlinge mit aufgestellten Dreiecksöhrchen und blauen Babyaugen.

Die Versuchung, sie zurückzuholen ins warme Haus, hätte mich ganz sicher überwältigt, wäre ich nicht bis gegen Mitternacht damit beschäftigt gewesen, Simon bei den rund zweihundert Büchern zu helfen, die Speed und Jüli im Laufe des Nachmittags aus seinen Regalen gekippt hatten. Sie waren zu diesem Zweck auf die Regalbretter geklettert, hatten sich hinter die Bücher verschanzt und mit kleinen Pfoten so lange gearbeitet, bis sie reihenweise, plumps, nach vorn herausfielen. Speed und Jüli waren begeistert von diesem Trick, die Welt in Bewegung zu versetzen. Sie wandten ihn, kaum daß Simon sie schreckensbleich im Parterre abgesetzt hatte, in der Küche an, wo ein etwas vorderlastiger Besenschrank gleich neben der Tür steht.
Wie auf ein geheimes Kommando quetschten sie sich zu zweit hinter den Schrank, und während ich sie noch suchte wie zwei Stecknadeln, stemmten sie bereits die winzigen Pfoten und runden Bäuche gegen die Rückwand, drängelten und dehnten sich und stemmten so lange, bis das Ding dem Gesetz der Schwerkraft folgend und mit entsetzlichem Getöse vornüber kippte, genau auf den Küchentisch, an dem, Gott sei Dank, niemand saß, denn sonst hätten wir einen Schwerverletzten zu beklagen gehabt.
Mir fiel vor Schreck der Abfalleimer aus der Hand, in dem ich sie gerade gesucht hatte, während aus der Staubwolke, die sich an der nunmehr freien Wand erhob, zwei verdutzte Koboldgesichter auftauchten.
Vor die Wahl gestellt, zuerst Speed und Jüli oder den alles blockierenden Schrank zu entfernen, entschlossen wir uns für letzteres, und das war ein Fehler. Die beiden Knilche, von der Vorwärts-stemm-Technik fasziniert wie

jeder große Erfinder von der eigenen Entdeckung, hatten sich ins Geschirrfach hochgehangelt und bezogen gerade Platz hinter einem Tellerstapel, als wir etwas kurzatmig vom Schranktransport zurückkamen.
Mit einem markerschütternden Klirr und Peng flogen uns die Teller entgegen, gefolgt von den Untertassen. Nur die Tassen konnte Simon, geschickt wie ein Taschenspieler, gerade noch abfangen. Ich opferte drei Sektgläser, indem ich nach Speed griff, was mir ein mit Kratzern übersätes Handgelenk eintrug, das noch tagelang mit diversen Salben behandelt werden mußte.
Daraufhin wartete ich ab, bis die beiden süßen Geschöpfe sich zufrieden, von wohlverdienter Müdigkeit übermannt in ihrem Korb zusammenrollten.
Als ich mich beim Licht einer Taschenlampe im unvollendeten Rohbau davon überzeugt hatte, daß sie hier nichts anstellen konnten, das sie selbst und andere in Gefahr brachte, trug ich sie im Korb hinüber, gefolgt von einer zutiefst beunruhigten, von diesem Ortswechsel gar nicht begeisterten Pussy. Kaum hatte ich sie abgesetzt, stürzte sich Pussy auf ihre Sprößlinge, nahm sie fest zwischen beide Vorderpfoten, leckte ihnen zärtlich die unschuldigen Stirnen und maß mich mit einem langen, vorwurfsvollen Blick. Die beiden Irrwische zwischen ihren Pfoten hörten auf, die mütterliche Nase mit etlichen Nasenstübern zu versehen, setzten sich in Positur, stellten die Dreiecksohren auf und schickten mir einen ebenso vorwurfsvollen, wehen Blick hinterher.
Anschließend verbrannten sie alle Brücken hinter sich, das heißt, sie kippten ihren Korb mitsamt dem extra dicken, warmen alten Pullover um, traten ihn mit Füßen und näßten ihn ein.

Sie vergruben sich im Stroh und sind seither in ihren wachen Stunden die absoluten Beherrscher des Rohbaus und seiner näheren Umgebung.
Wenn wir draußen auf der Bank im Sonnenschein sitzen, meine Katze Miß Lucie und ich, sehen wir ihnen zu. Ich mit Vergnügen, Miß Lucie mit Widerwillen.
Dieser Tage wird sie sechs Jahre alt. In ihren Augen sind Speed und Jüli umstürzlerische, asoziale Elemente, und nach allem, was sie bereits zu Fall gebracht haben, sind sie das ja auch. Aber kein Kinostück und keine Zirkusvorstellung bieten an Spannung, Akrobatik und Clownerie so viel wie eine Stunde auf der Bank mit Speed und Jüli als Akteuren. Alle Blumentöpfe, die ich hinausstellte, haben sie ruiniert, alle Stiefmütterchen gezaust, alle Begonienköpfe abgerissen, das Frühbeet mit den Salatpflänzchen als Toilette benutzt.
»Grab es wieder um, Mama«, sagte Simon, »kein Mensch kann diesen Salat noch essen.«
»Wüstlinge«, sagte Miß Lucies abschätziger grüner Blick. Ohne mich traut sie sich kaum mehr hinaus, eine ängstliche, penible, kleine ältere Dame, die befürchtet, zwei Flegel könnten ihr ein Bein stellen.
Und genau das, ich beobachte es vom Küchenfenster aus, tun Speed und Jüli. Sie tun es auf ihre unnachahmliche, verspielte Art und Weise, aber kein Zweifel: sie tun es!
Miß Lucie sieht sie zuerst nicht. Sie sitzt im Gras und hebt gemächlich ihr rundes schwarzes Hinterteil, um eine Vertiefung anzupeilen, die sie wohl für ein Mauseloch hält. Plötzlich landet aus der Luft ein grauer Federwisch vor ihrer Nase, stellt sich quer, rundet den Rücken wie ein kleines Kamel, zischt ihr ein paar Unverschämt-

heiten zu und hüpft seitlich von dannen, als wolle es sagen: Fang mich doch! Fang mich doch!
Miß Lucie haßt es, auf diese Weise überrascht zu werden. Und selbstverständlich leistet sie der frechen Aufforderung nicht Folge, sondern zieht sich gekränkt ins Haus zurück. Die beiden Halbstarken draußen haben sie bereits vergessen.
Jüli schlägt die nadelscharfen Krällchen in den Holzpfosten, der ein Vordach trägt. Dort oben in luftiger Höhe baumeln in Bastkörbchen jetzt die wenigen blühenden Pflanzen, die den Frühling lebend überstanden haben. Um sie zu gießen, muß ich auf eine Leiter steigen.
Jüli, wie ein Telegrafenarbeiter, steigt breitbeinig und methodisch am Pfosten hoch und findet dabei noch Zeit, Speed einen Feigling zu heißen, weil er nicht sofort nachkommt.
Etwa zweieinhalb Meter überm Boden löst Jüli das rechte Vorderpfötchen vom Pfosten und läßt damit den Bastkorb schaukeln.
Es sieht halsbrecherisch aus, sogar Speed schaut wie geblendet hinauf, und wie durch ein Wunder entgehen er und ein zwölfjähriger Pfadfinder dem Blumentopf, der mitsamt dem Bastkorb endlich seinen Widerstand aufgibt, herunterknallt und in hundert Stücke zerbirst.
Sekundenlang blickt ihm Jüli verblüfft nach. Dann macht sie sich hurtig an den Abstieg, denn aus dem Bastgefaser kann man unsagbar viel machen. Man kann es zupfen, zerren, langziehen, man kann Speed damit locken und beschäftigen, Miß Lucie ärgern und Pussy auf den Plan rufen.
Der Pfadfinder, nachdem er die Schrecksekunde überwunden hat, hilft mir, die Reste der Geranie zu bergen,

und kommt mit ins Haus. Unterhalb unseres Hofes liegt ein Zeltplatz. Eine Pfadfindergruppe hat ihn über Pfingsten gemietet. Sie wollen wissen, wie das Wasser funktioniert und die Müllabfuhr. Ich sage es dem Jungen. In seinem seitlich aufgeklappten Hut, als er ihn wieder aufsetzen will, schläft tief wie ein Baby Speed. Fast hätte er ihn sich aufs dunkle Kraushaar gestülpt.

Die Kinder, aus der Schule kommend, besichtigen sofort das Lager. Friederike, neiderfüllt, möchte auch in einem Zelt schlafen.

Simon, jeder Art von Gruppenleben abhold, tippt lediglich stumm mit dem gekrümmten Zeigefinger gegen seine Schläfe. Ich hetzte dreimal in den Ort zum Einkaufen.

Oma und Opa sind im Anrollen. Mein Mann im fernen Frankfurt erkundigt sich telefonisch nach der Verkehrsdichte in Rheinland-Pfalz. Am besten, meint er, komme man nachts durch. Also dann bis später. Um Mitternacht trifft er ein. Wir schwätzten bis zum frühen Morgen.

Dann sinkt er ins Bett, für mich lohnt sich's nicht mehr. Ich koche mir einen starken Kaffee, und den habe ich auch nötig, denn kaum ist er aufgebrüht, steht der Pfadfinderführer in der Küche, knetet seinen Klapphut und kann vor Erregung kaum sprechen.

Jemand, erfahre ich bruchstückweise, mit einem Messer hat zwei der Zelte heute nacht aufgeschlitzt.

Ein Sadist.

Und das in der Eifel.

Die Kinder seien fassungslos.

Sie kämen aus dem tiefsten Ruhrgebiet, da, wo es am schwärzesten ist. Viel Gutes seien sie nicht gewöhnt, wahrhaftig. Aber dergleichen sei ihnen nie widerfahren, nirgendwo.

Sie hätten schon in Bayern gezeltet und am Bodensee, einmal sogar in Frankreich. Aber Typen, die nachts mit dem Messer um Zelte herumschleichen, habe es nirgendwo gegeben. Er trage sich mit dem Gedanken, das Lager abzubrechen und es woanders, in einer sicheren Gegend, wieder aufzuschlagen.

Nach zwei Tassen Kaffee beschließt er, noch eine Nacht dranzuhängen. Vorausgesetzt, wir würden die Augen offenhalten, denn schließlich gehöre das Grundstück zum Hof.

Nach reiflicher Überlegung weihe ich nur Simon in die Neuigkeit ein. Alle anderen lassen wir in heiterer Unwissenheit Oma und Opa zuliebe, die gegen Mittag völlig enerviert einrollen. Ihr Bedarf an Abenteuer ist vom Pfingstverkehr bereits reichlich gedeckt worden.

Dank der Sommerzeit ist es hell bis zehn Uhr.

Etwas später, im Schutze der kalten Dunkelheit, verschwindet Simon. Ich folge ihm eine Viertelstunde später, während Friederike bereits in ahnungslosem Schlummer liegt und mein Mann seine Eltern ins Hotel bringt.

Sehr anheimelnd, ich muß es gestehen, wirkt das einsame Tal um diese Tageszeit nicht. Der Bach plätschert unablässig. Hinter der Wiese steht schwarz und vierzehn Kilometer weit der Wald.

Die sieben Zeltspitzen heben sich schüchtern und verloren vor der dunklen Kulisse ab.

Es ist kalt.

Sich vorzustellen, daß hier jemand mit einem Messer herumschleicht, macht einen nicht wärmer.

Simon sitzt auf einem Baumstamm am Bach und macht »Pst!«
Dabei wedelt er mit der Hand in meine Richtung. Instinktiv drehe ich mich um und sehe nichts.
Aber Simon ist schon auf den Beinen und winkt mich zu den Zelten heran. Ich stolpere über ein paar Steine, die jemand für wertvolle Fossilien gehalten und zum Trocknen ausgebreitet hat.
Meine Armbanduhr mit dem Leuchtzifferblatt zeigt genau zwölf. Mitternacht. Ich denke an die herzklopfenden Kinder in den Zelten und fühle mit ihnen. Dicht neben Simon kauere ich mich nieder und folge mit dem Blick seinem ausgestreckten Zeigefinger. Zuerst sehe ich gar nichts. Dann, an mir vorbei und im hohen Gras verschwindend, eine winzige Schwanzspitze.
»He!« flüstere ich aufgeregt, aber Simons Finger ist immer noch ausgestreckt. Er zeigt geradewegs auf Speed, der Jüli im Sprung folgt. Sie sitzt bereits auf dem ersten Zelt und – ritsch, ratsch – man hört das Gewebe reißen – Kinder schreien – die Stimme des Führers, um Ruhe bemüht, aus den Ästen einer Fichte kommend, in denen er Wache bezogen hat – »Alter Räuber«, sagt Simon und tätschelt Speed, der ihm auf dem übereilten Rückzug direkt in die Arme gesprungen ist.
Jüli hüpft seitlich, buckelnd und »fangt mich doch!« rufend davon.
Das Zelt hat einen Riß, so glatt und scharf gespalten, als sei ein Messer hineingefahren.
Die Kinder, angstschlotternd, sind aus den Zelten gekrochen. Wir wollten, um sie zu beruhigen, ihnen wenigstens Speed zeigen. Aber der hat sich Simon längst entwunden.

Wir steigen den Berg wieder hinauf und werfen einen Blick in den Rohbau, wo Pussy sitzt, ihren Lieblingen die unschuldigen Stirnen leckend und uns mit einem vorwurfsvollen Blick bedenkend. Sie schnurren zu dritt so laut und zufrieden, daß die Strohhalme um sie herum erzittern. Dann rollen sie sich zusammen und sind im Bruchteil einer Minute eingeschlafen.
Mit einer Rolle Leukoplast stolpert Simon noch einmal den Hang hinunter, um das Zelt zu flicken. Mein Mann und ich nehmen einen nächtlichen Drink. Miß Lucie sieht mir aufmerksam zu. Sie wartet darauf, daß ich ins Bett gehe – und sie mit mir.
»Schoßtier«, tadelt mein Mann, »die beiden kleinen Kerle im Rohbau, die sind richtig! An denen sollte sich Miß Lucie ein Beispiel nehmen!«
»Niemals!« sagt Miß Lucies empörter grüner Blinzelblick, und ich bin ihr zutiefst dankbar dafür.

12 Miß Lucie und der Elternabend

Jedes neue Schuljahr bringt unweigerlich neue Stundenpläne, neue Lehrer, neue Fächer und, wie mein Sohn Simon es fatalistisch ausdrückt, neuen Ärger.
Es bringt außerdem, was mich betrifft, eine neue Elternbeiratswahl.
»Warum«, fragt Simon, dessen Stimmung auf dem Nullpunkt ist, weil er in »Franz« wieder »diesen Schinder« hat und in Zeichnen »die blöde Kuh», und weil Biologie dieses Jahr unter den Tisch fällt, während Physik aus der Versenkung geholt wurde, ein Fach, das von ihm aus nicht zu existieren brauchte, mit einem Lehrbuch, das besser als Klopapier Verwendung fände – »warum«, fragt er mit düster verhangener Stirn, »gehst du überhaupt zu dieser bescheuerten Elternversammlung?«
»Na, was meinst du wohl, warum?« frage ich rhetorisch und ziemlich giftig zurück, denn seine miese Laune wirkt ansteckend wie Schnupfen. »Wenn du Mister Superstar wärst mit einem Notendurchschnitt von einskommazwei und nicht Simon Steinberg mit einer wackligen Vier in Französisch, einer ebensolchen in Englisch und einer weiteren, wenn ich die Zeichen richtig deute, in deinem neuen Traumfach Physik, dann bliebe ich am Dienstagabend lieber gern gemütlich zu Hause. So aber bleibt mir nichts anderes übrig, als in die Schule zu pilgern und ganze Wolken von Eifer und gutem Willen zu verbreiten wie die liebe Frau Holle ihre Schneeflocken.«
Dieses Gespräch zwischen meinem Sohn und mir findet

vorm Schuppen statt, in dessen dunkle Tiefen wir eine Containerladung Sägespäne schaufeln. Die Späne haben eine aufsaugende Wirkung und kommen im Winter unters Stroh in die Pferdeboxen. Außerdem, hoffe ich, werden sie mir den teuren Katzensand ersparen, den kleinen Beutel für fünf Mark, mit dem ich die Kästchen der Katzen fülle.

Der Container war größer als erwartet, der Berg Sägespäne hoch wie ein Haus; Friederike, die behauptet hatte, es mit Händen und Füßen besser zu schaffen als mit der Schaufel, sitzt bereits in der Badewanne und weicht seit zwanzig Minuten ihr Haar ein, das mehr denn je einem Riesenbüschel Putzwolle gleicht, starrend vor Staub und Hobelspänen.

Ich selbst sehe nicht viel besser aus und beschließe fürs Abendessen etwas, das nicht sehr arbeitsintensiv ist, Thunfisch aus der Dose zum Beispiel, denn es ist fast neun Uhr, und die Kinder müssen ins Bett.

Simon, verbissen und akribisch arbeitend, wenn's nicht gerade die Schule betrifft, harkt die letzten Späne zusammen; Friederike hat sich mit dem Föhn die Haare zu einem voluminösen blonden Wust aufgeblasen; Miß Lucie betrachtet die Sägespäne in ihrem Kästchen neben der Tür wie sinnlose Fremdkörper und wendet sich interessiert dem Thunfisch zu, den ich gerade auf den Tisch stelle. »Ihr werdet«, sagt der eindringliche grüne Blick, »diese meine Leibspeise doch nicht ohne mich verzehren?«

Dann, sich noch einmal nach den Spänen umsehend: »Was soll der Unsinn?«

Endlich zu Tisch sitzend – es ist halb zehn, und mich plagt das schlechte Gewissen der Kinder wegen, die morgen früh aufstehen, zur Schule gehen und fit sein müssen – gebe ich mitsamt Brot, Butter, Thunfisch, Obst und Tee die Maßregeln für den morgigen Abend aus.

»Um halb acht werde ich aus dem Haus gehen, und bis dahin seid ihr gewaschen und überhaupt fertig mit allem – Essen, Zähneputzen, Hausaufgaben und so weiter. Keinesfalls darf es so spät werden wie heute.«

»Fernsehen?« fragt Simon kauend.

»Das kommt aufs Programm an. Falls es einen Krimi gibt mit Killern, die um einsame Häuser schleichen, könnt ihr's gleich vergessen.«

»Nur weil sie ... «, Simon sticht mit der Gabel in Richtung seiner Schwester, »so ein Angsthase ist, muß ich auf die wirklich spannenden Sachen immer verzichten. Wie stellst du dir das eigentlich vor, Mama? Soll ich vielleicht noch Sandmännchen sehen, wenn ich zwanzig bin, und dann brav ins Heiabettchen gehen?«

»Das werden wir ein andermal ausführlich diskutieren, aber nicht gerade jetzt.«

»Nicht gerade jetzt«, wiederholt Simon, meinen Tonfall übertrieben nachahmend, »das kann ich schon auswendig!«

Der Dienstag zieht mit lauter kleinen Katastrophen herauf. Draußen haben die beiden halbwilden Katzenjungen den Mülleimer umgekippt. Es war ein Fehler, die leeren Thunfischdosen hineinzustopfen. Ihr penetranter Geruch hat alle Vierbeiner die ganze Nacht aufgeregt arbeiten lassen. Während ich noch zusammenfege und wieder einfülle, jammert Friederike laut über verlorene Werte, weil sie im ausgekippten Mülleimerinhalt ihre alten, zerfetzten Abziehbilder von anno dazumal entdeckt hat.

Drinnen harrt meiner eine ebenso harte Pflicht, denn Miß Lucie hat die Sägespäne verschmäht.
Man kann ihre und Zazas Spuren durchs ganze Haus verfolgen. Ich bin enerviert, geschockt, total außer mir. Miß Lucie ist stets die Sauberkeit in Person gewesen. Lediglich ihrer Tochter Zaza mußte man anfangs gelegentlich nachhelfen, indem man sie immer wieder ins Sandkästchen setzte. Aber das ist zwei Jahre her, und die Katzenerziehung galt längst als abgeschlossen. Selbst die beiden grauen Irrwische aus dem Rohbau schlüpfen, sobald es ihnen gelingt, durch die offene Tür hereinzufegen, sofort ins Kästchen, als sei dies der dringendste Zweck ihres Aufenthaltes. Allerdings – und deshalb stiegen meine Spezialsand-Kosten ins Unermeßliche – gab mir Miß Lucie unmißverständlich nach jedem Abstecher der Grauen zu verstehen, daß sie ihre Toilette gereinigt zu haben wünsche. Sofort und gründlich, bitte. Miß Lucies Wunsch ist mir stets Befehl, und das, wie ich an diesem Morgen sehe, aus gutem Grund. Ich putze also mit Sagrotanwasser das ganze Haus und fülle den gewohnten teuren Sand in beide Kästen.
Miß Lucie sieht mir vom Küchenschrank aus nachdenklich und aufmerksam zu, als wolle sie sich vergewissern, daß ich nicht denselben Quatsch mache wie gestern. Dann kommt sie heruntergesprungen und prüft, bevor sie ihr kleines schwarzes Hinterteil hineinhebt, mit tastender Pfote den Inhalt der Toilette. Offenbar ist sie zufrieden damit. Den ganzen Tag über frage ich mich, wie ich die Elternbeiratswahl abbiegen kann. In acht Schuljahren ist es mir nur ein einziges Mal geglückt, und das auch nur, weil wir umgezogen sind in ein anderes Bundesland. Nie werde ich das wilde Triumphgefühl

vergessen, mit dem ich mein »Nein« entschieden in die Runde schmettern und mich an den langen Gesichtern weiden konnte.
Normalerweise läuft das ganz anders. Mein »Nein« geht in herzlichem Schmunzeln unter, und meine Begründung, nicht genügend Zeit für ein Ehrenamt aufzubringen, ruft geradezu Lachstürme hervor. Keine Zeit? Ich? Du lieber Gott, wer sonst? Wo ich schließlich ein Leben wie im Kurhotel führe in meinem idyllischen Abseits, mit nur zwei Kindern und keiner ernst zu nehmenden Beschäftigung! Aber wenn's mir solchen Spaß macht, mich stundenlang bitten zu lassen, na schön, sie tun mir den Gefallen, obwohl im Fernsehen jetzt schon das Fußballspiel angelaufen ist . . .
Auf diese Art bin ich siebenmal gewählt worden.
Es gelingt mir natürlich nicht, abends um halb acht fertig zu sein. Erst gegen zwanzig vor stürze ich zum Haus hinaus.
Zwischen unserem Hof und der Schule dehnt sich das Tal, und im Tal die Stadt. Ich hätte mir ein Taxi nehmen sollen, ausnahmsweise. Der Weg von zwei Kilometern zieht sich, als wären es zwanzig, denn erstens war ich den ganzen Tag auf den Beinen, zweitens herrscht unverhältnismäßig viel Verkehr. Busse schwanken um enge Straßenecken, Autos hupen wie wild, ich komme nur schleppend vorwärts und habe außerdem das unangenehme Gefühl, verfolgt zu werden. Es beschleicht mich alle paar Minuten, vergeht und kommt wieder. Verstohlen rückblickend, sehe ich nichts und niemand von Bedeutung.
Vielleicht bin ich einfach mit den Nerven fertig. Ein Wunder wäre es nicht. Mit der Morgenpost mahnte mich

die Steuerbehörde. Am Nachmittag ließ mich der Schmied schon wieder sitzen, obwohl eines unserer Pferde nur noch auf drei Beinen steht, weil das vierte so dringend der Fußpflege bedarf. Das Licht im Bad ist immer noch nicht repariert, und die Frage, ob es richtig war, die Kinder mit einer Kerze hantieren zu lassen, macht mich nicht ruhiger, im Gegenteil.
Um Punkt acht setze ich den Fuß auf die unterste Schultreppenstufe und weiß mit plötzlicher, hellsichtiger Klarheit, daß sich jemand an meine Fersen heftet und die ganze Zeit unsichtbar geheftet hat.
Ich bleibe stehen und drehe mich ganz langsam um. Die Augen tun mir weh vom Hinstarren.
Dann sinke ich auf die Treppenstufe.
Glücklich und erleichtert läßt sich Miß Lucie auf meiner Handtasche nieder. Zaza, unkontrolliert und neugierig wie immer, wieselt von rechts nach links. Unterhalb der Stufe, mit aufgestellten Öhrchen und zitternden Schnurrhaaren sitzen die beiden kleinen grauen Halbstarkenkatzen Speed und Jüli, dem großen Abenteuer gründlich mißtrauend, in das sie sich so ahnungslos gestürzt haben.
Mir kommen die Tränen.
Alle vier sehen aus wie Fische auf dem Trockenen.
Was, um Gottes willen, soll ich tun?
In die Hände klatschen und Schschsch machen, in der Hoffnung, daß sie brav nach Hause laufen?
Durch dieses Chaos von rollenden Rädern, Auspuffgasen und gellenden Hupen, an das sie nicht gewöhnt sind?
Oder ihnen befehlen zu warten, während ich von der Bildfläche verschwinde? Sie mitnehmen in Simons Klas-

senzimmer, das am Ende etlicher verzweigter Gänge liegt?
Eine von ihnen könnte ich notfalls auf den Arm nehmen und in die Tasche stopfen, wenn's kritisch wird, aber vier! »Was, zum Teufel, Lucie«, seufze ich und lege meine Hand auf ihren weißen Scheitel, »ist dir bloß eingefallen? In deinem Alter noch solche Eskapaden zu machen!«
Miß Lucie bewegt kreisend den Kopf unter meiner Hand, erhebt sich von der Handtasche, streckt sich und gibt mir zu verstehen, daß sie jetzt wieder nach Hause geführt werden möchte.
Sofort schnippt Zaza ein Stäbchen vom Fellkleid und steht in Bereitschaft. Speed und Jüli deuten die Zeichen, indem sie bereits munter vorauspurzeln.
Es ist fünf Minuten nach acht.
Zwei Elternpaare stehen im Rahmen der Schultür und beobachten mich mit spürbarem Unverständnis. Ihr Blick wird vollends starr, als ich mich langsam wieder zu entfernen beginne. Ob sie erkennen können, welche Art Tiere sich an meine Fersen heften, bleibt zweifelhaft. Sie werden mich für einen weiblichen Rattenfänger von Hameln halten.
Und so, als sei mir dies eine liebe Gewohnheit, führe ich meine Katzen zurück durchs gefährliche Labyrinth der Stadt, verliere sie aus den Augen, rufe sie laut beim Namen, sehe sie wieder auftauchen aus Mauernischen und Gärten, ignoriere tapfer ganze Gruppen ungläubig hinter mir herblickender Leute und atme erst auf, als wir die Teerstraße verlassen und in den uns allen vertrauten Feldweg einbiegen.
Geschafft. Endlich!

Ich zähle die Häupter meiner Lieben, es sind vier, keines fehlt, Gott sei Dank!
Es ist halb neun.
In der Schule wird jetzt der Elternbeirat gewählt.
Ohne mich.

13 Miß Lucie unter Verdacht

Ein gütiges Schicksal hat uns für drei Wochen Nicola wiedergeschenkt; Nicola, die inzwischen zehn Jahre alt ist und Bürgerkriegserfahrung hat, denn sie lebt mit ihren Eltern nach wie vor im mittelamerikanischen El Salvador.
Nicola, meiner einzigen Schwester einziges Kind.
Zwischen ihren Besuchen bei uns liegen meist drei Jahre, die zusammenschnurren wie ein Gummiband, sobald Nicola, erst Miß Lucie, dann den Hund, dann uns begrüßend, ihren Einzug hält. Apropos Gummiband. Nicola hat stets eins bei sich. Es ist etwa einsfünfzig lang und an beiden Enden zusammengeknüpft. Nichts, weder die UNO noch die Verbreitung der englischen Sprache, hat eine solch völkerverständigende Wirkung wie dieses Stück Hosengummi.
Man werfe es auf den Boden, wo es sofort eine Eiform bildet. Man trete hinein und bleibe x-beinig darin stehen, sich suchend umblickend. Es kann bis zu zehn Minuten dauern, je nach Bevölkerungsdichte des betreffenden Landstrichs, in Alaska also vielleicht etwas länger, aber man steht auf keinen Fall lange allein. Irgendein Kind kommt, tritt in die Eiform und hilft den Gummi straffen, indem es ein paar Schritte zurück macht. Mit einem kühnen Sprung mitten hinein eröffnet ein drittes das Spiel.
Von diesem Moment an läuft alles nach Plan, egal, ob in einem Frankfurter U-Bahn-Schacht oder auf verbranntem

indischen Rasen; zwei halten x-beinig den Gummi und lassen ihn bis in die Kniekehlen hochrutschen, ein drittes hüpft kreuz und querfüßig unter Absingen verschiedener rhytmischer Wortgebilde darin auf und ab.
Natürlich hat Nicola es nicht nötig, im Waldhof Gummiband zu knüpfen, obwohl sie selbstverständlich eines mit sich führt.
Friederike steht ihr alters- und interessenmäßig immerhin so nahe, daß gelegentlich Wettläufe ins nächste Spielwarengeschäft stattfinden, wo es winzige Plüschaffen gibt, die in winzigen Schaukeln sitzen und in winzigen Körben ruhen. Das wirklich Faszinierende aber sind winzige Pluderhosen und winzige Boleros, winzige Regenmäntel und winzige Gummischuhe, alles für die winzigen Plüschaffen und alles in Klarsichtbeutelchen verpackt, an denen wiederum das Umwerfendste ein winziges Preisschild ist.
»Menschenskind, Mama«, tönt Simon von der hohen Warte seiner fünfzehn Jahre herunter, »laß doch nicht zu, daß sie so viel Geld für diesen Ramsch ausgeben!«
Natürlich höre ich nicht auf ihn und auch nicht auf Friederike, die wie angestochen zu schreien beginnt, er habe ihr überhaupt nichts zu sagen, zu erlauben oder zu befehlen, und er solle sich raushalten aus ihren Angelegenheiten.
Ein Kind wie Nicola, sage ich mir, das jahrelang Konsumverzicht zu üben gezwungen ist und mit Bomben zu leben hat statt mit Kinkerlitzchen, soll von mir aus alle winzigen Plüschaffen aufkaufen, wenn es das glücklich macht, mitsamt allem Zubehör. Und Friederike kann schließlich mit ihrem Taschengeld machen, was sie will.
Dies predige ich mir täglich neu, während sich das Kin-

derzimmer zu füllen beginnt mit Winzigkeiten, die niemanden so glücklich machen wie unsere Katzen. Miß Lucie bepfotet vorsichtig und interessiert die Äffchen, um sie ebenso sorglich wieder beiseite zu legen. Dann nimmt sie Nicolas Bett in Besitz und knabbert verträumt eines der Körbchen an.

Das Zimmer liegt ebenerdig, das Fenster steht offen. Es ist Sommer.

Von draußen, hurtig und berstend vor Neugier und Vitalität, stürzen unsere halbwilden Jungkatzen Speed und Jüli herein. Man kann sie förmlich Hurra schreien hören angesichts der winzigen Plüschaffen. Aber beim Anblick der winzigen Gummischuhe und der winzigen Schirmmützen bleibt ihnen glatt die Spucke weg. Völlig außer sich vor Entzücken tänzeln sie auf den Hinterbeinen und balancieren winzige Gummischuhe auf ihren dicken Pfoten, werfen sich gegenseitig um, schlagen die spitzen Zähnchen in die Affenköpfe und verheddern sich im Herumkugeln im völkerverbindenden Gummiband.

»Macht euch nicht lächerlich«, sage ich zu den Kindern, die starr vor Entsetzen auf der Bettkante sitzen und heulen wie zwei Sirenen, »noch ist nichts verloren, nichts gefressen, nichts weggeschleppt. Komm her, Speedi!«

Speed kommt. Er hört auf seinen Namen und ist auch sonst ein gutartiges Tier, das interessiert zusieht, wie ich drei Gummischühchen von seinen Krallen klaube. Jüli dagegen weigert sich hartnäckig, das winzige Bolero herzugeben. Miß Lucie, ärgerlich wie selten, springt mitten in das Gewühl und riskiert eine Ohrfeige von Jüli, die sie mit einem Schmerzenslaut quittiert, denn die Ohren sind Miß Lucies empfindlichste Körperteile. Ich scheuche

Speed und Jüli zum Fenster hinaus, wobei sie es im letzten Moment noch schaffen, den Gummi hinter sich her zu zerren, den Zipfel der Glückseligkeit. Dann schließe ich das Fenster, helfe den Kindern, ihre Tränen zu trocknen und das Chaos zu sichten, und tröste sie damit, daß anderswo auf der Welt ganz andere Werte verlorengehen. Nicola stimmt mir immer noch schnupfend zu. Sie weiß, wovon ich rede, obwohl sie selten darauf zu sprechen kommt.
Aber wenn sie ein kleines Stück Wegs allein zurücklegt, rennt sie immer wie gejagt.
»Nicola«, frage ich, ihr entgegengehend, »was ist? Warum läufst du so schnell?«
»Könnte sein, mich erschießt einer, nicht?«
»Unsinn«, sage ich, sie fest bei der Hand nehmend, »niemand schießt hier.«
»Ah ja?« antwortet sie unbestimmt. Erwachsenen widerspricht man eben nicht.
Drinnen im Kinderzimmer ist wieder Friede eingekehrt. Ich setze die Kartoffeln fürs Mittagessen auf und schneide einen Meter fünfzig Gummiband ab, knüpfe es an beiden Enden zusammen und hänge es im Flur neben die Rollschuhe.
Es klingelt, Torro bellt sich fast die Kehle aus dem Leib. Ich lasse ihn in die Waschküche und öffne. Draußen steht ein junger Mann mit einem Kind an der Hand. Hinter ihnen, auf einem Mäuerchen, sitzt aufgeplustert Miß Lucie. Der junge Mann zeigt auf meine Katze und fragt: »Ist das Ihre?«
Ich sage ja.
»Sind Sie sicher, daß die Katze keine Tollwut hat?«
»Aber absolut«, sage ich, und während ich es aus-

spreche, nagt etwas in meinem Hinterkopf. Ein Zweifel? Kann ich denn auch wirklich sicher sein? Wir leben in einem tollwutgefährdeten Bezirk. Erst vor ein paar Wochen mußte im Nachbardorf eine tollwütige Katze erschossen werden.

»Jedenfalls«, setze ich hastig hinzu, »ist sie geimpft.«

»Bietet das eine Garantie?« will der junge Mann wissen. Das kleine Kind an seiner Hand dreht und windet sich.

»Garantie? Wofür?«

»Die Katze«, sagt der junge Mann und zeigt auf Miß Lucie, »genau die da drüben auf der Mauer, hat meinen kleinen Jungen hier soeben einfach gebissen. In die Hand. Sie können's noch sehen!«

In meinem Kopf überschlagen sich die Gedanken.

Miß Lucie! Mein friedlichstes Tier. Sanft, lieb, scheu, eher ängstlich als dreist. Läuft hinter fremden Menschen her und beißt sie einfach? Unvorstellbar! Meine Sicherheit schwindet. Ich murmele etwas, stürze hinein, suche mit fliegenden Händen das Impfzeugnis. Die letzte Eintragung ist erst sechs Monate alt. Sie reicht mindestens ein Jahr lang. Heißt es.

Was sonst ist zu tun? Ich weiß es nicht.

»Darf ich mal telefonieren?« fragt der junge Mann.

Natürlich darf er. Der Kleine hat endlich erreicht, seine Hand aus der seines verstörten Vaters zu befreien und sich wieder frei zu bewegen. Er zerrt wie wild an der Telefonschnur und schmettert Torros kleinen, harten Gummiball gegen den Spiegel. Sein Vater wählt mit zitternden Fingern eine Nummer nach der anderen.

Ich gehe hinaus und spreche mit Miß Lucie. Sie antwortet klagend und wortreich wie immer, läßt sich ungern auf den Arm nehmen und hineintragen.

»Vorsichtshalber«, beginnt der junge Mann und kämpft dabei mit seinem Sohn, der unbedingt ins Kinderzimmer möchte, nachdem er durch die kurzfristig geöffnete Tür die winzigen Affen in ihren winzigen Schaukeln und Körben erspäht hat, »habe ich alle erforderlichen Stellen benachrichtigt. Dürfen wir so lange hier warten?«

»Aber selbstverständlich«, presse ich heiser vor Aufregung hervor und deponiere Miß Lucie in meinem Schlafzimmer.

Das Wort »Tollwutverdacht« löste ungeahnte Reaktionen aus. In unseren abgeschiedenen, still besonnten Hof rollt kurze Zeit später das Auto des Tierarztes, gefolgt von dem des nächstwohnenden Arztes.

Hinter beiden hält mit knarrenden Bremsen der Geländewagen des Jagdhüters. Türen schwingen auf, Männer wälzen sich aus ihren Sitzen. Arzt und Tierarzt schieben sich ins Haus. Der Jagdhüter befiehlt seinem Hund, im Wagen zu bleiben.

Hinterm Waschküchenfenster bellt ohrenbetäubend Torro, daß die Scheiben erzittern. Neben ihm taucht schreckensbleich Nicolas Gesicht auf. Der Jagdhüter hängt sich eine Flinte über die Schulter und stapft ins Haus. Nicolas Gesicht verschwindet. In der Küche, wo blubbernd die Kartoffeln kochen, wird's etwas zu eng für alle, zumal noch Simon, aus der Schule kommend, eingetroffen ist. Er hat Speed bei sich.

Der Tierarzt geht ins Schlafzimmer, wo sich Miß Lucie auf meinem Bett zusammengerollt hat. Ich lasse die beiden allein und haste wieder zu den anderen.

»Wie heißt du denn?« höre ich Simon den Kleinen fragen, der sich sofort an ihn drängt, seinen Schulranzen befingert und seinen Turnbeutel öffnet.

»Aber Uwe!« mahnt schwach und geniert der junge Vater.
Uwe schmeißt einen Turnschuh gegen die Hängelampe, die warnend scheppert. Der Arzt zuckt nervös zusammen. Der Jagdhüter verlagert lediglich die Flinte vom rechten Knie aufs linke.
Er hat sich hingesetzt.
»Miezekatze«, kreischt Uwe, »will Miezekatze haben! Eia, Miezekatze!« Damit schließt er seine energische kleine Faust um Speeds Ohr. »He!« ruft Simon, besinnt sich, drosselt die Stimme und fragt im Von-Mann-zu-Mann-Ton: »Hast du das vorhin bei der Miezekatze auch so gemacht?« Uwe nickt begeistert. Sein Vater mildert ab. »Er hat sie nur ein bißchen gestreichelt.«
»Gestreichelt,« echot Uwe und krallt alle zehn Fingerchen in Speeds graugetigerten Rücken, der sich sofort drohend wölbt.
»Schschsch«, faucht Speed, die Augen gelb und zu Schlitzen verengt.
»Also das«, versetzt gemächlich der Jagdhüter und steht auf, »bringt jede Katze zum Beißen und Kratzen. Lassen Sie das Kind doch keine Tiere anfassen!«
Der junge Vater blickt ernst in die Runde. »Ich bin der Meinung«, sagt er und tut mir für die nächsten zwanzig Jahre in der Seele leid, »daß die sinnliche Wahrnehmung wichtig ist für die Entwicklung eines Menschen. Der Tastsinn verkümmert, wenn man jedes Anfassen verbietet.«
»Lieber ein verkümmerter Tastsinn als ein frühes Ende«, sagt herzlos von der Tür her der Tierarzt, »kann ich mir mal die Hände waschen? Der Katze fehlt nichts, aber sie hat Ohrmilben. Verreiben Sie hier diese Tropfen zweimal täglich in ihren Ohren, eine Woche lang mindestens.

Aber es war natürlich vollkommen richtig auf Nummer sicher zu gehen.«
Wir essen unverhältnismäßig spät an diesem Mittag und unvollkommen.
»Du hast gesagt, niemand schießt hier«, läßt sich meine Nichte in ihrem verbindlichsten Zwitscherton vernehmen. Sie hat mit angehaltenem Atem unterm Bett gelegen, bis alle Wagen aus dem Hof gerollt sind. »So ist es auch, Nicola. Es war nur wegen der Tollwut, die eine scheußliche Krankheit ist und leider ansteckend.«
Ich weiß, daß ich mich unklar ausdrücke, aber ich fühle mich geistig und körperlich total erschöpft. Außerdem waren trockene Kartoffeln mit klumpig geratener Soße noch nie mein Fall.
Am Abend, als Simon mit Gartenhandschuhen Miß Lucie festhält, während ich ihr die Tropfen in die Ohren zu träufeln versuche, klingelt das Telefon. Es ist für Nicola. Ihr Vater aus dem fernen El Salvador ruft an. Ist sie gut gelandet? Hat sie sich noch nicht erkältet? Nein? Na, fein. Und wie ist es sonst?
»Wunderbar«, höre ich Nicola inbrünstig antworten, »ganz wunderbar. Hier ist kein Krieg, hier ist die Krankheit, weißt du? Aber nur wenn man sie hat, wird man erschossen. Ich hab sie nicht, Papa, und Miß Lucie hat sie auch nicht, nein, keiner von uns! Wiedersehen!«
Nicola, die gehalten ist, Ferngespräche nicht unnötig zu verlängern und zu verteuern, hat aufatmend den Hörer eingehängt. Ich nehme an, mein Schwager wird sich noch einmal melden.
Miß Lucie schüttelt mir mißbilligend die Tropfen aus den Ohren ins Gesicht.
Was für ein Tag!

Jill Steinberg

Neue Geschichten von Miss Lucie

25 JAHRE BASTEI LÜBBE TASCHENBÜCHER

Miß Lucie und der Pressefotograf

Fenster«, bemerkt Tessie und nimmt mir das Leder aus der Hand, »putzt man von oben links nach oben rechts. So, siehst du?«

Damit zieht sie einen schnurgeraden Streifen über die beschlagene Scheibe und genießt meinen bewundernden Blick. »Mach nur weiter«, ermuntere ich sie lebhaft, als sie die Hand sinken läßt, »du kannst es großartig!«

Aber Tessie reicht mir das Ledertuch mit heiterer Herablassung zurück. Ihr Lächeln erinnert mich an das des gefeierten Fußballstars, der jüngst im Fernsehen einem vierzigjährigen Nachwuchskicker einen signierten Ball überreichte.

»Ich muß jetzt gehen«, erklärt Tessie abschließend und nimmt Kurs auf die Tür.

Zurück bleiben meine Katze Miß Lucie und ich.

Sie hebt den sauber gescheitelten Kopf vom Kissen und spitzt die schwarzen Ohren. Wir warten, bis Tessies energische Schritte auf dem grobkörnigen Sand draußen verklungen sind. Dann erst wendet sich Miß Lucie dem kleinen Rest Kaffeesahne zu, der auf dem Frühstückstisch verblieben ist, und ich verfalle in die unkontrollierten kreisförmigen Bewegungen, mit denen ich hastig eine beschlagene Scheibe blankzuwischen pflege. Soviel ich weiß, hatte ich nie eine andere Fensterputzmethode.

Tessie, eifrig, jung und voller Disziplin, lebt mit uns während ihrer hauswirtschaftlichen Ausbildung. Bestrebt, mich an allem, was sie lernt, aktiv teilnehmen

zu lassen, versieht sie mich täglich mit Tips und guten Ratschlägen, in der ungebrochenen Hoffnung, allen eingefahrenen schlechten Gewohnheiten zum Trotz noch eine gute Hausfrau aus mir zu machen. Am wenigsten einverstanden damit zeigt sich Miß Lucie, die an meinen schlechten Gewohnheiten noch mehr hängt als ich.
»Geh vom Tisch«, sage ich zu ihr und ernte ein verständnisloses Blinzeln aus smaragdgrünen Augen.
Die einzigen, die ihrer Ansicht nach vom Tisch zu bleiben haben, sind Speed und Jüli, ihre grau getigerten Widersacher.
Dies ist einer der ganz wenigen Punkte auf der Tagesordnung, in denen sie sich mit Torro, dem Hund, vollkommen einig weiß. Kaum hangelt sich eine genaue Pfote verstohlen am Tischtuch hoch, macht er seiner Erbitterung so ohrenbetäubend Luft, daß ich fast einem Herzschlag erliege.
In letzter Zeit bin ich überhaupt sehr geräuschempfindlich geworden. Es muß an meinen Nerven liegen. Das schrille Klingeln des Telefons versetzte mich jedesmal in eine so dramatische Stimmung, daß ich es mittels des dafür angebrachten Knopfes auf ein Minimum drosselte. Jetzt schnurrt es nur noch sanft. Das gibt mir eine wunderbare Ruhe und verärgert nachhaltig viele Leute, die mich lange schon zu erreichen versuchten.
Sozusagen überhaupt keine Chance hat das kraftlose Ding, wenn die Waschmaschine arbeitet, die fünf Jahre alt und mit jedem dieser Jahre langsamer, schwerfälliger und lauter geworden ist. Auf diese Weise erfahre ich vom Besuch des Fotoreporters erst im letzten Augenblick, nämlich kurz vor dessen Eintreffen. Er soll, so teilt mir seine Redaktion mit, uns beide fotografieren, meine

Katze Miß Lucie und mich. Das Bild sei als Krönung einer kleinen Textspalte vorgesehen, in der auch mein Katzenbuch Erwähnung finde.
Ich bedanke mich, frage, wann ich den Herrn erwarten darf, und bleibe ganz ruhig, als man mir sagt: heute, um elf Uhr vormittags.
Obwohl noch kein Bett gemacht, kein Essen vorbereitet ist und die Küche wie ein Schlachtfeld aussieht, rege ich mich nicht auf. Wozu? Der Mann kommt aus Hamburg. Für elf Uhr angesagt, wird er frühestens gegen eins eintreffen. Denke ich. Die Frage, ob er zum Mittagessen da sein und es mit uns teilen wird, drängt sich mir auf, während ein Wagen in die Einfahrt rollt. Es ist elf.
Der Mann hält seine Termine.
Miß Lucie verläßt fluchtartig die Küche.
Ich öffne die Tür.
Der Reporter dürfte nur wenig älter als Tessie sein, und ganz bestimmt ist er so pünktlich, so eifrig, so diszipliniert wie sie.
Jede Beköstigung lehnt er ab, er setzt sich nicht einmal. Er habe, erklärt er ernst, heute noch irre viel zu tun.
Mit langen Schritten durchmißt er die Räume unserer Wohnstatt, wobei er feststellen muß, daß es nicht viel zu messen gibt.
Die Zimmer sind klein, die Wände allesamt bestückt, wo nicht mit Schränken und Regalen, da mit Haken, an denen Hundeleinen baumeln, Satteltaschen, Pferdetrensen und Rucksäcke. Er braucht, sagt er unruhig, eine freie weiße Wand, vor der er die erste Serie aufnehmen wird.
Serie?

Ich hatte verstanden, es handle sich um ein Foto von meiner Katze Miß Lucie und mir.
Gewiß – er lächelt geduldig –, so sehe das im Endeffekt aus. Aber die Redaktion erwarte eine Auswahl von . . .
Ich helfe lachend nach.
Von einem halben Dutzend Fotos etwa? Von rund hundert, verbessert er mich und tigert zum zweiten Mal durchs Haus.
Hundert?
Es ist fast halb zwölf.
Das Geschirr noch nicht gespült; das Essen noch nicht auf dem Herd; und wo, verflixt noch mal, ist Miß Lucie?
»Darf ich«, fragt indessen der fleißige junge Mann aus dem Wohnzimmer heraus, »dieses Bild abhängen? Dann hätten wir eine glatte Wand von genügend großem Format.«
Das Bild mißt anderthalb mal zwei Meter und ist in schwerem Holz gerahmt.
Die Aufhängung anzubringen hatte es eines Handwerkers mit Bohrmaschine bedurft.
»Sie dürfen«, erwidere ich, um es hinter mich zu bringen, »unter der Bedingung, daß Sie es auch wieder aufhängen.«
Er versichert mir das mit großer Selbstverständlichkeit, fast gekränkt, weil ich es überhaupt erwähne, rückt eine alte Eichentruhe ab, hebt sich fast einen Bruch an dem Bild, verstaut beides, Truhe und Bild, mit meiner Hilfe in der Mitte des Raumes und möchte wissen, ob ich etwas Schwarzes zum Anziehen habe.
»Ja doch, für Beerdigungen.«
Vor dieser weißen Wand mache sich Dunkles besser, werde ich belehrt. Wo – übrigens – sei die Katze?

Ich weiß es nicht. Abgesehen von der Küche, aus der sie floh, ist dies hier ihr Hauptaufenthaltsraum. Aber nicht einmal ihre Schwanzspitze ist zu sehen. Ich lausche.
In der Waschküche rumort mit begreiflicher Ungeduld Torro, den ich dort eingesperrt habe. Irgendwo greint Zaza. Miß Lucie hüllt sich in Schweigen und bleibt unsichtbar.
Ich werfe mich eilig in Schwarz und nehme Aufstellung vor der weißen Wand. Der Fotograf, mit zwei Kameras bewaffnet, kniet vor mir. Ich weiß nicht, was er sich von dieser Perspektive verspricht, erhebe jedoch keine Einwände. Schließlich ist es sein Job, nicht meiner. Er steigt auf einen Schemel und schießt von oben, während ich unwillkürlich die Schultern einziehe und verstohlen die Augen rollen lasse auf der Suche nach Miß Lucie.
Die Frage, ob das, was wir hier treiben, sinnvoll ist ohne ihr Auftreten, bohrt in meinem Hinterkopf.
Den jungen Mann scheint es vorerst nicht zu beschweren. Der Hintergrund draußen, meint er, gebe sehr viel her, am besten, wir gingen jetzt auf ein paar Minuten vors Haus. Allerdings nicht in Schwarz, sondern in etwas Hellem.
Ich haste nach einem weißen Pullover und rufe dabei nach Miß Lucie. Nichts. Wo auch immer sie steckt, sie rührt keine Pfote.
Draußen bearbeitet der Herbstwind die Fichten, daß sie ächzen und stöhnen. Der Junge – er stammt aus Nordfriesland, wie ich inzwischen weiß – legt unverdrossen den dritten Film ein, während ich die Zeit nütze, um mit den Armen wie mit Flügeln zu schlagen, im Bestreben, warm zu werden. Es gelingt mir nicht. Die Eifel verdient um diese Jahreszeit die Bezeichnung »rauh«. Aber nor-

malerweise bewege ich mich im Spätherbst auch nicht im Pullover draußen; das mindeste, was ich drüberziehe, ist eine alte Parka, aber die verbietet sich aus farblichen Gründen.

Der Fotograf hat ein Mäuerchen erklommen und knipst, ich weiß nicht was, von oben. Meine wild bewegte Frisur vielleicht?

»Wo«, ruft er, und der Sturm reißt ihm die Worte weg, »ist die Katze? Allmählich brauche ich sie wirklich!« Die Kamera wie ein Fernglas ins Ungewisse richtend, verfehlt sein Fuß den moosigen Rand des Mäuerchens. Er fällt, wenn auch nicht tief, kommt luftschnappend sofort wieder auf die Beine, hinkt auf dem linken Fuß und zerbricht fast an der Sorge um die beiden Kameras. Ist ihnen nichts passiert? Sind sie noch intakt?

Ich zittere mit ihm, während er ins Haus humpelt, auf einen Stuhl sinkt und eine nach den anderen auf dem Küchentisch auseinandernimmt.

Auf der Vorhangleiste sitzt Speed, der vor dem Sturm ins Haus geflüchtet ist. Die Vorhänge zeigen Spuren seiner Kletterkünste. Gardinen habe ich schon lange keine mehr. Speed ist ganz Aufmerksamkeit und gespanntes Interesse. Plötzlich hält er es nicht mehr aus und landet mitten zwischen Filmschachteln und ausgebauten Kamerainnereien. Er fährt seine messerscharfen Krallen aus, greift sich einen abgeschraubten Filter, rollte sich damit auf den Rücken und knabbert ihn genüßlich an.

Der Fotograf überwindet die erste Schrecksekunde und will entschlossen eingreifen.

»Nicht!« rufe ich warnend, um seine Hände bangend, da er sich schon einen Knöchel ruiniert hat. Speed etwas entreißen zu wollen ist sinnlos. Man zieht immer den

kürzeren. Ich weiß es aus jahrelanger schmerzlicher Erfahrung.
»Aber das geht nicht!« stöhnt der Junge gepeinigt.
Natürlich geht es nicht. Speed muß den Filter herausrücken, das weiß ich selbst. Fragt sich nur, wie man ihn dazu bringt. »Warten Sie einen Moment«, bitte ich und eile, um das Ablenkungsmittel Nummer eins, die Schachtel mit Trockenfutter, herbeizuholen. Ich schüttle sie wie ein Barmixer seinen Becher und warte auf Speeds Reaktion. Sie ist gleich null. Er wirft mir lediglich einen verächtlichen Blick zu und beutelt den Filter. Ich schmeiße die Schachtel hin und klappe die Kühlschranktür vielversprechend auf und zu. Speed hält kurz in der Bearbeitung des Filters inne, sinnt über die Möglichkeiten nach, die sich ihm bieten, und entscheidet dagegen.
Nun bleibt mir nur noch eines übrig. Die deutlich gezeigte Verständnislosigkeit im Gesicht des jungen Mannes tapfer ignorierend, öffne ich laut krachend eine Schublade. Speed spitzt die Ohren. Ich entnehme einen Dosenöffner und setze ihn knirschend auf eine Hundefutterdose an. Speed glaubt mir nicht. Erst beim Knakken des aufgeklappten Deckels kugelt er sich vom Rükken auf den Bauch, verharrt mißtrauisch in der Tigersprunghaltung, hebt witternd die Nase, läßt seine Schnurrhaare erzittern und fegt achtlos das Kamerazubehör zur Seite. Mit einem Sprung ist er auf dem Boden, mit einem zweiten auf dem Küchenschrank.
Ich fülle hastig ein Tellerchen mit dem übelriechenden Doseninhalt und trage es hinaus in den Flur. Speed folgt mir auf dem Fuß. Was für mich eine einzige, ungern gestattete Fragwürdigkeit ist im Hinblick auf

Herkunft und Bekömmlichkeit, gilt Speed als Delikatesse.
»Ist das Ihre Katze?« erkundigt sich mein Besucher gedehnt. Das Wörtchen *das* betont er anklagend und verrät damit seine durchgehend negative Einstellung Speedie gegenüber.
»Es ist nicht die Katze«, sage ich, meinerseits das Wörtchen *die* betonend, »aber meine Katze ist es allemal.«
Wie tolldreist Speed auch ist, wie räuberisch und respektlos, ich mag ihn nicht verleugnen.
»Alles in Ordnung, soviel ich sehen kann«, murmelt der Junge übergangslos, steckt, schraubt und klaubt seine Siebensachen mit bemerkenswerter Eile zusammen und erhebt sich.
Ich wage nicht zu fragen, ob er das Auftauchen der Katze, auf die es ankommt, nicht doch noch abwarten will. Was mich betrifft, ich bin schon viel zu spät dran und in meinem ganzen vieljährigen Leben noch nicht so oft fotografiert worden wie in den letzten anderthalb Stunden. Wenn auch nicht ganz hundert, neunzig Aufnahmen hat der emsige Nordfriese mit Sicherheit gemacht. In sein Auto steigend, bestätigt er mir dies.
Ich trete einen Schritt zurück und nehme Speed, der mir lautlos gefolgt ist, vorsichtshalber auf den Arm. Sofort krallt er sich angstvoll an meinem Pullover fest, denn der Anblick von Autos versetzt ihn immer in Panik. Ungeachtet seiner Krallen, die sich in meine Schulter bohren, halte ich ihn fest, schließe ermattet die Augen, öffne sie wieder, sehe den Wagen davonrollen und winke höflichkeitshalber hinterher.
Dann entlasse ich Speed in die Freiheit, die er liebt, gehe hinein, betrete das Wohnzimmer, falle über die Eichen-

truhe, die mitten im Raum steht, und starre verzweifelt auf die weiße Wand, deren Schmuck, das zentnerschwere Bild, melancholisch an der Truhe lehnt.
Aus dem Bücherregal räkelt sich gähnend Miß Lucie. Dort, hinter Duden und Kulturfahrplan, hat sie platt auf dem Brett gelegen, so daß nicht einmal ihre Ohren einen Schatten warfen.
»Sind wir endlich wieder unter uns?« fragt ihr schläfriger Blick. Dann, jeder Veränderung ihrer Welt interessiert nachspürend, hüpft sie auf die Truhe und bepfotet den Rahmen des Bildes. Bis gegen Abend halte ich die Luft an, daß Miß Lucie oder Torro das Bild nicht zu Fall bringen.
Um sechs kommen Tessie und die Kinder.
»Eine gute Gelegenheit«, findet Tessie, »die Wand mal gründlich abzusaugen. Da sind ja jede Menge kleiner

Spinnweben dran.«
»Igitt!« schreit Friederike, die sich furchtlos geifernden Doggen nähert und vor jeder Spinne die Flucht ergreift.
»Viel helfen kann ich nicht«, erklärt Simon vorbeugend, »ich hab 'nen Hexenschuß.«
»Wenn ihr mich nicht hättet!« seufzt Tessie und schlingt die Arme um den Rahmen. Ihre Augen werden ganz groß und ratlos.
»Ruf den Typ an«, keucht sie, »der das Ding runtergenommen hat. Egal, wo er jetzt ist.«
Aber das tue ich nicht, sondern verrenke mir lieber das Rückgrat, während meine Familie lästerliche Flüche ausstößt, bis Bild und Truhe wieder an ihren angestammten Plätzen sind.
Inzwischen sind zwei Monate vergangen. Vor mir liegt das kostenlose Belegexemplar einer Zeitschrift, die auf

Seite vier eine schmale Textspalte enthält, in der von Miß Lucie die Rede ist. Gekrönt wird das Ganze vom schmerzverzerrten Gesicht einer Frau, grau in grau, mit geschlossenen Augen. Unterhalb ihres Kinns erkennt man so etwas wie einen Katzenkopf, ebenfalls grau in grau. Es könnte auch ein Frettchen sein.

»Wer ist das?« fragt Simon verständnislos.

»Speed.«

»Und die Frau?«

»Ich bin's. Wer sonst wohl!«

»Mein Gott«, murmelt Simon bekümmert und blickt scheu an mir vorbei.

»Bei dem Format«, sagt Tessie sorglos, »ist es doch völlig egal, was drauf abgebildet ist. Selbst eine Briefmarke ist größer.«

»Und dafür«, fragt Friederike ungläubig, »mußte im Wohnzimmer die Wand freigemacht, die Truhe abgerückt und Torro stundenlang in der Waschküche eingesperrt werden? Warum, Mama?«

Es ist eine der vielen Fragen meiner Kinder, die ich nicht zufriedenstellend beantworten kann.

Miß Lucie, seit eh und je, wählt und verwirft ihre Liegestätten nach unerforschlichen Motiven.

Eine Woche lang wälzt und räkelt sie sich auf der aufgeschlagenen Zeitschrift, Seite vier.

»Du bist so ein hübsches Mädchen«, raune ich vorwurfsvoll, »warum hast du dich nicht fotografieren lassen?«

Miß Lucie läßt ihren Kopf unter meiner Hand kreisen und schnurrt leise vor sich hin. Schönheit gilt ihr nichts. Wie einer aussieht, ist ihr egal.

Irgendwie beruhigt mich das.

Miß Lucie und der Goldhamster

Die einzigen in unserem Haus, die noch unbefangen Fleisch zu sich nehmen, als sei nichts dabei, sind der Hund und die Katzen. Wir andern sind im Lauf der Jahre immer stärker in Simons Fahrwasser geraten, der schon mit drei Jahren überzeugter Vegetarier war.

In einem hohen Kinderstuhl das Geschehen in der Küche aufmerksam verfolgend, richtete er – wie gesagt, kaum dreijährig – den winzigen Finger auf etwas, das meine Schwester gerade mit einer Mischung aus Salz, Pfeffer, Salbei und Knoblauch kräftig einrieb.

»Was ist das?« fragte Simon, der sprechen konnte, bevor er auch nur daran dachte, seine Füße voreinander zu setzen oder gar die Windeln abzulegen, an denen er mit enervierender Zähigkeit hing.

Meine Schwester, kniend die Ofenhitze prüfend, antwortete nicht sofort.

»Es sieht aus wie ein Huhn«, meditierte Simon halblaut vor sich hin, »aber ein Huhn kann es ja nicht sein.«

»Natürlich ist es ein Huhn«, versicherte meine Schwester munter und richtete sich wieder auf, »es kommt gleich in den Ofen, da wird es gebacken, und heute abend essen wir es.«

»Essen?« wiederholte Simon schockiert. »Ein Huhn? Ein richtiges Huhn? Ich?«

»Na sicher, wir alle – und du auch«, versetzte meine Schwester herzlich und tätschelte ihm den braunen Lokkenkopf.

Es entstand eine lange Pause, die Simon mit den Worten beendete:
»Tote Tiere eß' ich nicht.«
Es war dies ein Satz von schicksalhafter Bedeutung für uns alle, obwohl Simon, wie er stets behauptet, wahnsinnig tolerant ist gegenüber Andersdenkenden.
In den nachfolgenden Jahren gelang es mir manchmal, ihm eine Dose Thunfisch unterzuschieben, nachdem ich die verräterische Banderole entfernt hatte. Auch Salami kaute er gelegentlich widerspruchslos. Eine Zeitlang, als ihn ein Dauerhunger plagte, nahm er gebratenes Hackfleisch zu sich. Aber all diesen Anfechtungen erlag er nicht sehr lange.
Mit der bereits erwähnten bemerkenswerten Toleranz überließ er uns dem fleischlichen Genuß, was sich ungefähr so anhörte: »Bitte, bitte, ich habe nichts dagegen, daß ihr Leber eßt! Ihr seid euch aber hoffentlich auch darüber im klaren, daß sich in diesen Innereien alle Schadstoffe gesammelt haben . . .«
»Welche Schadstoffe?« unterbrach Friederike mit bebender Stimme.
»Na, der ganze schädliche Dreck, den das arme Opfer mitsamt seinem Futter gefressen hat!«
Es folgte eine detaillierte Aufzählung, die Friederike mit schreckgeweiteten Augen ihren Teller beiseite schieben ließ, während ich mir wie eine Giftmischerin vorkam.
»Sie haben kein Leben vor sich«, murmelte er angesichts zweier munter vor einem Hotel herumhüpfender Lämmer, »nur den Tod im Topf. Kannst du das verstehen?«
»Nein«, würgte Friederike, die Lämmer, Kälber, Foh-

len, Heuler, Welpen und jedes andere zu dieser Kategorie zählende Wesen über alles liebt, »es deprimiert mich furchtbar.«

Im Zuge dieser wertvollen Aufklärungsarbeit, an der sich Friederike bald ebenso stark beteiligte wie ihr Bruder, fielen in unserem Haus eine Menge Kochrezepte unter den Tisch. Selbst mein Mann, der lange immun blieb, kehrte neulich von einem norddeutschen Inselaufenthalt zurück mit der Erinnerung an ein Plakat, das einen jungen Seehund zeigte mitsamt der Mahnung: »Auch Tierkinder wollen leben!«

Dicht daneben, so erzählte er, habe ein anderes gehangen, das zum Spanferkelessen einlud.

Was dem einen Tierkind recht sei, meinte er unwillig, müsse dem andern billig sein.

Aber es ist noch nicht soweit, vor den Schaufenstern der Reformhäuser stehenzubleiben und angesichts der als Kniewärmer empfohlenen Katzenfelle »Wie gemein!« zu rufen, was seine Tochter Friederike ungehemmt tut. Sie gibt ihrer streitbaren Erbitterung stets offen Ausdruck, sobald ihr ein Pelz vor Augen kommt, egal, ob er sich im Versandhauskatalog oder am lebenden Modell befindet.

Als ich neulich mein Wirkfutter in den Mantel knöpfte und eine Freundin arglos fragte, ob das echtes Fell sei, rief ich so entgeistert: »Um Gottes willen nein!«, daß sie vor Schreck über den Schirmständer fiel.

Mein Schwiegervater, dem Waidwerk seit über sechzig Jahren verhaftet, wird eindringlich ermahnt und neuerdings auch dahingehend kontrolliert, daß er einen Bock nur dann schießt, wenn er schon im Koma liegt, und einen Fuchs nur bei deutlichen Anzeichen fortgeschrit-

tener Tollwut. Das heißt, der Schaum muß ihm schon vor der Schnauze stehen.
Die einzigen, denen widerstrebend eine gewisse Jagdfreiheit zugestanden wird, sind die Katzen, und das nicht ohne Grund.
Ein weiser Mann, der den Waldhof baute und bis zu seinem Tod bewohnte, pflegte zu sagen: »Wir haben keine Mäuse, die Mäuse haben uns.«
Wir brauchen hier also mit einer gewissen zwiespältigen Haltung nicht zu rechnen, die uns in der Stadt oft begegnet war, wo eine Nachbarin sich täglich laut jammernd über Wühlmäuse in ihrem Blumengarten beklagte, um »Pfui Teufel!« zu rufen und mit allen Zeichen des Entsetzens ins Haus zu flüchten, wenn Miß Lucies Mutter aus eben jenem Blumengarten eine Maus über den Zaun in unseren schleppte.
Miß Lucies Mutter war in dieser Beziehung – wie in jeder nur erdenklichen anderen – ungeheuer tüchtig. All ihren Kindern brachte sie bei, sich selbst zu versorgen. Wenn auch Miß Lucie im Lauf der Zeit ihre Eßgewohnheiten eher den unseren angepaßt hatte, so vergaß sie doch nie ihre frühkindliche Erziehung, das geduldige Ausharren vor einem Mauseloch zum Beispiel, obwohl sie die Beute anschließend auf der Fußmatte liegenläßt, um drinnen mit Trockenfutter vorliebzunehmen.
Die Tochter des weisen Mannes, die den Waldhof mit uns teilt, heißt Dora. Ihre Küche liegt an einem Ende des weitläufigen Gebäudes, meine am anderen. In ihrer Küche, sagt Dora, sei eine Maus.
»Bist du sicher?« frage ich.
Sie meint ja. Das Rascheln, besonders nachts, sei nicht zu überhören.

Ich weise auf den Goldhamster hin, der in einem Käfig auf der Kommode lebt und sich ebenfalls akustisch bemerkbar macht.
Seine Geräusche, belehrt mich Dora, seien anders. Ähnlich denen der Maus, aber nicht vergleichbar. Ich höre dem Hamster eine Weile zu. Er zerrupft ein Zeitungsblatt, stopft es in sich hinein, bringt es wieder heraus, formt einen lockeren An- und Überbau für seine kleine Wohnhöhle daraus, schwingt sich in sein Laufrad und geht ausgiebig spazieren. Dann nuckelt er hingebungsvoll an einer Weintraube, die ihm Dora durchs Gitter gesteckt hat, und schmeißt mit einer verblüffenden, entschiedenen Schnüffelbewegung das Wasserfläschchen hinunter, Kleintiertränke genannt, das von außen an einem Metallring befestigt ist. Der Ring fällt scheppernd hinterher auf den Fußboden.
Die Maus, wiederholt Dora eindringlich, mache sich anders bemerkbar. Erstens nicht in der Nähe der Kommode, sondern gegenüber im Vorratsschrank. Zweitens mache sie raschelnde, scharrende Geräusche, derart eben, die Mäuse an sich haben, wenn sie sich allein und sicher wähnen.
Kein Zweifel, Dora ist nervös. Mäuse in der Küche sind ihr ein Graus.
Ob wir ihr nicht Miß Lucie ausleihen könnten für eine Nacht? Dann werde man weitersehen.
Miß Lucie, bereits auf meiner Bettdecke lässig ausgestreckt, zeigt sich nicht gerade berauscht von der Idee, die Nacht in Doras Küche verbringen zu müssen.
Ich nehme sie auf den Arm, was sie ohnehin noch nie leiden konnte, und rede ihr gut zu.
Miß Lucie stemmt alle vier Pfoten gegen meine Rippen

und verweist – nicht zu Unrecht – auf ihre beiden grauen Artgenossen, die jünger, elastischer und trainierter sind.
Ich muß ihr zustimmen, stelle jedoch wieder einmal fest: Wenn man die Irrwische braucht, sind sie nicht da. Ich trage Miß Lucie, die sich auf meinem Arm dreht und windet, hinaus, durchquere mit ihr etliche Flure und Zwischenräume und setze sie schließlich in Doras Küche auf die Fensterbank. Anschließend, weil ich ihren ungläubigen Blick nicht ertragen kann, entferne ich mich so rasch wie möglich.
Draußen herrscht frühherbstliches Nieselwetter. Torro, den ich noch einmal hinauslasse, ist ein paar Minuten später wieder drin.
Ich schließe ab, begebe mich ins Bad und sinne darüber nach, was ich eigentlich noch tun müßte. Aber außer den Dingen, die ich üblicherweise verdränge und vor mir herschiebe – zum Beispiel das Sortieren der Steuerbelege oder das Versetzen der Knöpfe an einer Strickjacke –, fällt mir nichts ein.
Trotzdem lege ich mich hin mit dem unguten Gefühl, etwas Wichtiges versäumt zu haben.
Dergleichen passiert mir oft. Wahrscheinlich bin ich mit einem schlechten Gewissen zur Welt gekommen. Irgendwelche Erwartungen habe ich nicht erfüllt. Irgend jemand bin ich irgend etwas schuldig geblieben. Wem? Was? Wann? Ich weiß es nicht, und dessenungeachtet schlafe ich alsbald ein.
Mitten in der Nacht wache ich schweißgebadet auf.
Die Uhr zeigt zwölf Minuten nach drei.
Der Hamster.
Ich habe vergessen, ihn mit hinauszunehmen.

Eine Katastrophe!
Miß Lucie wird ihn für die fragliche Maus gehalten haben.
Sich selbst und der Langeweile überlassen, hat sie mit Sicherheit Mittel und Wege gefunden, den Käfig zu öffnen, ihn notfalls umzustülpen – immerhin hatte sie rund fünf Stunden Zeit dafür.
Was sonst, bei Gott, sollte sie mit dieser Zeit angefangen haben!
Meine Schreckensstarre mühsam überwindend, angle ich mit den bloßen Füßen nach den Hausschuhen, zerre den Bademantel vom Haken und taumle hinaus in den Flur.
Mit den Ellbogen auf alle Lichtschalter drückend, an denen ich vorbeikomme, versetze ich das Haus in Festbeleuchtung. Vor Doras Küchentür bleibe ich erst einmal stehen und lausche dem Klopfen meines Herzens sowie einem merkwürdigen Quietschton. Sodann – mit dem Mut der Verzweiflung – öffne ich die Tür.
Vom Flur scheint das Licht herein. Zwanghaft folge ich dem Quietschton, was mich mit drei unsicheren Schritten vor die Kommode bringt. In seinem Käfig bewegt sich der Hamster. Den kleinen, weichen Rücken sportlich durchgedrückt, macht er seine Joggingrunde. Es ist das Laufrad, das quietscht und dringend geölt werden müßte.
Auf dem Boden spielt Miß Lucie selbstvergessen mit der Kleintiertränke, dribbelt sie unter einen Stuhl, wirft sich darüber und schreit mich klagend an, als sie mich endlich wahrnimmt.
Bevor ich mich dafür entscheide, das Unternehmen abzubrechen, ist Miß Lucie bereits durch die geöffneten

Türen hinübergelaufen, hat kurz die Hundeschüssel inspiziert, sich angewidert abgewendet und ihren Platz auf meiner Bettdecke eingenommen.

Ich folge ihr und verbringe den Rest der Nacht mit bestem Gewissen.

Die Prüfung setzt erst am Morgen ein, als ich den Kindern die Geschichte erzähle.

»Du bist doch vollkommen ungerecht«, stößt Friederike empört hervor.

»Und unglaubwürdig«, hilft ihr Bruder nach.

Mir dämmern die Zusammenhänge, aber ich weigere mich, morgens vor dem Frühstück in eine Diskussion über Leben und Tod verwickelt zu werden.

»Na komm«, sagt Simon väterlich in einlenkendem Ton, »denk mal drüber nach, ja? Du setzt Miß Lucie in Doras Küche, damit sie einem kleinen Tier den Garaus macht. Richtig?«

Richtig! Indem ich mir eine Tasse Kaffee einschenke, bekenne ich mich schuldig, einer Maus nach dem Leben getrachtet zu haben.

»Es ist doch aber widersinnig«, fährt Simon in der Beweisaufnahme fort, »ein Tier zu retten und das andere auszuliefern. Willentlich, wohlgemerkt – und wissentlich.«

»Das siehst du doch ein, Mama?« forscht Friederike besorgt.

Darüber tiefer nachzudenken würde mich in Verwirrung stürzen. Ich bin daher froh, daß Doras Kopf vorm Küchenfenster auftaucht und mich fürs erste der Antwort enthebt.

Die Maus, läßt sie mich wissen, sei offensichtlich bei bester Gesundheit, anders ließe sich ein Stück frisch

angeknabbertes Brot nicht erklären. Miß Lucie indessen habe sich in Luft aufgelöst.
Dora sieht unzufrieden aus.
Es fällt mir schwer, die Ereignisse der vergangenen Nacht noch einmal zu beschreiben.
Miß Lucie, meint Dora nicht zu Unrecht, tauge wohl nicht mehr zum Mäusefang.
Mein Widerspruch klingt matt und nicht sehr überzeugend.
Simon leert methodisch seinen Müsliteller und schweigt sich aus.
»Überlaßt die Maus mir«, bittet Friederike.
Doras Gesicht drückt schiere Überraschung aus.
»Da bin ich aber gespannt«, sage ich.
»Wart's nur ab«, orakelt Friederike und bewegt sich von Stund an mehr in Doras Küche als in unserer. Es dauert keine Woche, bis sie mittels bestimmter Speisereste und guter Worte die Maus so weit gezählt hat, daß sie ihr sozusagen aus der Hand frißt.
»Sie ist ein süßes kleines Ding«, schwärmt Friederike und geht zum letzten Akt über, indem sie meinen kleinen Fensterputzeimer über die mit einem Stückchen Edamer Käse beschäftigte Maus stülpt. Ein Pappdeckel wird ganz vorsichtig daruntergeschoben, das Ganze gekippt, die Pappe fest aufs Eimerchen gepreßt und die Maus mitsamt ihrer Marschverpflegung hinaus in die Freiheit getragen.
Unterhalb der Ponywiese öffnet Friedrike den selbstgemachten Käfig und läßt die Maus unter Mitnahme des Käsestücks in ein Erdloch flüchten.
»Siehst du«, sagt Friederike zufrieden und wischt sich ein paar Erdkrumen von der Cordhose, »so macht man das.«
Anschließend gehen wir nach Hause, stellen das Eimer-

chen ab und erzählen die Geschichte Miß Lucie. Sie lauscht höflichkeitshalber, schließt die Augen und gähnt herzzerreißend.

Miß Lucie und das Hasenferkel

Die Kinder sind mit Tessie, die sich ein klappriges Automobil ausgeliehen hat, übers Wochenende in den Hunsrück gefahren. Von einer Tagungsgruppe werden Studien darüber angestellt, was im Endeffekt mehr bringt, der herkömmliche oder der ökologische Land- und Gartenbau. Dies in meinen Worten.
Die Frage, was Friederike dabei zu suchen hat, die bisher nicht einmal das magische Schlüsselalter sechzehn erreicht und eher mit dem deutschen Satzbau als mit dem ökologischen Landbau zu kämpfen hat, stelle ich höchstens mir selbst, und auch das nicht ernstlich.
Ein ruhiges Wochenende tut mir gut, aus verschiedenen Gründen.
Der Mai in diesem Jahr verdient den Namen Wonnemonat durchaus nicht. Er könnte genausogut November heißen. Es gießt in Strömen, Tag und Nacht, und zwar wochenlang. Ein Ende dieser Sintflut ist weder am Barometer noch sonstwo abzusehen.
Was ich im Januar dank mäßiger Temperatur an Heizung eingespart habe, lege ich in diesem klatschnassen Mai wieder drauf.
»Wir werden nie zu etwas kommen«, sage ich zu Miß Lucie, die ausnahmsweise die richtige Stelle in meinem Rücken wärmt, was ich dankbar zu schätzen weiß.
Denn die schon einmal erwähnten Katzenfelle in den Schaufenstern der Reformhäuser bieten den morschen Knochen und verspannten Muskeln eines Menschen

nichts, nichts im Vergleich zu einem Fell, das auf dem ofenwarmen, lebendigen Körper der dazugehörigen Katze sitzt.

Man könnte nun sagen, ich hätte Glück in dieser Beziehung, denn Miß Lucie, seitdem sie, so wie ich, den Zenit des Lebens überschritten hat, fühlt sich im Hause am wohlsten und steht mir jederzeit zur Verfügung.

Dennoch: sie ist kein Steiff-Tier und kein schnurrender Roboter. Wenn mich das Zipperlein in der Schulter plagt, ist sie zwar sofort zur Stelle, aber statt der schmerzenden Schlüsselbeinpartie wärmt sie mir hartnäckig die Kniekehlen.

Ihr Lieblingsplatz, wenn ich mich flach lege, befindet sich auf meinen oberen Rippenbögen, so daß ihre Schnurrhaare mein Kinn kitzeln und ihr Gewicht – genaue Aufzeichnungen darüber gibt es nicht, aber es müssen mehrere Kilogramm sein – mir zunehmend Atembeschwerden verursacht.

Manchmal nehme ich das in Kauf. Ein andermal lasse ich sie ganz sanft zur Seite abgleiten bis in meine Armbeuge, vorsichtig, hoffend, sie würde es nicht merken.

Aber selbst wenn es geklappt hat, ist es meist nur ein Scheinerfolg. Nach maximal zwei Minuten öffnet meine Katze ihre bis dahin fest geschlossenen Augen, schüttelt mißbilligend ihren schönen weiß und schwarz gescheitelten Kopf, drückt den Rücken durch, buckelt, gähnt, macht einen kleinen Hopser und plumpst mir wieder auf die Atmung.

Dieses Spiel setzen wir, wenn ich meinen ungeduldigen Tag habe, so lange fort, bis mich Miß Lucie beleidigt verläßt, zur Fensterbank hinüber streift und von dort aus ihre Krallen am Bücherregal wetzt.

Selten nur kommt es vor, daß sie von sich aus einen heilkundigen Platz einnimmt, aber wenn sie es tut, ist mir die sanfte Vibration ihrer schnurrenden Leibesfülle, verbunden mit der lebendigen Wärmeausstrahlung lieber als jede Heißluftbehandlung.
Der Mai, wie gesagt, hat sich denkbar schlecht angelassen. Mein empfindlicher Organismus reagiert seismographisch. Nach etwa sechzig Tagen Dauerregen komme ich mir vor wie eine Wünschelrute, die längs den Wänden ausschlägt, als enthielten sie lauter verborgene Wasseradern.
Einen Sonntag wie diesen, der mich der Zubereitung etlicher Mahlzeiten ebenso enthebt wie der Schiedssprüche, ob und wer sich am dringendsten die Haare zu waschen hat, welches Fernsehprogramm am sehenswertesten ist und wie man sich am besten und effektivsten für den Frieden in der Welt einsetzen soll – einen solchen Sonntag genieße ich ungehemmt.
Torro und Miß Lucie, wenn man sie ungestört für sich allein hat, sind ruhige, liebe Tiere, deren Ausgeglichenheit fast an Trägheit grenzt. Speed hat sich auf einem der Nachtspeicheröfen ausgestreckt, regungslos über Stunden hinweg. Juli schläft im Wäschekorb.
Mittags haben wir uns eine Fischmahlzeit gegönnt, aus der Kälte des Tiefkühlfaches in die Pfanne und von dort auf die diversen Tellerchen und Schüsseln verteilt, anschließend ein paar widerwilige Schritte in die Pfützen vor dem Haus gesetzt und uns dann schleunigst wieder in die teure Wärme drinnen zurückgezogen.
Gegen sechs Uhr erhebe ich mich gestärkt vom Sofa, Miß Lucie mitsamt einer warmen Decke zurücklassend, um ein echtes Feuer im Kaminofen zu entzünden. Draußen

wird es schon dunkel. Kalte Regenschleier wehen durchs Tal. Der Gedanke an das geliehene Auto, das einen defekten Rückwärtsgang, einen langen Bremsweg und etliche andere Alterserscheinungen aufweist, wie ich den Gesprächen der Kinder in den letzten Tagen entnehmen durfte, läßt mich besorgt den Uhrzeiger verfolgen.
Gegen sieben habe ich einen Teil meines faulen Tages bereits wieder abgebüßt, wenn mir auch die Hauptsühne noch bevorsteht.
Die Geräuschkulisse, mit der mein nervöses Warten beendet wird, erinnert an dramatische Wendungen in Krimis, die auf einem Schrottplatz spielen. Beim Öffnen und Schließen der Autotüren glaubt man, die Karosserie auseinanderbersten zu hören.
Immerhin, sie sind da!
Torro schüttelt die schläfrige Ruhe des Tages mit entschiedener Fellbewegung ab und wirft sich wild bellend gegen die Eingangstür.
Ich folge ihm.
Es ist schön, denke ich, wieder Leben im Haus zu haben, junge Stimmen zu hören und sich was erzählen zu lassen.
Torro, der sich die Tür bereits allein geöffnet hat, stürzt hinaus. Im matten Schein der Hoflaterne tritt mir Friederike entgegen, mit naß gesträhntem Haar und den Worten: »Mama, was glaubst du, haben wir gefunden?«
Ich ahne es nicht.
Auch als ich auf Tessies Armen etwas Schmutzigweißes entdecke, bleibe ich ahnungslos.
»Einen Hund«, sagt Simon mit fester Stimme, »er ist uns oben im Dauner Wald ins Auto gesprungen.«
»Nicht im Dauner Wald«, wendet Tessie so eifrig ein, als

gäbe es im Moment nichts Wichtigeres zu klären, »kurz hinter Kirchweiler mußte ich bremsen, weil etwas auf der Straße lag . . .«
»Stand«, verbessert Simon, »auf der Straße stand und erst im letzten Moment in den Graben lief . . .«
»Der Bremsweg«, erklärt Tessie, sich anklagend nach dem Leihwagen umdrehend, »ist so wahnsinnig lang bei dem Schlitten . . .«
»Nein«, sage ich, »kein Hund!«
Meine Stimme, ich höre es selbst, hat einen hysterischen Unterton. Tessie sieht mich befremdet an.
»Natürlich ist es ein Hund, Jillie«, erwidert sie betont ruhig und gemäßigt, sich prüfend über die schmutzigweiße Last in ihrem Arm beugend, »das ist das einzige, was wir wirklich von ihm wissen.«
»Ich weiß noch etwas«, höre ich mich unangenehm schrill hervorbringen, »nämlich daß er hier nicht bleiben kann . . .«
»Nicht auf die Dauer«, schränkt Tessie freundlich ein, an der eine Diplomatin verlorengegangen ist, »nur für den Augenblick, nach allem, was der arme Kerl hinter sich hat!«
Mit mir hat Torro einen so ohrenbetäubenden Protest angemeldet, daß für eine Weile keine menschliche Stimme mehr durchdringt.
Friederike sieht mich bittend an. Bittend ist vielleicht nicht das richtige Wort. Stummes Flehen steht in ihrem Blick. »Gnade, Gnade!« rufen ihre nassen blauen Augen.
»Also, was ist?« fragt Simon, von einem Fuß auf den anderen tretend. »Es ist deine Entscheidung, Mama, wir warten!«
Meine Entscheidung angesichts der erstarrten, durch-

näßten Kreatur auf Tessies Arm, der langsam übers Gesicht der Kinder rinnenden Regenbäche und last not least der schmerzlichen Erkenntnis, daß meinen Muskeln ein längerer Aufenthalt im abendlichen Regenguß nicht länger zumutbar ist, gebe ich resigniert den Eingang frei.

Torro verliert fast den Verstand. Er brüllt, tobt, keucht und röchelt vor Entsetzen.

Aber alles, was er erreicht, ist, daß Friederike ihm einen mitgebrachten Kotelettknochen spendiert und ihm klarzumachen versucht, wie gut er es doch hat.

Torro widerspricht lauthals.

Im Wohnraum, wo wir inzwischen alle gelandet sind, geht Miß Lucie erschrocken in Deckung.

Jemand bringt Torro in die Küche, um Mord und Totschlag zu verhindern.

Tessie setzt das bewegungslose Geschöpf auf den Boden. Sofort bildet sich eine kleine Pfütze. Noch nie, soweit ich mich zurückerinnern kann, habe ich ein so nasses Tier gesehen. In Gedanken preise ich mich und meine Disziplin, die mich vor teuren Teppichen und Bodenbelägen stets bewahrt hat.

Das Tier ist nicht viel größer als Miß Lucie. Es hat eine kleine, spitze Schnauze, leicht vorstehende dunkelbraune Augen, winzige, krallenbewehrte Hasenpfoten und das triefende Fellchen, von dem ich annehme, daß es in trockenem Zustand gelblich-weiß sein wird.

Friederike kommt mit einem alten Handtuch aus der Küche zurück, aber bevor sie ans Abfrottieren gehen kann, ist das Tier verschwunden.

»Es sieht aus wie eine Mischung zwischen Hase und Ferkel«, stelle ich fest und rücke vorsichtig das Sofa ab.

»Mama!« rügt Friederike vorwurfsvoll.
»Da ist was Wahres dran«, sinnt Simon.
»Piggie«, sage ich, mit dem Handtuch hinters Sofa hangelnd, »komm raus und laß dich abtrocknen!«
Nichts dergleichen geschieht.
Regungslos, unterm schützenden Dach des Sofapolsters verharrt es, mißtrauisch, abwartend, verstört.
»Es muß sich erst mal zurechtfinden«, meint Tess. »Wer weiß, woher es kommt und was es schon alles hinter sich hat.«
Aus der angelehnten Tür meines Aktenschrankes lugt vorsichtig Miß Lucie. Sie setzt ein Pfötchen auf die Sessellehne und will in bedachtsamem Zeitlupentempo das andere nachziehen, als wie ein geölter Blitz etwas unterm Sofa hervorschießt, mit schrillem Gekläff auf den Sessel zustürzt, hinaufspringt und das Schrankfach ansteuert, in das sich Miß Lucie fauchend, spuckend, schreiend, mit gesträubtem Haar gerettet hat.
Starr vor Verblüffung sehen wir zu.
Es dauert nur eine Minute, dann ist der Spuk vorüber. Miß Lucie, aufgeplustert wie eine wütende Henne, gluckt im Schrankfach. Die pitschnasse Angreiferin ist unterm Sofa verschwunden.
Ich ahne große Komplikationen. Der Wohnraum ist Miß Lucies uneingeschränktes, unangetastetes Terrain, seitdem sie den Rest des Hauses mit Pussi und ihrem Nachwuchs hat teilen müssen, was ihr auf Dauer einfach unerträglich war.
Mit Torro hat sie sich von Anfang an arrangiert. Sie lieben sich nicht, aber sie respektieren einander, was in der Hauptsache Torro zu danken ist, der Katzen generell toleriert, mit Speed und Jüli sogar freundschaftlich ver-

bunden ist und selbst Pussi schwanzwedelnd entgegenläuft, wie selten sie sich auch einfinden mag.

Betrachtungen dieser Art, wie nützlich sie auch auf die Dauer sein mögen, verschiebe ich auf später.

Im Augenblick ist nichts weiter zu tun, als nach einer alten Wolldecke zu fahnden, sie verstohlen unters Sofa zu schieben, einen Napf mit Futter zu füllen, einen weiteren mit Wasser, Miß Lucie aus dem Schrank zu heben, sie ins Schlafzimmer zu tragen und, am Küchentisch sitzend, die diversen Vermutungen über Herkunft und Auftauchen des als Hasen beziehungsweise Ferkel verkleideten Hundes anzuhören.

Jeder hat so seine eigene Version, aber wir sind uns alle darüber einig, daß er ausgesetzt worden ist. Trotzdem wird Tess morgen bei der Stadtverwaltung anfragen, ob ein Hund, auf den die obige Beschreibung paßt, irgendwo vermißt wird.

Friederike hat inzwischen ihren reichhaltigen Fundus von einschlägigen Büchern, Kalendern, Postern und Loseblattsammlungen auf dem Tisch gestapelt, um das Tier halbwegs rassemäßig einordnen zu können. Sie tippt, von Simon eifrig unterstützt, auf einen Chihuahua.

Was mich eigentlich mehr interessiert als die Rasse, ist das Geschlecht.

Tessie mahnt zur Geduld. »Eins nach dem andern! Das klären wir morgen! Auch Rom ist nicht an einem Tag erbaut worden!«

Rom? Was schert mich Rom? Im Vergleich zu dem, was da auf mich zukommt, ist Rom ein Klacks!

In meinem Schlafzimmer auf der Fensterbank sitzend, schlägt Miß Lucie mit matter Pfote nach einer Fliege. Kaum sieht sie mich die Tür öffnen, kommt sie mir

entgegen, schlängelt sich hinaus in die Diele und kratzt empört an der Wohnzimmertür.
Normalerweise, besonders dann, wenn es ihr verschlossen ist, möchte sie nichts lieber als ins Schlafzimmer. Heute ist es umgekehrt.
Auch Torro, der sonst an Friederikes Fersen klebt zur Schlafenszeit, streicht unruhig durchs Haus und gesellt sich, wie ich es erwartet habe, zu Miß Lucie.
Von drinnen, aus den Tiefen des Wohnzimmers, kommen unmißverständliche Knurrlaute.
Miß Lucie spuckt Gift und Galle.
Torro überschlägt sich, im Bestreben, die Tür, das lästige Hindernis zwischen sich und dem Feind, zu überwinden.
Ich fürchte um die Glasfüllung, um Torro, Miß Lucie, das Hasenferkel und um uns alle.
Torro beruhigt sich im Laufe des Abends, geht mit Friederike hinauf, wirft sich in seinen Korb und läßt nichts mehr von sich hören.
Miß Lucie, der ich jeden beliebigen Platz in meiner Nähe anbiete, lehnt dankend ab.
Ihre Mißbilligung geht so weit, daß sie keinen Zipfel meiner Bettdecke mit mir teilt, geschweige denn meine wieder spürbar schmerzende Schulterpartie zu wärmen bereit ist.
Die ganze Nacht patroulliert sie zwischen Fensterbank und Tür hin und her, mir beweisend, was ich ohnehin längst weiß, nämlich daß sie ein starker Charakter ist.
Wieder einmal komme ich mir wie ein Verräter vor. Aber was hätte ich angesichts eines ausgesetzten, pitschnassen, hungrigen Tieres anderes tun sollen als es aufzunehmen – bis auf weiteres – was?

Miß Lucie bleibt mir die Antwort schuldig.
»Du wirst schon sehen, was du davon hast«, sagt ihr beleidigter grüner Blick, als sie sich gegen Morgen dazu herabläßt, auf meinem Kopfkissen Platz zu nehmen, genau dort, wo ich es gern kühl habe.
Aber was hilft's!
Miß Lucie verteilt ihre Gunst nach eigenem Gusto. Man muß nehmen, was man kriegt.

Miß Lucie und die Nervenprobe

Niemand von uns wird guten Gewissens behaupten, das Findeltier habe alle seine Retter von Stund an dankbar ins Herz geschlossen.

Ich würde sagen, das Gegenteil war der Fall.

Die erste, die sich am nächsten Morgen mit sanften Gurrlauten durch die spaltweit geöffnete Tür näherte und wütend in die Flucht geschlagen wurde, war Friederike. Vom Hasenferkel war nichts weiter zu sehen als eine kleine, spitze Schnauze mit gefletschten Zähnchen; der Rest seiner Erscheinung blieb unterm Sofa.

Friederike, als sie den ersten Schock überwunden hatte, äußerte sich besorgt. »Kann sein, es ist total verdorben worden«, seufzte sie und machte sich an die schwere Aufgabe, Simon aus dem Bad zu vertreiben, was erfahrungsgemäß fünfzehn Minuten in Anspruch nimmt.

»Ach was, laß mich mal sehen«, rief Tessie, noch in Socken den Wohnraum betretend, was sie im nächsten Moment bereits bitter bereute, weil sie zwei mittelgroße Pfützen auf dem Boden übersehen hatte.

Naßfüßig machte sie einen verwirrten Hopser, der von dem Tier unterm Sofa offenbar mißdeutet wurde, denn es fiel mit einem schrillen Kläffer über Tessies Füße her.

»Heee«, krähte Tessie, einen Socken im Stich lassend in den Flur flüchtend, »das ist ja 'ne kleine, wilde Bestie!« Ihr Lachen klang unsicher.

Friederike, an der Badezimmertür lehnend, verwies mehrmals darauf, daß sie ja früh genug gewarnt habe.

Im Bad rumorte Simon. Auf der Heizung lagerte Miß Lucie, aufgebläht wie ein Ochsenfrosch.
Es ist besorgniserregend, wie sie sich aufblasen kann, wenn ihr etwas nicht paßt. Um das Bild abzurunden, legt sie die kleinen Ohren seitlich an. Ich würde keinem raten, sie in solcher Situation zu streicheln.
An einem Morgen wie diesem brauche ich erst mal viel Kaffee.
Tessies ernsthaftes Versprechen, gleich anschließend bei der Stadtverwaltung anzufragen, ob ein Hund als vermißt gemeldet worden ist, klingt wie Musik in meinen Ohren.
Friederike kaut ausnahmsweise schweigsam auf einem Stück Brot herum.
Simon, nach einem kurzen Abstecher ins Wohnzimmer, aus dem er mit mörderischem Knurren sofort wieder hinausgewiesen worden war, rät mir, keine Annäherungsversuche zu unternehmen. Das Tier sei deutlich verstört. Wahrscheinlich bedürfe es einer längeren Eingewöhnungsphase.
Die Frage, wie das Zimmer aussehen wird, wenn ich mich dem Tier nicht in absehbarer Zeit nähern darf, um es auszuführen, hängt wie ein Damoklesschwert über unserem Frühstückstisch.
Unnötig, auf die beiden bereits vorhandenen Pfützen zu verweisen, nicht wahr?
»Wirklich«, würgt Friederike, den Brotkanten aus der Hand legend, »müssen wir uns ausgerechnet über so was unterhalten, wenn wir gerade essen?«
»Da hat sie recht«, findet Tess, aber eine längere Diskussion darüber lohnt sich nicht mehr; es ist halb acht, allgemeiner Aufbruchstermin.

Sie raunzen, granteln und schieben davon, während ich, nicht ganz so glühend beneidet wie sonst, zurückbleibe.
Ich trinke eine weitere Tasse Kaffee, schenke Torro Friederikes Brotkanten, bestreiche zwei Bröckchen mit Leberwurst, reiche sie Miß Lucie auf die Fensterbank und beschließe, das gleiche für Herrn Hasenferkel zu tun.
Verstohlen ziehe ich mich sodann zurück, nicht ohne die Tür leise hinter mir zu schließen.
Nach allem, was den Kindern heute morgen schon passiert ist, bin ich auf jede Art von Aggression gefaßt, nicht jedoch auf die herzliche Freude, mit der mein ungebetener Gast mir entgegenwieselt.
Vor Überraschung sinke ich aufs Sofa. Vier winzige Hasenpfoten hangeln sich hoch, und schon nimmt es dicht neben mir Platz, das Findeltier, so, als sei dies unser beider liebe, langjährige Gewohnheit. Mein erster Gedanke gilt Miß Lucie und der glücklichen Fügung, daß sie dieses traute Beisammensein nicht mit ansehen muß.
Mit meiner Katze verbinden mich immerhin zehn Jahre, mit dem Hasenferkel gerade ein paar Minuten.
Es frißt mir die Bröckchen aus der Hand, leckt mir liebevoll die Finger ab und springt vom Sofa. Den Hals so hoch gereckt wie möglich, setzt es sich vor meine Füße und starrt mich abwartend an. In meinem Hinterkopf beginnt es zu arbeiten.
Die Haltung des Tieres drückt unmißverständlich etwas aus. Was?
Nun mach schon, betteln die dunkelbraunen Knopfaugen, von denen Friederike behauptet, laut Abbildung gehörten sie zum Chihuahua.
»Warte mal«, sage ich und haste zur Tür hinaus in die Waschküche, wo im Kramkarton ein Halsband aus Tor-

ros längst vergangener Jugendzeit zwischen zernagten Lederleinen und verfärbten Schuhriemen herumliegen muß. Es ist froschgrün, und daß es ihm jemals gepaßt hat, kaum mehr vorstellbar.
Wenig später beuge ich mich über das Hasenferkel mit den Worten: »Komm her, Piggie, zieh dein Halsbändchen an!« Es reckt den Kopf noch ein paar Zentimeter höher, dankbar einverstanden, und wartet geduldig, daß die Leine eingehakt wird.
Wir haben eine – Gott weiß, an welchem Haken sie gerade hängt. Sie zu suchen hieße Torro und Miß Lucie aus der trügerischen Ruhe aufzustören, mit der sie sich umgeben. Also hake ich einen Führstrick in die kleine Öse, der dick und knotig ist und den Ponys gehört, und dann ziehen wir los, Piggie und ich, durch die Waschküche hinaus in den Hof.
In der Höhe des Küchenfensters angekommen, erhebt sich ein wilder Tumult im Innern. Torro, aufrecht stehend, versucht die Scheibe zu durchbrechen. Eine Etage höher, auf der Vorhangschiene, sitzt Miß Lucie und traut offenbar ihren Augen nicht.
»Was tust du da?« fragt ihr strenger Blick. »Und wie kommst du zu diesem Scheusal an deiner Seite?«
Ich ignoriere alles, denn das Hasenferkel hatte gute Gründe, den Kopf zu recken, sein Halsband zu verlangen und hinauszustreben. Es wirft einen furiosen Blick aufs Küchenfenster, gibt ein paar beleidigende Kläffer von sich und verrichtet seine Geschäfte. Torro hinter der Scheibe gebärdet sich wie ein Wilder. Miß Lucie, aufgeblasen, daß sie so breit wie hoch aussieht, hat die Augen zu bösen Schlitzen verengt.
Piggie, das Hasenferkel, bellt wütend zurück und zieht

weiter seines Weges, zum Hof hinaus, den Bürgersteig entlang, der links von einem steilen Wiesenhang gesäumt ist. Es gräbt seine spitze Nase sofort in ein Erdloch und buddelt sich in Windeseile fast bis zum Bauch ein.
Den Bürgersteig entlang kommt gemächlich schlendernd ein Mann, wünscht freundlich einen guten Morgen und bleibt stehen. Das Tier am Strick zieht den Kopf aus dem Erdloch, winselt, zittert und versucht, den Wiesenhang hinauf zu fliehen.
»Was hat es?« fragt der Mann verwundert.
»Angst«, sage ich.
»Du lieber Gott«, murmelte er erschüttert, »etwa vor mir?«
»Scheint so. Meine Kinder haben es gestern abend irgendwo im Wald aufgelesen. Wer weiß, was es alles hinter sich hat.«
»Tststs«, macht der Mann und setzt kopfschüttelnd seinen Weg fort. Erst als er um die nächste Kurve verschwunden ist, beruhigt sich Piggie allmählich und beginnt ein neues Buddelloch zu suchen.
Die ganze Zeit über geht mir etwas durch den Sinn, das ich mir nicht klarmachen, nicht eingestehen will.
Nach der Rückführung, vorbei am Küchenfenster, hinter dem Torro wütend schäumt und Miß Lucie finster brütet, nimmt das Hasenferkel ohne Umschweife auf dem Sofa Platz und nötigt mich neben sich.
Sein Fellchen ist tatsächlich schneeweiß und nicht im entferntesten gelbstichig, wie es mir gestern im nassen Zustand schien. Auf jedem Ohr trägt es ein hellbraunes Fleckchen, sonst keinen weiteren farblichen Schmuck.
Die spitze Schnauze unter meine Hand geschoben,

signalisiert es mir, daß dies genau seiner Vorstellung vom wahren Leben entspricht: Wir beide allein auf dem weichen Sofa, tagein, tagaus, unterbrochen nur von gelegentlichen Ausflügen in die Buddellöcher und, was mich angeht, in die Küche, zum Herbeischaffen der Leberwurstbrote. Möge ich doch, lautet die flehentliche Bitte, alles und jedes andere aus meinem Herzen und meinem Programm streichen.

Ich muß gestehen, ich bin gerührt. Mit dieser Ausschließlichkeit hat noch niemand um mich angehalten, nicht einmal Miß Lucie; zumindest war sie nie so offen, es zuzugeben.

Trotzdem, so schwer es mir fällt, hundert Pflichten reißen mich von Piggies Seite, unter anderem das Klingeln des Telefons.

Es ist Tess, die mir überflüssigerweise mitteilt, auf der Stadtverwaltung sei kein Hund vermißt gemeldet worden.

Als ob ich auch nur eine Minute lang damit gerechnet hätte!

»Ich will mal sehen«, fährt Tess munter und geschäftig fort, »ob ich hier bei meinen Kollegen vielleicht jemanden finde, der gern einen so kleinen, handlichen Hund nähme. Große Tiere unterzubringen ist viel schwieriger.«

»Moment mal«, versuche ich einzuwerfen, »ganz so einfach sieht die Sache gar nicht aus . . .«

»Ach was«, zwitschert Tess, deren Frühstückspause begrenzt und in zwei Minuten vorbei ist, »er hat den Vorteil, klein zu sein, mach dir das klar, Jillie! Man braucht kein Riesengelände, um ihn zu halten, nur eine Wohnung!«

»Es ist kein Rüde«, gelingt es mir immerhin einzuwenden, aber das kann Tessies Optimismus nicht bremsen. »Und wenn schon«, schließt sie tröstlich, »Hündinnen sind viel anhänglicher als Rüden. Man muß das den Leuten nur klarmachen. Tschau, bis später!«

Den ganzen Vormittag über begehrt Miß Lucie, ins Wohnzimmer gelassen zu werden. Mit geplustertem Fell sitzt sie vor der Tür, hinter der alle sieben Minuten ein bitterböses Kläffen ertönt. Sie quittiert es mit breit gestrählten Ohren und hitzigem Fauchen.

Erst ein Stück Goldbarschfilet, von Tess mitgebracht, das ich mit Zitrone beträufele und in der Pfanne wende, führt Miß Lucie wieder in die Küche.

»Hurra, Fisch!« ruft sie begeistert, springt auf den Kühlschrank und streckt begehrlich eine Pfote aus. Immer, wenn Fisch zubereitet wird, verliert meine Katze alle Hemmungen.

»Herrje«, knurrt Simon, der mich hilflos hantieren und Miß Lucie verzweifelt abwimmeln sieht, »ich setze sie ins Wohnzimmer. Das ist ja so nicht auszuhalten.«

Gleichzeitig nähern sich lüsternen Blickes Speed und Jüli; das Telefon beginnt zu klingeln; Torro bellt anklagend, weil jetzt Speed auf dem Kühlschrank hockt. Ich schreie: »Nein! Nicht ins Wohnzimmer!«, halte mir mit dem Ellbogen mühsam Speed vom Leibe und finde kein Gehör, weil ein Deckel zu Boden scheppert.

Eine Minute später explodiert ein Teil des Hauses unter Klirren, Kläffen, Zischen, Schreien und wüstem Getobe. Vasen zerbersten, Bücher stürzen, Vorhänge fetzen auseinander: die erste persönliche Begegnung zwischen Miß Lucie und dem Hasenferkel hat stattgefunden.

»Warum«, stöhnt Simon, »warum sagt mir keiner, daß der Hund noch hier drin ist?!«

Inzwischen hat es Torro für seine heilige Pflicht erachtet, einzugreifen. Speed und Jüli, den Fisch in der Pfanne nicht aus den Augen lassend, haben sich vorsichtshalber auf den Küchenschrank zurückgezogen. Alle Türen stehen offen. Das Hasenferkel fegt wie ein rasender kleiner Irrwisch durchs Haus, gefolgt von Torro, dem wiederum Friederike schreiend hinterherrennt.

Aus den Trümmern des Wohnzimmers berge ich Miß Lucie, trage sie in mein – Gott sei Dank – unversehrtes Schlafzimmer und verspreche ihr den Löwenanteil vom Goldbarsch.

»Irgendwie«, findet Tess in ihrem unausrottbaren Optimismus und kehrt die Vasenscherben zusammen, »haben wir noch sagenhaftes Glück gehabt, nicht? Wie leicht hätte auch noch der Fernseher zu Bruch gehen können!«

Wir essen spät an diesem Abend und wenig. Der Fisch, längere Zeit sich selbst überlassen, ist in der Pfanne zu einer Winzigkeit zusammengeschrumpft. Um Speed und Jüli nicht allzu herb zu enttäuschen, habe ich ihnen wenigstens eine Gabel voll als Geschmacksnuance unter ihr Futter geknetet. Miß Lucie bekam etwas mehr, aber versöhnt hat es sie nicht.

Zu Friederikes Füßen liegt Torro, hechelnd und immer noch empört.

Im Wohnzimmer unterm Sofa knurrt das Hasenferkel, niemanden darüber im Zweifel lassend, wem dieser Raum gehört.

»Daß mir nur ja keiner die Tür offenläßt!« warne ich in einem Ton, der dem Knurren um nichts nachsteht.

»Okay, okay«, gibt Simon gereizt zurück und hebt beide Hände, »ich werd's mir merken!«
»Nun sei doch nicht gleich so sauer«, mahnt mich Friederike.
»Wo das alles ja sowieso nur vorübergehend ist«, fügt Tessie hochgemut hinzu, »ich sag dir doch, für einen so kleinen Hund findet man ganz schnell ein gutes Zuhause.«
»Hündin«, verbessere ich, »und außerdem ist sie schwanger.«
»Trächtig«, sagt Simon mechanisch, »nennt man das – he . . .«, seine Augen werden plötzlich rund und groß, »wie kommst du denn darauf?«
»Also wirklich . . .«, beginnt Tess, aber sie bringt den Satz nicht zu Ende. Ausnahmsweise ist sie sprachlos.
»Bist du sicher?« forscht Simon skeptisch.
»Ja, ziemlich.«
»Vielleicht«, wirft Friederike hoffnungsvoll ein, »ist Piggie nur deshalb so aggressiv, weil sie Junge kriegt. Später kann sie dann wieder ganz friedlich werden, was meint ihr?«
Wir lehnen uns in unseren Stühlen zurück und versuchen uns vorzustellen, wie sie alle liebreich miteinander schäkern: Piggie, Miß Lucie, Torro und die beiden Grauen.
Simon schüttelt unwillkürlich den Kopf.
»Möglich ist alles«, sagt Tessie tapfer.
Ich würde ihr gern zustimmen, denn eine gewisse positive Grundstimmung ist auch mir eigen. Aber abgesehen davon, daß wir zu wenig Räumlichkeiten haben, um jedem Tier seine eigene zuweisen zu können, scheint mir die wahre Schwierigkeit woanders zu liegen.

Das Hasenferkel, ebenso wie meine Katze, ist mißtrauisch und wählerisch. Es läßt sich zwar auflesen, aber seine Bezugsperson sucht es sich schon selbst aus. Nicht Simon hat es sich auserkoren, der es neben den Ponys gut verkraften könnte, nicht Tess, die sozusagen frei wäre für eine tiefe Bindung, nicht Friederike, die Torro hat, der im Lauf der Zeit bestimmt mit sich reden ließe. Nein, Piggies Wahl ist auf mich gefallen, wie ich bereits Miß Lucie habe, und solange sie lebt, wird Miß Lucie mich nicht freigeben, nicht an jemand, der mich genauso unnachsichtig, eigensüchtig für sich beansprucht wie sie selbst.
Tessie hat sich erbarmt und den Tisch abgeräumt. Friederike, mit träumerischem, nach innen gekehrtem Blick, murmelt Zahlen vor sich hin.
Sechzig Tage, so erfahre ich bei dieser Gelegenheit, trägt eine Hündin. Rechnen wir mal grob, daß sie etwas mehr als die Hälfte hinter sich hat: Nun, dann kommen die Jungen ungefähr in drei oder vier Wochen. Anschließend behält man sie mindestens acht Wochen lang. Ist mir das alles soweit klar? Ja! Gut. Addieren wir alles zusammen, runden nach oben auf und erhalten folgendes Ergebnis: Etwa ein Vierteljahr wird vergehen, bis wir Piggie aus der Hand geben können. Was, wie man mich dreistimmig belehrt, so schlimm gar nicht ist.
»Wirklich schwierig«, meint Simon ernst, »wäre es nur, wenn es in den Winter ginge. Aber es geht in den Sommer, Mama!«
»Was macht dich so sicher?« frage ich, in die triefende Finsternis hinausdeutend.
»Das Barometer steigt«, verkündet Tess hochgemut, »zum ersten Mal seit langer Zeit!«

»Und selbst wenn«, sagt Friederike langsam, »es in den Winter ginge und selbst wenn ich gewußt hätte, daß Piggie Junge kriegt – ich hätte sie trotzdem nicht im Wald sitzenlassen können, einsam und verlassen, klatschnaß und hungrig – ich nicht, und du auch nicht, Mama!«

Da hat sie recht.

Irgendwie wird es schon gehen.

»Wir müssen uns eben alle ein bißchen bemühen«, erkläre ich Miß Lucie, die mürrisch nach einer Fliege schlägt.

»Erwarte bitte nicht zuviel von mir«, soll das heißen.

Miß Lucie und der Reisekoffer

Täglich erwarten wir Nicola.
Zusammen mit ihrer Mutter, meiner einzigen Schwester, reist sie in diesen Tagen aus dem fernen El Salvador an, um drei Ferienwochen in Deutschland zu verbringen, vornehmlich bei uns.
Wir erwarten sie mit schmerzlicher Ungeduld, der moralischen Aufrüstung wegen, die wir uns von ihr versprechen und dringend nötig haben.
Denn abgesehen von Miß Lucie und Torro gibt es auch sonst niemand, der die Anwesenheit des schwangeren Hasenferkels in unserem Hause gebilligt hätte.
»Was soll das denn sein?« hat mein Schwiegervater gefragt und sich die Brille gegriffen, um ungläubig hinzuzufügen: »Doch nicht etwa ein Hund?«
Mein Mann, als er sich wochenends einfand, soll angesichts des von Friederike manierlich an der Leine geführten Hasenferkels nur stumm die Augen zum Himmel erhoben und mit schwerer Stimme »O Gott!« herausgepreßt haben.
Piggie, in ihrer panischen Angst vor allen männlichen Wesen, hat daraufhin mit Macht die Leine, an der Friederike hilflos baumelte, in die Tiefen eines Weißdorngebüsches gezerrt, aus welchem sie selbst unbeschadet, Friederike jedoch mit zerfetzter Bluse hervorging.
Der ärgste Widerspruch kam jedoch von seiten meiner Mutter, die schon Speed und Torro für entbehrlich hält, seitdem ihnen fünf Minuten vor der letzten größeren

Familienfeier ein kompletter Apfelstrudel, ein paar Stücke Bienenstich sowie eine Schüssel frische Schlagsahne zum Opfer fielen.

Wir haben unserer Ahnfrau deshalb nur einen Teil der Wahrheit anvertraut. Den anderen, da sie sich in der Anatomie vierbeiniger Wesen nicht zur Gänze auskennt, ließen wir fürs erste unerwähnt. So hält sie Piggie zwar für eine Plage, aber der Gedanke, daß sie sich vermehren könnte, und zwar in absehbarer Zeit, ist ihr bis jetzt nicht gekommen.

Nicola, so sagen wir uns, wird von Piggie entzückt sein, wird vor ihr in die Knie sinken, sie einen süßen Hasen nennen und den Tag X kaum erwarten können.

Überhaupt kein Problem ist meine Schwester Eva, die, so wie ich, von Natur aus ein »Katzenjammer« ist, sich jedoch mit allem, was ihr in anderer Leute Behausungen begegnet, zu arrangieren pflegt, notfalls sogar mit Alligatoren oder Giraffen.

Gegen Mittag ruft Nicola an.

Immerhin seien sie schon in Frankfurt gelandet. Im Flugzeug hätten sie einen todlangweiligen Film gesehen, in dem nur alte Leute aufgetreten wären. Grauenhaft. Die Stewardessen würden im übrigen immer knauseriger. Keine Malbücher und keine Stifte mehr, nicht für Kinder ab einer gewissen Größe jedenfalls. Das sei nicht fair, sondern widerlich gemein. Sie erkundigte sich, wie es Miß Lucie gehe und ob das Torro sei, der da im Hintergrund belle. Sie habe seine Stimme viel tiefer in Erinnerung.

Hier macht Nicola eine Pause, die ich glücklich nutze, um Piggie ins Gespräch zu bringen, denn natürlich ist sie es, die gerade schrill die Stimme erhebt. Nicola tut mir den Gefallen, überwältigt zu sein.

Auf meine Frage, wann wir sie hier erwarten dürfen, zögert meine Nichte, und ich erfahre von sich haushoch türmenden Schwierigkeiten. Mit einem bunten Seesack und zwei schwarzen Koffern seien sie in El Savador abgereist. In Frankfurt angekommen, sei ihnen kalt gewesen. Sie hätten den Seesack und die Koffer vom rollenden Gepäckband gefischt und sich damit zum Waschraum begeben.

Ob ich es glaubte oder nicht, in dem einen Koffer seien nicht ihre Strickjacken gewesen, sondern lauter fremdes Zeug, unzählige Paar Herrensocken und ein langweilig gestreifter Schlafanzug. Dies habe sie mir sagen wollen, und wenn es gleich »klick« mache, dann sei ihr Geld alle.

Bevor ich mich fassen und dazu äußern kann, macht es tatsächlich »klick«.

Stunden später meldet sich meine Schwester. »Erinnere mich daran«, sagt sie erschöpft, »daß ich die Koffer deutlich kennzeichne vor dem Rückflug, meinetwegen mit Abziehbildern von Mickymaus oder Donald Duck. Mindestens die Hälfte aller Leute, die auf Reisen gehen, haben glatte schwarze Lederkoffer. Der Typ, der sich meinen gegriffen hat, ist damit nach Berlin weitergeflogen. Eben erst hat er sich gemeldet, wahrscheinlich, als er im Hotel die Socken wechseln wollte. Wir bleiben bis morgen und warten auf den Koffer.«

Die Hand auf dem Telefonapparat ruhen lassend, gebe ich die Nachrichten an meine mich umstehende Familie weiter.

»Das nenne ich Glück«, meint Tessie kopfschüttelnd, »der Typ hätte schließlich bis nach Singapur weiterfliegen können, nicht?«

Der Nachmittag des nächsten Tages bringt uns unsere Weltreisenden endlich herbei.
Mit ihnen schleichen sich verstohlen ein paar Sonnenstrahlen ein, und ich beginne allmählich wieder ans Barometer zu glauben, das seit Tagen unerschütterlich steigt.
Alles läßt sich prächtig an und ganz wie erwartet. Nicola fällt vor Piggie auf die Knie und nennt sie einen süßen Hasen. Meine Schwester krault Piggies weißes Halsfell, betrachtet nachdenklich das füllige Köpfchen, wendet es sanft hin und her und gibt der Meinung Ausdruck, es könne nun nicht mehr lange dauern. Den größten Trost spendet sie mir mit der Anmerkung, der letzte Wurf ihrer Schäferhündin habe aus einem einzigen Jungen bestanden.
Anschließend verlassen wir in langer Prozession das Wohnzimmer und schließen die Tür hinter uns ab.
Im Flur werden wir kurz aufgehalten durch Speed, der im Schuhregal auf den Hüttenschuhen liegt und nach jedem ahnungslosen Passanten mit der Pfote angelt, nach Art der alten Raubritter, wenn sie Tribut heischten.
Eine Etage höher, im Schuhputzkasten, räkelt sich Jüli mit erwartungsvoll geöffneten Glitzeraugen. Speeds ausgestreckte Pfote bringt sie auf den Gedanken, ihm eins draufzugeben, was ihn zunächst nur verblüfft.
Jüli erhebt sich, gähnt und schielt über den Rand des Kastens nach unten. Speed rollt sich auf den Rücken und schlägt so lange mit allen vieren nach ihr, bis sie sich ärgerlich so weit aus dem Schuhputzkasten beugt, daß sie das Gleichgewicht verliert. Mit Zisch und Fauch und Holterdiepolter fliegen Bürsten und Tuben und Dosen auf die Fliesen, gefolgt vom Kasten, der sich überschlägt,

während Speed und Jüli einander in wilder Jagd die Treppe hinauf verfolgen.
»Himmel!« ruft Nicola erschrocken.
»Nun sieh dir das an«, knurrt Simon.
»Es wäre nicht so schlimm, wenn sie alles auch wieder aufheben würden«, meint Friederike anklagend, »aber das tun sie ja nie im Leben!«
»Ein Glück«, seufzte Tessie, »daß niemand den Kasten auf die Füße gekriegt hat, derjenige ginge sonst bestimmt am Stock!«
In der Küche sitzt Miß Lucie mit gesträubtem Fell neben einem frischen Zwiebelkuchen. Die Geräusche im Treppenhaus sind ihr zwar vertraut, aber nicht geheuer. Speed und Jüli werden ihr wohl nie richtig ans Herz wachsen.
Die Enttäuschung darüber, daß der Kuchen weder nach Sahne noch nach Creme duftet, steht ihr im Gesicht geschrieben.
Ob sie Nicola wiedererkennt, auf deren Luftmatratze sie stets nächtigen durfte, bleibt ungewiß.
Interesse bekundet sie erst, als die Koffer geöffnet werden. Während meine Schwester die Mitbringsel herauskramt und Nicola in bitterem Triumph die schäbigen Comic-Hefte herumreicht, die ihr statt Malbüchern und Stiften im Flugzeug zugemutet wurden, untersucht Miß Lucie emsig den Kofferinhalt.
Aufmerksam betastet sie die Schließe eines Gürtels, fährt mit den Schnurrhaaren die Sohlen zweier Sandalen entlang, steigt unentschlossen über zerdrückte Nachtwäsche und läßt sich endlich auf einem Paar Shorts nieder.
Dort, wie Nicola entscheidet, darf sie ruhig verbleiben,

denn wie es aussieht, werden statt der Shorts vorläufig nur die Jeans benötigt.
Anschließend, denn so ist es verabredet, begeben sich meine Schwester und meine Nichte zu unser aller Ahnfrau in die Kirchstraße, etwa einen halben Kilometer bergab.
Wir alle ziehen ein Stück Weges mit ihnen, erneut gemeinsam beschließend, daß Piggies bevorstehende Niederkunft unser aller süßes Geheimnis bleiben soll, solange es eben geht.
»Aber ich möchte doch gleich wissen, wie viele es sind, wenn Piggie sie bekommen hat«, wendet Nicola ein, »ruft ihr mich dann bei der Oma an?«
»Klar«, verspricht Simon großzügig, »und die Zahl geben wir dir vorsichtshalber in Spanisch durch, damit es nicht auffällt. Mama wollte immer schon gern die Zahlen in Spanisch lernen, nicht wahr, Mama?«
»Leidenschaftlich gern«, erwidere ich unmutig, aber sie bringen mich dazu, »uno, duo, tres« vor mich hin zu murmeln, wobei ich »tres« als gedanklichen Aufhänger benütze, weil ich das Wort als solches kenne. Im Eifler Dialekt ist es die Bezeichnung für Selterswasser.
Der Rest des Tages verläuft entspannt. Wir liefern den Besuch bei der Oma ab und wandern durch den sinkenden Abend nach Hause zurück, von Torro, der mitkommen durfte, munter umsprungen.
Miß Lucie hebt nicht einmal den Kopf von den Shorts, geschweige denn sich selbst aus dem Koffer, der in meinem Schlafzimmer verblieben ist. Nicht einmal der Vollmondschein lockt sie heraus.
Am nächsten Morgen entferne ich als erstes mittels mehrerer Papiertaschentücher die mir von Speed und Jüli

gestifteten toten Mäuse von der Fußmatte und pfeife Torro herein, um Piggie in Ruhe ausführen zu können. Aber sie mag nicht.

Mit brütendem Blick liegt sie unterm Sofa, die kleine, spitze Schnauze flach auf den Boden gepreßt.

Mir fällt wieder ein, daß Miß Lucie die Geburt ihrer Kinder damit einleitete, daß sie weder fraß noch sich bewegte. Eine leise Panik befällt mich, während ich ein altes Schaffell und ein ausrangiertes Badehandtuch ausbreite, in der Hoffnung, daß Piggie ebenso geschickt und instinktsicher handeln möge, wie Miß Lucie es in ihrer schweren Stunde getan hat.

Es ist halb neun.

Um halb zehn liegen zwei Hundebabys auf dem Schaffell, um zehn sind es drei.

Piggie säubert das dritte gemächlicher als die beiden ersten, hört auf zu schnaufen und legt sich erschöpft etwas bequemer hin. Der Schweiß auf meiner Stirn beginnt zu trocknen. Ich schleiche mich hinaus, um Wasser aufzusetzen, Milch zu wärmen, Futter zu mischen und in der Kirchstraße anzurufen.

Von meiner Mutter erfahre ich, Nicola sei gerade Brot kaufen gegangen.

»Tres«, sage ich, denn das Wasser brodelt, die Milch läuft über, und Miß Lucie hat sich aus dem Koffer erhoben, um der Sache nachzugehen, die mich beschäftigt, »sei so gut, und richte ihr das bitte aus.«

Meine Mutter, in den Mittagessensvorbereitungen völlig aufgehend, murmelt zerstreut »gut, gut« – was mir nur lieb sein kann – und legt auf.

Als Nicola nach Hause kommt, erfährt sie, daß sie mir Sprudelwasser mitbringen soll, sonst nichts.

Inzwischen gelingt es mir, mich mit Futter und Milch an Miß Lucie vorbei ins Wohnzimmer zu schlängeln, wo ich feststellen muß, daß die Nachricht bereits überholt ist. Piggie plaziert gerade ein fünftes Kind neben das in meiner Abwesenheit geborene vierte.
Kurzfristig verschlägt es mir den Atem. Der Unterschied zwischen ihren Jungen und denen, die Miß Lucie seinerzeit gebar, besteht nur darin, daß die von Miß Lucie wie Mäuse aussahen und die von Piggie das Format ausgewachsener Goldhamster haben. Ansonsten ähneln sie sich verblüffend, denn diese wie jene weisen viel Schwarz und wenig Weiß auf. Andere Farben sind nicht vertreten.
Der Gedanke, daß wir nun, Größe hin, Größe her, insgesamt sieben Hunde im Haus haben, müßte mir eigentlich den Schweiß wieder verstärkt auf die Stirn treiben.
Aber außer freudiger Erregung und gesteigertem Mitteilungsbedürfnis empfinde ich nichts.
Mit fliegenden Händen durchblättere ich »Spanisch für Anfänger« auf der Suche nach der Zahl »Fünf«, finde sie, drehe die Wählscheibe und höre meine Mutter sagen, Nicola sei gerade in den Garten gegangen, um Petersilie zu schneiden.
»Richte ihr noch einmal etwas aus«, bringe ich, vor glücklicher Ungeduld zappelnd, hervor, »nämlich cinque.«
»Was?« fragt meine Mutter laut, als höre sie nicht richtig.
»Cinque«, wiederhole ich rasch, »mach dir keine Gedanken darüber, es ist Spanisch.«
»Was heißt es?« will meine Mutter wissen.
»Fünf«, antworte ich mechanisch und verabschiede mich atemlos, um Tessie anzurufen, in Ruhe, bevor die Kinder

aus der Schule kommen und ihrerseits darauf bestehen werden, die frohe Botschaft weiterzugeben.
Am frühen Nachmittag kommen meine Schwester und meine Nichte schleppenden Schrittes unseren Berg herauf. Zwischen ihnen baumeln in einem Einkaufsnetz fünf Flaschen Sprudelwasser.
»Oma hat es uns ausgerichtet«, zwitschert Nicola, »oder . . .« Ihre Augen runden sich, und meine Schwester taumelt, von der Erkenntnis getroffen, einen Schritt zurück. »Sollte es vielleicht etwas anderes heißen?«
»Kommt rein«, sage ich erschüttert, denn niemals würde ich jemanden damit beauftragen, fünf Flaschen Selterswasser den Berg heraufzutragen. Auch kann ich sie nicht mit dem Anblick des Wochenbetts belohnen, denn sobald sich jemand auf drei Schritte nähert, wirft sich Piggie mit einer Vehemenz gegen die Tür, daß ich um die Glasfüllung fürchten muß.
»Das ist ganz normal«, meint meine Schwester gelassen, »Hauptsache, sie läßt überhaupt jemand rein.«
Das tut sie. Mich.
Ich bin jederzeit willkommen, mit oder ohne Futter. Ich darf den Kleinen die runden Hamsterköpfe streicheln, an denen winzige Hamsteröhrchen kleben. Allen anderen bleibt die Kinderstube versperrt, bis auf die paar Minuten, in denen ich Piggie an der Leine hinausführe. Aber sie wieselt nur schrittchenweise vor der Haustür herum, lauscht angestrengt und zutiefst mißtrauisch auf jedes Geräusch im Innern des Hauses und ist schon wieder drinnen, bevor die Kinder hastig von der Bildfläche verschwunden sind. Mit ohrenbetäubendem Geheul und unmißverständlich gefletschten Zähnchen werden die fliehenden Schatten verjagt, die wimmernden Winzlinge

an die Brust genommen und alle Gedanken an ein nochmaliges Ausgehen getilgt.
Auf diese Weise vergeht der Juni.
Piggie ist nach wie vor nicht gewillt, andere ins Vertrauen zu ziehen, und was sich allenthalben breitmacht ist Frustration. Obwohl das Wetter besser geworden ist, fehlt uns allen auf die Dauer der Wohnraum.
Am meisten betroffen von den Einschränkungen, die uns Piggie auferlegt, ist meine Katze Miß Lucie.
Sie teilt mit Nicola die Luftmatratze bis zum vorletzten Abend, an dem Speed und Jüli sich Einlaß verschaffen, sich unters Bettzeug mogeln und vielleicht in tiefen, erfrischenden Schlaf gefallen wären, hätte Miß Lucie sie nicht erbittert vertrieben.
Jüli weicht der Autorität durchs offene Fenster.
Aber Speed denkt nicht daran, die wunderbare Stellung kampflos aufzugeben. Zum Sprung geduckt, krallt er sich ins weiche Luftpolster, Miß Lucie schreit Zeter und Mordio, fährt ihrerseits die scharfen Krallen aus, haut Speed rechts und links ein paar um die Ohren, es knistert, schabt und fetzt, und mit einem tiefen, resignierten Seufzer gibt die Matratze den Geist auf.
Selbst Tessie fällt in diesem Zusammenhang kein Satz mehr ein, den sie mit »zum Glück« beginnen könnte. Eine leichte Katastrophenstimmung hängt über unserem glücklichen Heim.
Miß Lucie verschwindet.
Speed hat sich längst durchs Fenster davongemacht.
Mein Gewissen quält mich.
Unter den obwaltenden Umständen ist dies kein Leben für Miß Lucie. Ich fühle ihr alles nach, Enttäuschung, Verdruß und Panik.

Der Tag vergeht. Sie ist nicht aufzufinden.
Simon durchstöbert den Heuschober ohne Erfolg. Friederike nimmt sich Scheune und Schuppen vor. Nichts.
Ich habe auch nicht wirklich damit gerechnet, denn die Nebengebäude sind anerkanntermaßen Speeds und Jülis Terrain. Miß Lucie geht entweder weiter weg, oder sie verkriecht sich im Haus.
Aber wo?
Tessie öffnet Kleider- und Wäscheschränke und räumt sie bei dieser Gelegenheit mal gründlich auf. Es finden sich eine seit Monaten vermißte Sonnenbrille, ein ebenso fieberhaft gesuchter und schließlich aufgegebener Hufkratzer, ein Päckchen vertrockneter Möhrensamen sowie eine Fastnachtsmaske mit schlapp herunterhängenden Hasenohren.
»Wer wollte die denn tragen?« fragt Simon verständnislos. »Du vielleicht?«
»Ich bin doch nicht bescheuert«, verwahrt sich Tessie und legt alle Pullover so zusammen, wie es sich gehört.
Den Rest des Tages verbringen wir alle in Abschiedsstimmung.
Bevor Nicola am späten Abend den Deckel schließt, hebt sie aus den Tiefen des Koffers Miß Lucie hervor.
»Und nur, weil ich die neue Griffeldose noch mal anschauen wollte«, wie Nicola eins ums andere Mal beteuert, während ich vor Erleichterung fast in Tränen ausbreche und mit zitternden Fingern Ölsardinen aus einer Dose aufs Tellerchen puhle, um Miß Lucie zu versöhnen und ihr glaubwürdig ein besseres, standesgemäßes Leben in Aussicht zu stellen.
Die Kinder schließen inzwischen endgültig die Koffer, die mit Abziehbildern eines Versandhauses, Emblemen

eines Rundfunksenders und aufklebbarem, rund gestanztem Werbematerial einer Fußballmannschaft so geschmackvoll verziert sind, daß keiner sich mehr absichtslos daran vergreifen wird.
»Ein Glück«, murmelt Tessie, bevor sie um Mitternacht, zum Umfallen müde, das Bad erreicht, »daß Nicola die Griffeldose nicht erst bei der Zwischenlandung in Miami noch mal anschauen wollte!«

Miß Lucie und ihr gutes Herz

Der Sommer ist vorbei.
Das Hasenferkel hat ein Zuhause gefunden, das es für sich allein beanspruchen und so heftig verteidigen kann, wie es das für nötig hält.
Seine fünf munteren Kinder, lauter kleine Postkartenschönheiten, die selbst unbeteiligte Zuschauer zu spontanen Begeisterungsstürmen hinrissen, sind ausnahmslos in gute Hände gekommen. Manchmal während dieser Monate habe ich an eine junge Frau denken müssen, die gegen Ende der Aufzucht von sechs Dackeln im späten Herbst nur noch das Bedürfnis hatte, schreiend durch den Wald zu laufen. Wenn es bei mir nicht ganz so schlimm war, dann wahrscheinlich nur wegen der besseren Jahreszeit, die ich erwischt hatte.
Von Piggie hören wir, daß sie die Angst vor Männern weitgehend überwunden hat. Statt sich ängstlich zu verkriechen, prescht sie jetzt vor und fetzt ihnen die Hosenbeine. Neulich sahen wir sie in königlicher Haltung auf dem Vordersitz eines geparkten Wagens thronen. Ihr Fellchen glänzte seidig, ein auffallend hübsches Halsband zierte ihren Hals, und um keinen Preis hätte sie Friederike oder mir gestattet, eine Hand ans spaltweit geöffnete Fenster zu legen, ganz im Gegenteil.
Sie schrie uns wütend an, wir sollten gefälligst verschwinden, uns wegscheren, zum Teufel gehen.
Da wußten wir, daß nicht nur der Sommer vorbei war.
Es hat uns geschmerzt und gleichzeitig beruhigt.

Wir hätten Piggie nicht gerecht werden können, ohne unsere anderen Tiere nachhaltig zu vergrämen. Selbst Torro, nachdem er sich in freundlicher Absicht ihr und den Kleinen im Hof zu nähern versucht hatte und dafür jedesmal wild attackiert worden war, zeigte sich allmählich verstört. Trotzdem wäre mit ihm vielleicht im Lauf der Zeit eine Einigung möglich gewesen. Aber geradezu unausrottbar und eingefleischt war und blieb Piggies Abneigung gegen Katzen.

Das Haus hatte nach drei Monaten einem Schlachtfeld geglichen, auf das sich selbst Speed nur noch selten wagte. Wobei ich bis heute nicht eigentlich Piggie für diese furiosen Gefühle verantwortlich mache, sondern ihre Vorbesitzer, die mit der weitverbreiteten Unsitte »Jag das Kätzchen!« sicherlich tiefe Eindrücke in ihrem Gemüt hinterlassen haben.

Sie hat uns ihre Lebensgeschichte nie erzählen können, aber ich dichte sie mir manchmal so zusammen, daß sie einer alten Dame gehörte, verwöhnt und verhätschelt wurde, um schließlich, nach deren Ableben, von männlichen Anverwandten schlecht behandelt und ausgesetzt zu werden.

Sie ist ein eigensinniges Tier, verschroben, aber treu wie Gold.

Wer Piggie liebt und von ihr geliebt wird, kann sich glücklich schätzen, vorausgesetzt, man ist, was Tiere angeht, ein Single und jeder anderen Bindung bar. Ich halte im Zusammenleben mit Piggie sogar einen Goldfisch für ein störendes Element. In diesem – wie in manchem anderen Punkt – hat sie mich an Miß Lucie erinnert, die endlich, mit aufgestelltem, stark vibrierendem Schwanz das Wohnzimmer nach mehrmaliger

gründlicher Reinigung sehr zögernd wieder in Besitz genommen hat.
Nach den vielfältigen Aufregungen des Sommers – denn auch die sorgfältige Auswahl der Hände, in die man bedenkenlos fünf Welpen legen kann, hat uns viele schlaflose Nächte gekostet – bin ich an einem langweiligen, ereignislosen Winter stark interessiert.
Natürlich gibt es Unwägbarkeiten, die nicht abzuwenden sind. Aber es gibt auch Wägbares, Abwendbares. Man muß sich nur früh genug aufraffen und die notwendigen Schritte unternehmen.
Mein erster Schritt in diese Richtung führt mich an die Nähmaschine.
Es ist ein Modell aus dem Jahre 1927 und gehört wohl eher in ein Völkerkundemuseum als in mein Heim. Aber da steht es nun einmal und ist das einzige Instrument seiner Art, das ich besitze.
Das Ziel der Aktion, die ich mit einem alten Bettlaken an der vorsintflutlichen Nähmaschine in die Wege leite, ist Jülis Sterilisation. Sie ist überfällig und soll noch vor diesem Winter stattfinden, auf daß er ereignislos verlaufe.
Um zu erklären, was es mit der Näherei auf sich hat, muß ich tief in den Born meiner Erfahrungen greifen. Vor nunmehr sieben Jahren setzte ich Miß Lucie in eine mit Guckfenstern aus Plexiglas versehene Tragetasche und fuhr mit ihr per Taxi zum Tierarzt.
Es war in Frankfurt.
Der Tierarzt betrachtete Miß Lucie durchs Guckfenster, nickte gleichgültig, rief seine Frau, ihm bei der Sterilisation zu assistieren, und bat mich um ein Hemd.
Ein Hemd?

Jawohl, ein Hemd. Nicht für ihn, Unsinn, für die Katze; das werde ihr nach der Operation angelegt, damit die Wunde sauber bleibe. Ein Hemd – er winkte seiner Frau, die ergeben wieder hinauslief und mit etwas wiederkam, das mich in meiner Verwirrung an ein riesiges Babyplätzchen erinnerte, ein sauber gestepptes Stück Stoff, oval geschnitten, mit insgesamt sechs Bändern versehen.
So ein Hemd also.
Sie liehen mir ihres, banden Miß Lucie nach erfolgter Operation hinein und wiesen mich an, es täglich abzunehmen, die Wunde zu pudern, es wieder anzulegen und ein gleiches zu nähen, am besten zwei, zum Wechseln, und das ihre nach acht Tagen bei der Nachschau wieder mitzubringen.
Acht Tage lang versuchte Miß Lucie, sich rückwärts bewegend aus dem verhaßten Hemd herauszuarbeiten, was ihr zweimal nachts gelang. Ich verschnitt indessen einen Bettbezug, aber alles, was ich zustande brachte, waren zwei Fetzen, die hastig umsäumt, Miß Lucie erstens zu klein und zweitens ihren Zähnen und Krallen nicht standhielten.
Als ich sie zur Nachschau brachte, schämte ich mich entsetzlich wegen der Flickarbeit, konnte aber immerhin das geliehene Hemd sauber gewaschen zurückgeben, was dankbar vermerkt wurde besonders von der Frau des Tierarztes.
Nach Miß Lucies Genesung war von den beiden Fetzen kein Faden mehr übrig, und ich verdrängte die ganze leidige Angelegenheit. Ein Jahr später, als ich Zaza in der Tragetasche hinbrachte, gab ich mich cool und über den Dingen stehend. »Ich bot eine Leihgebühr für zwei

Hemden und zeigte mich notfalls bereit, sie beide zu kaufen; man möge sie mir auf die Endrechnung setzen. Der Tierarzt lachte freudlos und ließ mich wissen, derlei Geschäfte könne er täglich machen, wenn er wolle, aber er wolle nicht – besser gesagt, seine Frau wolle nicht.

Auch sie könne sich Schöneres vorstellen, als die verdammten Katzenhemden en gros zu nähen.

Ob ich denn kein einziges mitgebracht hätte? Was? Nicht eines? Wo ich doch genau wisse, daß wir heute eins brauchten!

Es klang fassungslos, verständnislos und extrem verärgert.

Niemand richtete mehr das Wort an mich.

Zaza, nachdem sie sterilisiert war, wurde stumm in ein »arzteigenes« Hemd geknüpft – solide Handarbeit –, das ich demütig, mit einer schriftlichen Entschuldigung, gewaschen und überflüssigerweise auch noch gebügelt tags darauf per Post dem Ehepaar zuschickte.

Was auch immer ich in jenen Tagen für Zaza eigenhändig zurechtschneiderte, es lohnte sich nicht, aufgehoben zu werden.

Und wenn ich Jüli bisher nicht operieren ließ, so hauptsächlich wegen des fehlenden Hemdes, das tiefe Spuren in meinem Bewußtsein hinterlassen hat.

Aber es noch länger hinauszuschieben wäre sträflicher Leichtsinn, obzwar Speed längst kastriert ist. Kaum ausgewachsen, hat er alles parfümiert, das ihm unterkam, einschließlich der Schulbücher unserer Kinder.

Ich weiß noch, daß ich flaschenweise Eau de Cologne versprühte, die Vorhänge alle Augenblicke in die Waschmaschine stopfte und es trotzdem nicht verhin-

dern konnte, meilenweit gegen den Wind nach Kater zu stinken.
Bis heute ist uns aus dieser Zeit eine Reisetasche erhalten geblieben, fast neu, die auch weiterhin kaum gebraucht wird, weil man spätestens nach fünf Minuten die Blicke der Mitreisenden unwillkürlich herumirren und ihre Naslöcher sich ungläubig blähen sieht.
Ich habe die Tasche bereits mehrmals mit Lederpolitur eingerieben, sie tage- und nächtelang an die Luft gestellt und inzwischen die Hoffnung aufgegeben, Speeds Odeur jemals daraus entfernen zu können.
Er ist übrigens seit dem Verlust seiner Zeugungsfähigkeit keineswegs fett und träge geworden, wie mich alle einschlägigen Warnungen hatten befürchten lassen; ganz im Gegenteil, seine Energie, seine Lebensfreude und sein Erfindungsgeist sind ungebrochen.
Aber er ist ja nicht der einzige Kater in dieser Gegend, was sich bereits im zeitigen Frühjahr dieses Jahres bewies, als Jüli zwei mickrige, unterentwickelte Geschöpfe ins Stroh legte, mit denen sie absolut nichts verband, nicht einmal der normalerweise fließende Milchstrom. Den armen kleinen Dingern war von Anfang an nicht zu helfen. Auch wenn wir sie früher als zu spät gefunden hätten, wären wir mit ihrer Aufzucht überfordert gewesen. Ob Jüli beim nächsten Mal mehr Muttergefühle an den Tag legt, möchte ich dahingestellt sein lassen. Mir schwebt als Wunschbild der langweilige Winter vor, ohne Wochenbett, ohne Vize-Eltern, die gesucht werden müssen, ohne hilflose, unkundige Hascherl, die im meterhohen Schnee versinken und geborgen werden müssen.
Deshalb schneide ich ein großes Oval aus dem alten

Bettlaken, setze mich zu Miß Lucies Entzücken an die Nähmaschine und lasse den Lederriemen schnurren. Tessie opfert sich, um die Bänder mit der Hand aufzunähen, und Simon gibt mir aus dem Kopf die Telefonnummer des Tierarztes preis.

Dieser hier, in unserem ländlichen Bezirk, heißt Schröder und befaßt sich in der Hauptsache mit Nutzvieh.

Nur mittwochs, wie ich von seiner Frau erfahre, nimmt er Operationen an Kleintieren vor.

Es ist Donnerstag, aber das soll mich nicht davon abhalten, Jüli für nächsten Mittwoch, nachmittags zwei Uhr, anzumelden.

Die ganze Zeit habe ich den Termin im Hinterkopf, was mich Jüli gegenüber irgendwie befangen macht.

Dienstag abend tänzelt sie herein, nimmt Hühnerbrühe mit Einlage entgegen und will sich wieder zurückziehen. Wir nötigen sie eindringlich zum Bleiben, geben sie Miß Lucie zur Gesellschaft ins Wohnzimmer, was diese gründlich mißversteht und als persönliche Kränkung betrachtet.

Erst als Jüli sich erbötig macht, den Lederriemen der Nähmaschine vom Rad zu zurren, läßt sich Miß Lucie dazu herbei, ihr das Spielzeug streitig zu machen.

Aber damit erlischt auch schon ihr positives Interesse, und die Abneigung, die sie Artgenossen gewöhnlich entgegenbringt, gewinnt die Oberhand.

Es ist eigentlich nicht üblich, daß Jüli im Hause nächtigt. Sie und Speed tun das nur zu besonders kalter Winterszeit. Heute empfiehlt es sich deshalb, weil sie morgen garantiert greifbar und zudem nach Möglichkeit nüchtern sein soll. Sie im Flur zu lassen wäre zu heikel, weil irgend jemand nur die Haustür zu öffnen braucht, und

Jüli wäre entwischt. Dasselbe gilt für die Küche, die nahe dem Ausgang liegt, und außerdem ist es dort überaus schwierig, für die erforderliche Nüchternheit zu sorgen. Also bleibt sie Miß Lucie nicht erspart, und eine Weile balgen sich die beiden rein freundschaftlich. Dann ist ein giftiger Ton in ihren Äußerungen zu hören, und sofort ist Speed, der sich bis dahin friedlich auf der Türmatte sitzend die Pfoten wusch, zur Stelle, hangelt sich an der Wohnzimmertür hoch und kratzt den Lack ab.

Zwar ist er sich mit seiner Schwester nicht mehr so einig wie früher, als man Speed nicht ohne Jüli und Jüli nicht ohne Speed sah. Aber im Bestreben, sich gegen Miß Lucie zu wehren und sie zu ärgern, sind sie bis heute vereint, wobei Speed der stärkere Kontrahent ist. Selbst wenn er sonst nichts ausrichten kann, weil wir ihn daran hindern, so hebt er doch wenigstens noch im Hinausjagen sein Bein an Miß Lucies Sandkästchen, nachdem er die Reste von ihrem Tellerchen gestohlen hat.

Beides, das Kästchen und das Tellerchen, wird nach seiner Benutzung von Miß Lucie angeekelt zurückgewiesen.

Mit Jüli verträgt sie sich ein wenig besser, wenn auch, wie ich an diesem Abend feststelle, nicht sehr lange.

Als erstes befördere ich Speed hinaus, der sich heftig wehrt, betupfe die blutenden Kratzwunden an meinem Handgelenk mit einem Desinfektionsmittel und nehme Miß Lucie mit in mein Schlafzimmer.

Bevor ich Jüli mit aufgestellten Öhrchen und mißtrauischem Blick unter der Nähmaschine zurücklasse, schiebe ich ihr die geöffnete Tragetasche mit den Guckfenstern aus Plexiglas ins Zimmer, auf daß sie sich schon damit befreunden kann. Den größten Teil der Nacht

beklagt sich Jüli laut und bitter über die Einzelhaft, kratzt aufrührerisch an der Tür und wirft Gegenstände durchs Zimmer.
Erst gegen Morgen, als ich erwäge, sie in Gottes Namen hinauszulassen, weil meine Nerven der Strapaze keine Viertelstunde mehr gewachsen sind, beruhigt sie sich endlich.
Um halb sieben stehen wir auf, von Gähnkrämpfen geschüttelt, verkatert wie nach einer viel zu langen Fete.
»Heute abend«, kündigt Tessie finster an, »geh ich um acht ins Bett, und wenn auch nur eine Maus irgendwo piepst, kriege ich einen Nervenzusammenbruch.«
»Weißt du«, fragt mich Simon, mit dem Nagel seines Zeigefingers anklagend aufs Zifferblatt seiner Armbanduhr trommelnd, »wann ich das letztemal die Zeit gecheckt habe? Um halb vier!«
»Wir schreiben heute eine Englischarbeit«, sagt Friederike mit niedergeschlagenem Blick und tragischem Entsagungston, »ich kann mir jetzt schon ausrechnen, was für eine Note ich kriege!«
»Klar«, seufzt Simon in seltener Einmütigkeit, »man ist ja nicht fit. Man ist kaputt, wenn man sozusagen keinen Schlaf gehabt hat.«
Die fehlende Nachtruhe macht sich auch bei mir bemerkbar. Barsch rate ich ihnen, sich zusammenzureißen, aber der einzige, der Haltung annimmt, ist Torro.
Jüli, als ich sie Stunden später in die Tasche zwinge, tut mir in der Seele leid. Sie merkt es sofort, nützt meine Schwäche, entschlüpft so oft, bis mir der Schweiß auf der Stirn steht und – Gott sei Dank – Friederike aus der Schule kommt.
Gemeinsam gelingt es uns, Jüli, die inzwischen ebenso

verstört wie erbost ist, in die Tasche zu tauchen und den Reißverschluß blitzartig zu schließen. Der Gedanke, ein gesundes Tier hinzubringen und ein narkotisiertes, operiertes wieder mitzunehmen, hat mich schon bei Miß Lucies Sterilisation mehr beschwert als ihr Gewicht in der Tragetasche.

Der Tierarzt namens Schröder, als ich hereinstolpere, wäscht sich gerade die Hände.

Ich stelle die Tasche mit dem sich wie toll gebärdenden Opfer darin auf einen Stuhl und entnehme meinem vorsichtshalber um den Hals gehängten Beutel meine mehrfach gesteppte, sauber gesäumte, steril gebügelte Näharbeit.

Dieses eine Mal im Leben, so mein Empfinden, verdiene ich ein Lob; nicht nur, um den Tadel von vor sieben Jahren wettzumachen, der mir immer noch wie ein Kerngehäuse im Halse steckt, sondern auch wegen der ausgezeichneten Arbeit, die allein schon deshalb doppelt wiegt, weil Nähen meine Stärke nicht ist und wohl auch niemals werden wird.

»Was ist das?« fragt der Tierarzt, sich die Hände abtrocknend.

»Das Hemd«, antworte ich mit fester Stimme in stolzer Bescheidenheit.

»Welches Hemd?« knurrt er, über den Rand seiner Brillengläser äugend, sichtlich ungehalten.

»Das Hemd für die Katze«, erkläre ich, mit einem nervösen Schluckauf kämpfend, »das sie nach der Operation anzieht, damit die Wunde heil bleibt.«

»Ich brauche einen leeren Tisch«, entgegnet ungerührt der Tierarzt namens Schröder und fegt mir die saubere Handarbeit in die Hände, »und den Schnitt vernähe ich so, daß nichts daran passieren kann.« Sein Blick stempelt mich zum ahnungslosen Laien, und ich muß mich damit abfinden, fortan mit zwei Kerngehäusen im Hals zu leben.

Beschämt stopfe ich das Hemd wieder in den Beutel, setze mich ins Wartezimmer, harre mit klopfendem Herzen darauf, daß mir Jüli leblos, naß und kalt wieder ausgehändigt wird.

Dann wanke ich mit ihr den Berg hinauf nach Hause. Jüli, die mir sonst so leicht und behende erscheint, liegt wie ein Klumpen in meinen Armen. Der Schweiß steht mir auf der Stirn, als ich endlich daheim bin. Die Kinder, die sich scheu über die geschundene graue Armseligkeit beugen, schicke ich wieder an ihre Schularbeiten.

Im Wohnzimmer sinke ich mit Jüli aufs Sofa. Sie rührt sich nicht, und die Kälte ihres kleinen Körpers ist beängstigend.

Miß Lucie, im Regal hinter den Büchern, reckt den Kopf. Kein Keifen? Kein Fauchen? Keine breit angelegten Ohren?

Nein. Nichts von alledem.

Sie schwingt sich aus dem Regal, schnuppert aufgeregt den Boden entlang, steigt aufs Sofa und läßt sich sichtlich beklommen neben mir nieder.

So sitzen wir beide und wärmen die arme, aufgeschnittene, hemdlose Jüli, die nichts von unserer Zuwendung merkt.

Oder doch?

Was würde sie sagen, wenn sie wüßte, daß Miß Lucie ihr in eben diesem Augenblick verstohlen die kalte graue Stirn leckt?

Wir wissen es nicht und werden es niemals wissen.

Aber fest steht, daß sich der schrecklich starre Blick aus halb geschlossenen Augen erstmals ein ganz klein wenig belebt. Ich fühle mich um vieles leichter, obwohl Miß Lucie mir gerade ihre satten acht Pfund Lebendgewicht auf die Knie legt, um auch Jülis rechtes Ohr zu waschen.

Miß Lucie und die Kontaktlinsen

Der frühe Herbst kündigt sich bei uns stets damit an, daß Torro verschwindet, um die Hündin seiner Wahl zu belagern, eine Colliemischung namens Kessi. Sie lebt in der nahen Jugendherberge und beschäftigt ihn zweimal im Jahr bis zur Schlaf- und Appetitlosigkeit.

Für alle Beteiligten ist das eine Zeit der Prüfung, die man leichter durchstünde, wenn nichts sonst dazukäme; aber es hat kein Jahr gegeben bisher, das uns in diesen drei turbulenten Wochen nicht noch ein paar zusätzliche Belastungsproben gebracht hätte.

»Ich möchte mich auf Kontaktlinsen umstellen«, sagt Tessie, ihre Brille abschätzig betastend.

»Warum?« fragt Simon erstaunt.

»Das blöde Ding hat mich immer schon gestört«, erklärt Tessie mit einer Stimme, in der jahrelang unterdrückter Abscheu schwingt.

»Versteh' ich nicht«, murmelt Simon, selbst Lesebrillenträger, »was ist dabei? Man gewöhnt sich doch daran.«

»Ich nicht«, stößt Tessie unerwartet heftig hervor, »ich hab' sie gräßlich gefunden vom ersten Tag an, und daran hat sich nie etwas geändert, nie!«

Simon schüttelt stumm den Kopf.

»Sobald ich mich über einen Topf beuge und den Deckel hebe, stehe ich im Nebel«, lamentiert Tessie hemmungslos weiter. »Was glaubst du, wie man da verunsichert wird! Und irgendwie drückt mich das ganze Gestell furchtbar nieder. Das meine ich wörtlich. Es zwickt mich in die Nase! Es ist mir eine Last!«

»Aber hör mal«, sagt Simon beschwichtigend, weiter kommt er nicht, weil Friederike mit wahrer Leidenschaft das Wort ergreift.

»Was geht dich das überhaupt an, he? Ist das ihre Brille oder deine, he? Ist das ihre Entscheidung oder deine, sag mal! Sie hat dich gar nicht nach deiner Meinung gefragt. Sie hat bloß gesagt, sie will Kontaktlinsen!«

»Okay, okay«, grollt Simon, beide Hände abwehrend erhoben, »deshalb brauchst du mir nicht gleich ins Gesicht zu springen. Alte Motze«, fügt er hinzu, die Tür öffnend, um von Torro begeistert zur Seite gedrängt zu werden.

»Nein!« rufe ich entsetzt. »Laß ihn nicht schon wieder raus! Gönn den Leuten drüben mal eine Stunde Frieden!«

Aber es ist zu spät.

Alles, was wir von Torro noch sehen, ist sein im Lauf gestreckter Rücken hinter einer Hecke; dann ist auch der verschwunden wie ein Spuk in der sinkenden Nacht.

Tessie nimmt das Thema »Kontaktlinsen« wieder auf, unterstützt von Friederike. Es liegt ihr am Herzen, man merkt es überdeutlich.

Ein Termin mit dem Optiker ist schon vereinbart, erfahre ich bei dieser Gelegenheit.

Morgen von zwei bis drei Uhr mittags findet die erste Anprobe statt. Komme ich mit? Nur dieses erste Mal? Sie stelle sich die Anproben, deren insgesamt drei oder vier erforderlich seien, doch recht nervig vor.

Mit Recht, wie wir gemeinsam feststellen sollen.

Eine Kontaktlinse ist so groß wie ein Fingernagel. Aber

ihre Wirkung beim ersten Einsatz ist die eines Holzhammers.
Tags darauf erhebt sich Tessie tränenüberströmt vom Polsterschemel in der verglasten Optikerkabine, tastet nach meinem stützenden Arm und taumelt hinaus zum ersten Probelauf.
Ich segne im nachhinein meinen Entschluß, ihr zur Seite zu stehen, denn was sie sonst wohl täte, ist mir schleierhaft. Wahrscheinlich liefe sie in eine Schaufensterscheibe, oder sie fiele von der Brücke. Behutsam führe ich sie Schritt für Schritt den Bürgersteig entlang, fühle die befremdeten Blicke der Passanten auf uns ruhen und erkundige mich gedämpft nach Tessies Befinden.
Alles, was sie angestrengt murmelt, ist: »Naja.«
Bevor sie einen Kindersportwagen zwischen die Füße kriegt, halte ich sie kurz an.
In diesem Augenblick sehe ich Torro.
Er rennt über die befahrenste Kreuzung der Stadt, als sei sie ein einsamer Feldweg, ignoriert einen Laster voller Sprudelkisten, gerät fast unter den Anhänger, und taucht – ein wahres Wunder – unbeschadet auf der gegenüberliegenden Straßenseite auf.
Ihn anzurufen wage ich nicht, weil er sonst womöglich die Todesstrecke wieder zurückraste.
»Was ist los?« fragt Tessie, sich die nassen Wangen betupfend.
»Wie kommst du darauf, daß etwas los sein könnte?«
»Du hast mich gerade so fest in den Arm gekniffen, daß ich bestimmt einen blauen Fleck kriege. Also, was?«
»Torro ist hier. Er hat sich gerade um ein Haar von einem Laster überrollen lassen.«
»Torro? Du lieber Gott! Wo ist er denn jetzt?«

Genau das versuche ich zu ergründen, aber es gelingt mir nicht.
Erst als ich Tessie, deren getrübter Blick sich allmählich zu klären beginnt, dem Optikergeschäft wieder zuführen will, weil die für den Probelauf vereinbarten dreißig Minuten vorüber sind, sehe ich Torro auf dem gegenüberliegenden Parkplatz herumspringen.
Etwas später weiß ich auch, warum.
In der äußersten Ecke steht der Kombi der Jugendherberge. Drin sitzt lächelnd und hechelnd die schöne Kessi. Während sie drinnen die Nase ans Fenster preßt, versucht er mit aller Macht, die Tür zu öffnen.
Ich ahne bereits Kratzspuren im Lack und Abdrücke seiner Schmutzpfoten an der Scheibe und befehle mir, ruhig zu bleiben, ganz ruhig.
Eins nach dem anderen.
Erst muß Tessie mit aller gebotenen Vorsicht auf den Polsterschemel zurückgebracht werden.
Dann erst kommt der Hund dran.
Der Anblick, als ich fünf Minuten später aus dem Geschäft trete und den Parkplatz anvisiere, raubt mir den Atem.
Auf dem Dach des Kombi steht Torro wie ein sehr lebendiges Hunde-Denkmal und versucht mit allen vier Pfoten, sich von oben her Einlaß zu verschaffen. Ein Volksauflauf schart sich bereits um ihn und das Auto, in dessen Vordersitz Kessi wie eine Löwin tobt.
So ungern ich mich im Mittelpunkt sehe, so zwingend erscheint mir die Notwendigkeit, mich Torro zu nähern, ein paar Leute beiseite zu schieben und ihn streng herunterzukommandieren.
Er mustert mich voller Erstaunen aus seiner luftigen

Höhe, zeigt sich mäßig erfreut, benutzt schließlich das Dach einer Ente als Treppenstufe und kommt neben mir auf die Füße.

Ohne Leine, die zu Hause friedlich am Haken hängt, kann ich den Gedanken, ihn mitzunehmen, getrost vergessen.

Aber Not macht erfinderisch.

Vom Volksgemurmel begleitet, hake ich den Riemen meiner Schultertasche ab, befestige ihn an Torros Halsband und zerre ihn eilig, stumm und blicklos zwischen den parkenden Autos hindurch.

Aus dem Optikergeschäft kommt Tessie mit einem überirdischen Lächeln auf den verquollenen Zügen.

Besser, findet sie, hätte es gar nicht gehen können. Morgen exerzierten wir das Ganze noch einmal durch, nur noch eine halbe Stunde länger. Die Linsen habe sie bei sich, um das Einsetzen und das Abnehmen zu Hause zu üben.

Wir ziehen Torro, der alle drei Schritte umkehren will, abwechselnd unseren Berg hinauf. Erst kurz vor der Einfahrt macht er sich endlich frei, mein Taschenriemen reißt in zwei ungleiche Stücke, und selbst Tessies strapazierte Augen hinter der verhaßten Brille können sehen, wie hundert Meter weiter im Hof der Jugendherberge unser Torro seine Kessi glücklich umarmt.

Sie ist gerade leichtfüßig aus dem eben angekommenen Kombi gehüpft und hat erwartungsvoll ihre schöne rotbraune Löwenmähne zurechtgeschüttelt.

Mir reicht es für heute, ihn einzufangen.

»Simon!« rufe ich, weil er gerade in Sicht ist. »Lauf rüber und hol den Hund, er hat schon genug Ärger gemacht!«

Mein Sohn, der auf einem Baum sitzt und Äpfel für seine

Ponys pflückt, läßt sich unwillig an einem morschen Ast herab, mißt mich mit einem anklagenden Blick und spricht die althergebrachte Klageformel: »Immer ich.«
Am Abend dieses Tages sitzen wir im Kreis um den Tisch und betrachten andächtig die aufgeklappte Schachtel, der Tessie ein Plastiketui mit den Kontaktlinsen entnimmt.
In den Einbuchtungen rechts und links stecken Fläschchen mit Pflegeflüssigkeiten und ein winziger Glasstempel, mit dessen Hilfe die Linsen nach Gebrauch wieder abgenommen werden.
»Mir wird schlecht, wenn ich nur dran denke«, würgt Friederike und wendet sich krampfhaft den Kakteen auf der Fensterbank zu.
»Wieso denn?« fragt Simon. »Das ist doch alles sehr interessant.«
»Lieber«, bringt Friederike schaudernd hervor, während Tessie sich übungshalber eine Linse auf die Pupille klebt, »würde ich mein Lebtag Brille tragen, und wenn sie einen Zentner schwer wäre!«
»Nun laß sie doch in Ruhe«, zischt Simon, »siehst du nicht, daß sie sich konzentrieren muß?«
»Tut das weh?« frage ich besorgt.
»Nein«, sagt Tessie, »es ist nur ungewohnt. Gib mir mal einen Rasierspiegel, bitte. Dieser hier ist zu klein.«
»Grauenhaft«, flüstert Friederike.
»Halt den Mund«, raunt Simon.
Ich eile nach dem Rasierspiegel.
Miß Lucie, auf dem Schrank sitzend, zieht sich den von Tessie gerade aufgegebenen kleinen Taschenspiegel heran, beugt sich darüber und hält wohl nicht für möglich, was sie da sieht.

»Nun, wie ist es?« erkundigt sich Simon mit unterdrückter Ungeduld. »Kommst du klar? Sitzen die Dinger?«
Tessie schweigt, massiert sich die Backenknochen, zwinkert, starrt angestrengt zu Boden, hält sich an der Stuhllehne fest und hebt im Zeitlupentempo den Kopf.
»So«, sagt sie aufmunternd, »jetzt sitzen sie.«
»Woran merkst du es?« will Simon wissen.
»Daran, daß ich den Knopf heben und die Augen aufmachen kann.«
»Toll«, staunt Simon in aufrichtiger Bewunderung.
Friederike wagt einen halben Blick.
Miß Lucie beutelt mit beiden Pfoten den Spiegel.
»Nimmst du sie gleich wieder raus?« fragt Simon gespannt.
»Nicht sofort. In einer Viertelstunde ungefähr.«
In der Waschküche heult Torro wie ein angeschossener Wolf.
»Mußt du ihn denn auch einsperren?« seufzt Friederike vorwurfsvoll.
»Na hör mal!« ruft Simon aufgebracht. »Was glaubst du, wo er sich rumtreibt, wenn man ihn läßt! Steigt auf Autodächer und zerrupft Mamas Taschenriemen! Und dreimal darfst du raten, wer ihn vorhin noch mal abführen durfte, als er schon wieder hinter Kessi in die Jugendherberge drängelte! Du nicht, aber ich! Dabei ist es dein Hund! Bloß bist du nie da, wenn man dich braucht!«
»Also das«, überschreit ihn seine Schwester, »ist ja wohl die Höhe! Unterstehst dich, mich anzumotzen, wo du ganz genau weißt, daß ich in der Bibliothek war! Und zwei Bücher hast du mir untergejubelt, die ich da für dich abgeben soll, und hast mir nicht mal gesagt, daß sie seit vier Wochen überfällig waren! Das kostet eine Mark, und

außerdem meckern sie einen an! Und als Dank kriegt man dann auch noch vorgeworfen, man wäre nie da! Nächstes Mal kannst du lange warten, bis ich dir deine blöden überfälligen Bücher dahin schleppe!«

»Ich habe mir keine mehr ausgeliehen seit dem Sommer«, versetzt Simon grinsend, »es trifft mich also nicht, womit du mir drohst. He«, er wendet sich an Tessie, die sich vorübergehend die Ohren zugehalten hat und jetzt nach dem winzigen Glasstempel greift, »bist du soweit? Klaubst du die Dinger jetzt wieder raus?«

»Ruhe!« grunzt Tessie, die verquollen und gequält aussieht. »Ich brauche absolute Ruhe, kapiert das denn keiner?«

»Doch, klar«, versichert Friederike hastig.

»Logo«, murmelt Simon ernst.

Draußen bollert Torro gegen die Waschküchentür, daß es kracht.

Miß Lucie beutelt aufgeregt den Taschenspiegel.

»Nimm ihn weg, Mama«, fleht Friederike mit gedrosselter Stimme, »sie schmeißt ihn sonst bestimmt gleich runter!«

Miß Lucie, über den Spiegel gebeugt, starrt ungläubig auf ihre hübsche Stirn. Die Spitze eines weißen Dreiecks sitzt genau in der Mitte zwischen den rabenschwarzen Ohren. Das gibt ihr ein mädchenhaftes, gescheiteltes Aussehen, und ich bilde mir bis heute ein, niemand könne sie auch nur eine Minute lang für einen Kater halten.

Überhaupt ist ihre Zeichnung ein Meisterwerk der Symetrie.

Ihr schwarzes Rückenfellchen ist rechts so lang wie links und läuft in einen schwarzen Schwanz aus, der im Lauf der Jahre ein bißchen dünn und dürftig geworden ist. Prächtig dagegen und schneeweiß ist das Bauchfell, auf das sie sich viel zugute hält. Unverhältnismäßig oft wird es gestriegelt und geputzt, wie unbequem sich diese Arbeit mit zunehmender Fülle auch gestalten mag.

Das schönste jedoch und das ausdrucksvollste an meiner Katze ist für meinen Geschmack ihr Gesicht.

Es scheint, sie selbst ist da anderer Meinung. Der drohende Knurrton, in den sie verfällt, spricht von Feindschaft, und alle Signale stehen auf Sturm, als Tessie den winzigen Glasstempel anzusetzen beginnt.

Mein Versuch, Miß Lucie das verhaßte Bild einer vermeintlichen Gegnerin zu entwenden, mißlingt.

In eben dem Moment, da Tessie die Linse auf dem Stempel balanciert, schafft Miß Lucie das fremde Gesicht endgültig beiseite. Es fällt klirrend auf den gedielten Boden und zerbirst in tausend glitzernde Splitterchen.

Tessie läßt vor Schreck den Stempel beben, die Linse löst sich in Luft auf. Weg ist sie, futsch, verschwunden, verloren.

Benommen sehen wir uns an.

Tessie beginnt zu weinen.

Jeder beschuldigt jeden des Vergehens.

Miß Lucie absentiert sich auf die Fensterbank.

Torro ist im Begriff, die Waschküchentür zu zerschmettern.

»Sachte«, bitte ich mit erhobenen Händen, beschwörend, um weiteres Unheil zu verhüten, »sachte! Nur nichts überstürzen!«

Als erstes werden vorsichtig mit der Tischbürste die Spiegelsplitterchen zusammengefegt und auf einen fin-

gernagelgroßen Fremdkörper untersucht. Zu diesem Zweck setzen Simon und ich unsere Lesebrillen auf und lassen uns auf die Knie nieder.
Nichts.
Tessie, nachdem sie sich mühsam etwas beruhigt hat, nimmt die andere Linse erstaunlich rasch und komplikationslos aus dem Auge und bringt sie mitsamt dem Stempel in Sicherheit.
Sie sieht müde aus und total erschöpft. Wir schicken sie ins Bett.
Etwas später verkrümeln sich auch die Kinder. Wir haben jeden Quadratzentimeter Dielenboden abgesucht und die schier unergründlichen Wollstoppeln des Teppichs mit den Fingerspitzen durchtastet.
»Was nun?« fragt Simon mit schwerer Stimme.
»Wirst du Tessie das dumme Ding ersetzen, Mama?« fragt Friederike gedämpft.
Ich verspreche es feierlich.
Dann lasse ich Torro raus, weil sonst die Tür zu Bruch geht. Jetzt tobt er draußen durch den Hof. Ob das wacklige Tor ihn aufhalten kann, ist äußerst fraglich. Notfalls wird er drüberklettern.
Ich fühle mich außerstande, ihn aufzuhalten, räume ein paar Sachen ziellos von einem auf den anderen Platz, prüfe, ob der Wecker richtig gestellt ist, und unterhalte mich dabei halblaut mit Miß Lucie.
Ihre Antworten, solange sie mir welche zukommen läßt, bestehen aus kurzen Mi- und Ma-Tönen, die sie virtuos variiert.
Dann verstummt unser Dialog, ich rede allein weiter, da Miß Lucie mir nicht mehr folgen kann. Sie ist zu beschäftigt. Unterm Tisch, auf den Wollstoppeln sitzend, öffnet

und schließt sie die rechte Vorderpfote, senkt betrachtend den Kopf und legt ihn nachdenklich schräg.
Irgend etwas bringt mich ebenfalls auf den Teppich. Es ist eher ein Instinkt als ein fixer Gedanke.
Miß Lucie will mir die Pfote nicht zeigen, geschweige denn geben.
Sie will auch nicht loslassen, was sie da zwischen ihre weichen Ballen gebettet hat.
Ihr Interesse auf ein Stückchen Wurst zu lenken und gleichzeitig die Hand aufzuhalten, um das fingernagelgroße Etwas aufzufangen, bevor es wieder in den unergründlichen Tiefen des Teppichs verschwindet, ist gar nicht so einfach.
Es ist, ganz im Gegenteil, viel schwieriger, als es sich im nachhinein anhört, da ich an Tessies Bett trete und leichthin sage:
»Hier ist deine Kontaktlinse, Tess. Miß Lucie hat sie gerade gefunden.«
»So ein gutes Tier«, murmelt Tessie gerührt und steht noch einmal auf, um die Linse in ein Reinigungsbad zu legen.
»Ein Glück«, murmelt Tessie lächelnd, sinkt ins Bett zurück und ist schon eingeschlafen.
Daß es nicht Speed und Jüli waren, denke ich ergänzend und beschließe, die Kontaktlinsen-Aktion in Tessies Zimmer zu verlegen, hinter die verschlossene Tür, und zwar für alle Zukunft, auch wenn sie eines fernen Tages nur noch zwei lässige Minuten dauern sollte.
Einen letzten Blick hinauswerfend, sehe ich, daß Torro das Tor ausgehängt und sich selbst verflüchtigt hat.
Morgen werde ich ihn früh holen und mich für ihn entschuldigen. Sein langgezogenes Geheul ist im ganzen Tal zu hören.

»Na dann, gute Nacht«, sage ich zu Miß Lucie, die noch einmal hoffnungsvoll im Teppich herumstochert und mir dann folgt, um ihre unschätzbare Wärme auf meine empfindlichen Knochen zu verströmen.

Wie Tessie so richtig bemerkte: Sie ist ein gutes Tier.

Miß Lucie und ihre Ahnungen

Am frühen Morgen hat ein Gewitter getobt. Aber die Luft ist nach wie vor warm, feucht und schwer. Diesig lagert sie im Tal; dumpfe Schwaden wehen ums Haus.

Wenn man Miß Lucie übers Fell streicht, erhält man kleine Schläge. Es knistert und funkt. Die Gewitter in diesem Jahr haben es in sich. Einer Frau, erzählt Dora, die mit mir am abgeräumten Frühstückstisch sitzt, ist der Blitz in den Kühlschrank gefahren. Hinterm Friedhof hat er einen Baum gespalten.

Haben wir, frage ich mich besorgt, eigentlich einen Blitzableiter?

O doch, ja, auf dem Dach.

Obwohl, wie man so hört, das gar nicht nötig sei in Anbetracht all der Hochspannungsmasten, die rundum aufragen. Von ihnen werde der Blitz magisch angezogen.

Angezogen?

Unbehagen erfüllt mich plötzlich, denn der nächste Mast steht nur dreißig Meter weit weg. Drei dicke Kabel führen über Ponykoppel, Hangwiese, Apfelbäume, Feldscheune quer durchs Tal.

Was, wenn der Blitz sich ausgerechnet diesen unseren Mast aussucht?

Selbst wenn, erklärt mir Dora, so mache das nichts. Denn die Isolierung der Hochspannungsmasten sei geradezu perfekt, sozusagen idiotensicher.

»Dein Wort in Gottes Ohr«, höre ich mich hoffnungsvoll

murmeln und beschließe, das Problem mit den Kindern zu ventilieren – wozu erhalten sie in der Schule schließlich naturwissenschaftlichen Unterricht, nicht wahr? Alles, was ich zum Thema Gewitter je gelernt habe, bezieht sich auf das Verhalten im Wald und ist mir durch folgenden Spruch in Erinnerung geblieben: »Von der Eiche weiche, die Buche suche!«

Beides sind Laubbäume, die ich vorwiegend an ihren Früchten erkenne, den Eicheln und den Bucheckern.

Es wäre also durchaus vorstellbar, daß ich in einer unfruchtbaren Jahreszeit bei Gewitter in wilder Panik die Nadelbäume ansteuerte, nur um sicherzugehen.

Des weiteren hat man mich in meiner Kindheit stets angewiesen, vom Blitz bis zum Donnerschlag die Sekunden abzuzählen. Komme ich bis dreißig, so ist das Gewitter beruhigend weit weg.

Aber ich komme nicht dazu, mein Wissen nutzbringend anzuwenden in dieser diesigen Vormittagsstunde, denn erstens befinde ich mich nicht im Wald, zweitens blitzt und donnert es nicht. Dafür probiert Miß Lucie den neuen Brotkorb aus.

Er ist viel zu klein und paßt ihr überhaupt nicht. Trotzdem steigt sie unverdrossen hinein, trippelt auf allen vier Pfoten im Kreis herum, so lange, bis ihr der Augenblick günstig erscheint, um sich mit einem satten Plumps niederzulassen und den schwarzen Schwanz einer Schleppe gleich um den Korbrand zu drapieren.

Geistesabwesend sehen wir ihr dabei zu, Dora und ich, befangen in der atmosphärischen Störung des Vormittags.

Irgendwo, meine ich, gewittert es wohl noch.

Dora glaubt es nicht, weil kein noch so fernes Donnergrollen darauf schließen läßt.

Oder?
Wir lauschen angestrengt mit gerunzelten Stirnen und vernehmen nichts. Selbst Torro gibt keinen Laut, wo immer er sich herumtreiben mag, wahrscheinlich im Hof der Jugendherberge.
Die Stromkabel überm Tal vibrieren lautlos, und Miß Lucie reißt plötzlich die Augen auf. Ihr Fell sträubt sich, ihr Schwanz bauscht sich, der Korb kollert hinter ihr drein, als sie mit allen vieren auf dem Boden landet und in einer Nische zwischen Kühlschrank und Spüle Dekkung sucht.
Verblüfft ziehe ich das Tischtuch wieder zurecht und rette im letzten Moment die Butterdose, die hart an die Grenze geraten ist.
Dora bückt sich nach dem Korb.
Miß Lucie versucht unter Einsatz aller Krallen sich eine Höhle auszuheben, einen Bunker zu bauen oder sich sonstwie in Sicherheit zu bringen.
»Macht sie das oft?« fragt Dora befremdet.
»Nicht, daß ich wüßte. Vielleicht ist sie verrückt geworden«, sinniere ich und ermahne Miß Lucie mit eindringlicher, warmer Stimme, das kleine Stück Wand zu schonen, um meinetwillen, denn wie soll ich mich jemals in die schmale Nische zwängen, um den Schaden zu beseitigen? Aber ich finde kein Gehör. Miß Lucie ist offenbar gewillt, sich in die Wand einzubuddeln. Der Verputz stäubt bereits auf die Fliesen.
»Horch«, unterbricht mich Dora und winkelt den Zeigefinger ab.
Es knistert, als entzünde draußen jemand einen Feuerwerkskörper. Mein Unbehagen verstärkt sich. Ein trockenes Knattern jagt mir einen Schauer über den Rücken.

Es prasselt, knallt, tut ein paar wüste Schläge. Funken stieben, eine unsichtbare Ladung explodiert, neue Lunte zischt, pufft, brodelt, und irgendwas fliegt irgendwo in die Luft.

»Was ist denn da los?« flüsterte Dora mit bleichen Lippen.

Ich kann mir nichts anderes denken, als daß der dritte Weltkrieg ausgebrochen ist. Die Stromkabel draußen vibrieren immer stärker, und jetzt sehen wir auch, warum. Sie brennen wie Wunderkerzen, glühen, schmoren, zerfallen schließlich und sinken wie durchschnittene, riesige Wäscheleinen auf zähes Weißdorngestrüpp. Dort, wo sie in luftiger Höhe befestigt sind, tobt immer noch die Explosion. »Das ist doch nicht möglich«, stammelt Dora, ein paar Schritt aus der Haustür tretend.

»Was?« frage ich in meiner Ignoranz, stolpere hinter ihr her und weiß im nächsten Augenblick: Der Blitz ist in die Hochspannungsleitung gefahren. Von wegen Isolierung!

Von der Einfahrt her, Panik im Blick, einen Stein in der Schnauze, nähert sich Torro.

Steine sind schlecht fürs Gebiß.

Ich sehe es ungern, wenn er welche ausgräbt, aufnimmt und herumschleppt. Meine Abneigung gegen seine Beute einkalkulierend, schlägt er rasch noch einen Haken, legt den Stein am Zaun des Gemüsegartens nieder und kommt ins Haus geflitzt.

Dora telefoniert bereits mit der RWE-Hauptdienststelle.

Ja, ein Blitz hat eingeschlagen.

Nein, wir haben keinen bemerkt. Auch keinen Donner gehört. Nur die Katze hat wie verrückt Deckung gesucht, als gelte es, einen Luftangriff zu überstehen. Doch, es sehe aus wie ein Blitzeinschlag.

Was sonst soll es sein, wenn die Kabel durchgeschmort sind und der Teufel los ist auf dem Mast? Man möge doch bitte endlich den Strom daraus entfernen.
Zehn Minuten später, in denen Miß Lucie wie ein kleiner Vogel Strauß den Kopf hinterm Kühlschrank geborgen hält und sogar Torro am Eingang der Nische duldet, ist der böse Spuk vorbei und der Strom abgeschaltet. Ausgestanden vor allem ist die Angst davor, daß die Ponys sich dem Weißdorngestrüpp nähern, auf dem die schlaffen Kabelenden ruhen.
Bis heute bin ich der Meinung, daß es ihren sicheren Tod bedeutet hätte, wenn auch ein Teil der befragten Elektrofachleute dies bezweifeln.
Torro faßt sich als erster und schleicht wieder hinaus.
Miß Lucie hat Schwierigkeiten, den Kopf zurückzuziehen. Ich rücke den Kühlschrank ab, sie schlüpft erleichtert aus der Nische und macht genau da weiter, wo sie vor zwanzig Minuten aufgehört hat: Sie springt auf den Tisch, bepfotet den Brotkorb, schiebt ihn entrüstet von sich und ruht nicht, bis er wieder auf dem Boden liegt.
Die Einfahrt füllt sich mit RWE-Autos, aus denen behelmte Männer steigen.
Torro bellt sich die Seele aus dem Leib und wird vorsichtshalber ins Haus beordert. Die Kinder kommen aus aus der Schule und wollen wissen, was das alles soll. Ich erzähle es ihnen in Stichworten und trage gleichzeitig eine hastig zusammengerührte Suppe auf.
In Anbetracht der Gefahr, in der ich geschwebt habe, und der ausgestandenen Angst verzeihen sie mir die Knötchen, tragen sie sorgfältig am Tellerrand zusammen und erteilen mir den guten Rat, künftig beim Ein-

rühren von Trockensuppen keinen Löffel zu verwenden, sondern einen Schneebesen.
»Genau das tue ich seit Jahrzehnten«, antworte ich abweisend und bin froh, daß Tessie nicht da ist, die garantiert noch ein paar gute Gründe fürs Vorhandensein der Knötchen anzubringen wüßte. Draußen werden Metalleitern von den Fahrzeugen gehoben, zum Mast getragen und aufgerichtet.
Zwei der behelmten Männer erklimmen die Sprossen und schweben alsbald in schwindelnder Höhe, obwohl der Donner neuerlich zu grollen beginnt und überm fernen Waldrand Blitze zucken.
Wenn es eine Tätigkeit gibt, die auszuüben ich mich standhaft weigern würde, es sei denn, man zwänge mich mit vorgehaltener Waffe dazu, dann ist es diese. »Ein Glück«, würde Tessie sagen, »daß dir eine so prekäre Situation bisher erspart geblieben ist.«
Am Nachmittag, bei inzwischen strömendem Regen, packen die Männer ihre Siebensachen zusammen, laden die Leitern auf und machen für heute Schluß mit dem Hinweis, morgen früh seien sie wieder zur Stelle. Der Hund, falls er beiße, möge eingesperrt bleiben.
Bis sie mit allem fertig seien, den Arbeiten an Mast und Kabeln, dauere es länger. Besser, wir stellten uns auf mehrere Tage ein.
»Klar«, sagt Simon, als er es hört, »wird das lange dauern. Mir ist sowieso schleierhaft, was sie mit den durchgeschmorten Kabeln anstellen wollen.«
Tessie, kaum nach Hause gekommen, hat die Lage bereits gepeilt.
»Die flicken sie wieder zusammen!«
»Ob das geht?« wage ich zu bezweifeln.

»Du wirst schon sehen.«
Die letzten Wagen sind endlich aus der Einfahrt gerollt. Aufatmend lasse ich Torro raus. Als erstes eilt er zu seinem Stein, nimmt ihn auf und trägt ihn ein paar Schritte weiter in einen Holunderbusch.
»Laß das sein«, ruft Friederike hinter ihm her, »du kriegst bloß Zahnweh davon, Dummer!«
Torro tut so, als verstünde er kein Wort, aber das hilft ihm diesmal wenig, denn Friederike hat seine Leine vom Haken genommen und beschlossen, mit ihm spazierenzugehen. Schließlich hat er am Tage unverhältnismäßig wenig Bewegung gehabt und wird auch morgen über weite Strecken das Haus hüten müssen.
Draußen hat es sich aufgeklärt.
Die Luft ist endlich wieder frisch und frei von atmosphärischen Störungen.
Friederike verschwindet mit Torro über den Hügel. Simon geht zu den Ponys. Tessie und ich vertreten uns die Füße vorm Haus, gefolgt von Miß Lucie, die sich mißtrauisch nach Speed und Jüli umschaut, aber keins von beiden entdeckt.
Tessie pflückt ein paar regennasse Spätsommerblumen; ich prüfe die Äpfel am Baum auf ihre Reife. Miß Lucie nimmt Kurs auf den Holunderstrauch, schlägt ihre Krallen in den Stamm, drückt den Rücken durch und macht den ungeheuer konzentrierten Eindruck, den sie bei all ihren Körperpflegeübungen stets vermittelt.
Ich sehe ihr wohlgefällig zu im Gedanken an meine Regalwände, die dadurch geschont werden, nicht zu reden von den Sofabezügen und dem unteren Vorderteil des Polstersessels.
Während Tessie die Blumen hineinträgt und ich unge-

duldig von einem Fuß auf den anderen trete, erwacht Miß Lucies Interesse an dem Stein, Torros Stein.
Sie umstreicht ihn mit Hingabe, um plötzlich einen kleinen Hüpfer rückwärts zu machen.
Von drinnen verkündet Tessie laut das Fernsehprogramm des Abends. Auf der Anhöhe schließt Simon den Koppelzaun mit einer Drahtmasche.
Es ist empfindlich kühl geworden nach dem Regen. Ich rufe Miß Lucie, aber sie hört nicht zu.
»Willst du nicht wenigstens die Nachrichten sehen?« fragt Tessie durch zwei offene Türen.
Nein, ich will nicht. Für heute ist mein Bedarf an Katastrophen gedeckt. Außerdem ist Miß Lucie immer noch nicht dazu bereit, von Torros Beute abzulassen.
Irgendwie kommt mir das merkwürdig vor. Torro ist sein Leben lang ein Steinsammler gewesen. Aber was soll meiner Katze ein Stein, der halb so groß ist wie sie selbst? Sie kann ihn nicht dribbeln, nicht rollen, nicht zwischen den Vorderpfoten balancieren, also was?
Der Frage nachgehend, finde ich mich neben dem Holunderstrauch wieder, der sich ohne menschliches Zutun am Rande des Gemüsegartens angesiedelt hat.
In seinem Windschatten, eingebettet in hohes, feuchtes Gras, liegt lehmig-grau das, was Torro im Toben der Elemente heute herbeigeschafft hat.
Miß Lucie läßt spielerisch die Pfoten darübergleiten, nimmt Abstand und sieht, daß sich da etwas bewegt.
Ich sehe es auch: vier erdfarbene Füße und ein grämlich aussehender Kopf, der gleich wieder zurückschrumpft.
Torros Beute ist kein Stein.
Es ist eine Schildkröte.
Miß Lucie sieht ratlos aus.

Ich bin es ebenfalls.
Man findet in abseits liegenden Eifelgegenden zuweilen Frösche, Igel, Salamander und Blindschleichen.
Aber man findet keine Schildkröten.
Er muß sie demnach gestohlen haben.
Miß Lucie weicht bereits in den Holunder aus, bevor Torro, Unrat witternd und von der Leine befreit, herangeprescht kommt.
Ich erwische ihn am Halsband.
Friederike schnaubt »Räuber!«, als ich sie auf den Fund aufmerksam mache, und führt den heftig widerstrebenden Torro ins Haus.
Dann prüfen wir die Schildkröte auf ihren Gesundheitszustand.
Überm Kopf ist ihr Panzer ein bißchen angekaut, und über dem Rücken sieht man ein paar Kratzer.
»Die können auch von Miß Lucie stammen«, meint Friederike stirnrunzelnd.
Das glaube ich nicht. Miß Lucie hatte kaum Gelegenheit, sich zu betätigen. Auch war ihr das Spielzeug offenbar von Anfang an nicht ganz geheuer.
»Schon gut, schon gut«, räumt Friederike unwillig ein, »es ist Torros Schuld. Aber deswegen ist Miß Lucie noch lange kein Engel.«
Ich kann mich nicht daran erinnern, dies je behauptet zu haben.
»Aber du nimmst sie immer so in Schutz!« ruft Friederike anklagend. »Nie gibst du mal was zu!«
»Was um alles in der Welt soll ich zugeben? Miß Lucie geht nun einmal nicht herum und klaut Schildkröten! Was kann ich dafür?«
Auf eine so unlogische Frage antwortet Friederike gar

nicht. Statt dessen trägt sie die unglückliche Schildkröte in den sicher eingezäunten Gemüsegarten, setzt sie in ein Salatbeet und wirft in plötzlicher Erleuchtung die blonde Mähne aus der Stirn.
»Weißt du, wo er sie herhaben kann? Aus der Jugendherberge!«
Ich eile ins Haus, hänge mich ans Telefon und wähle die Nummer unserer einzigen Nachbarschaft.
Gehört eine Schildkröte zum Haushalt?
Ja, so ist es.
Wird sie vielleicht vermißt?
Nein, das heißt kaum, zumindest war sie vor nicht allzu langer Zeit noch zu sehen.
Moment mal!
Man hört Stimmen im Hintergrund, die nach Ossi fahnden. Ooosssiii.
Nanu? Wo ist er denn? Nicht in seiner Kiste?
Nein. Natürlich nicht.
Vor einigen Stunden wurde er in aller Stille entführt, von einem Untier namens Torro.
Jetzt sitzt Ossi in unserem Salatbeet und kaut langsam und methodisch Blatt für Blatt. Wir sind gern bereit, alle grünen Köpfe für ihn rollen zu lassen, wenn es ihn nur freut, wenn es seine lädierte Rüstung in Ordnung bringen hilft und Torros Schuld halbwegs zu tilgen imstande ist.
In einem mit weichen Blättern ausgelegten Korb bringen wir ihn zurück.
Heimgekehrt, schneide ich Miß Lucie das Wort ab, mit dem sie mich für die Nacht um Ausgang ersucht. Nichts da! Keine Experimente.
Für heute reicht es.

Der Tag war abenteuerlich genug.
Ich will nicht von lautstark im Hof ausgetragenen Fehden mit Speed und Jüli geweckt werden, die – das sei hier freimütig eingestanden – nicht immer und ausnahmslos von den grauen Irrwischen angezéttelt werden. Manchmal ist auch Miß Lucie schuld.
Selbstverständlich ist sie kein Engel. Sie ist eine Katze.
Ich denke, daß hiermit Friederike Genüge getan und ihr Vorwurf entkräftet worden ist.

Miß Lucie und das Überlebenstraining

Es kommt selten vor, daß ich verreise. In diesem Jahr tue ich es. Ich fahre zur Buchmesse, das ist beschlossene Sache. Man mag darüber denken, wie man will, und ganz bestimmt sind achtzigtausend Neuerscheinungen für einen, der selbst Bücher schreibt, eher ein Grund, der Ausstellung fernzubleiben.

Aber mich ficht das nicht an.

Ich löse lediglich ein Versprechen ein, das ich mir selbst gegeben habe in früheren Jahren, wenn ich zur Buchmesse pilgerte wie ein gläubiger Moslem nach Mekka, in der durch nichts gerechtfertigten Überzeugung, einmal ein Werk von mir in diesen heiligen Hallen zu finden.

Nun ist es soweit.

»Die unverbesserliche Miß Lucie« erwartet mich, wenn auch nicht größer als die Stecknadel im Heuhaufen, egal. Ich habe ein Buch auf dieser Messe, und deshalb muß ich hin.

Der Termin paßt schlecht, denn die Äpfel müssen gepflückt werden, der erste Frost droht, eines der Ponys hat eine Wunde am Bein, jemand hat die Telefonschnur durchgekaut – ich tippe auf Torro, aber es kann auch ein anderer gewesen sein –, und der Mann von der Post war noch nicht da, um eine neue anzubringen, die dritte, wenn man genau nachrechnet.

Die erste opferten wir einem Hasen namens Müffi, der seine Ferien bei uns zu verbringen pflegte und so wider-

standsfähig war, selbst das Waschmaschinenkabel zu überleben, das er mühelos zernagte.
Die zweite ruinierte Miß Lucies Tochter Zaza auf besonders unbotmäßige Weise, indem sie den vom Schreibtisch herabhängenden Teil der Schnur stets und ständig einnäßte, vermutlich über Jahre, bis eines Tages die Leitung tot war, durchgelaugt sozusagen.
Diesmal ist auf den ersten Blick nichts zu sehen, aber wenn man sie biegt, erkennt man etliche brüchige Stellen, und natürlich gibt der Hörer keinen Ton mehr von sich.
Schon ein Bruchteil all dieser widrigen Umstände hielte mich von jeder anderen Reise ab, nur nicht von dieser.
Die Kinder zeigen sich, wenn auch nicht begeistert, so doch verständnisvoll.
Jedes von ihnen wird sein Bestes geben, sie sind ja keine drei Jahre mehr alt.
Ich wähle die von Speed vor einer Ewigkeit parfümierte Tasche als die praktischste und handlichste von allen Gepäckstücken. Es ist ja wohl nicht anzunehmen, daß sie noch nach mehreren Jahren seinen Geruchsstempel trägt.
Ich packe die paar Sachen hinein, die ich für zweieinhalb Tage brauche, lege mich schlafen und stehe früh am nächsten Morgen wieder auf, füttere die Tiere, trinke im Stehen einen Kaffee, behalte die Uhr im Auge, hätschle Miß Lucie zum Abschied und gebe die letzten sie betreffenden Regieanweisungen an die verschlafen herumstehenden Kinder.
Das Sandkästchen zweimal täglich frisch einstreuen. Immer ein wenig Grünzeug ins Futter. Keine Milch, nur Wasser. Dafür sorgen, daß Speed und Jüli sie nicht

belästigen. Und keinesfalls Miß Lucie hinauslassen. Zweieinhalb Tage sind keine Ewigkeit.
»Noch was?« fragt Simon ironisch.
»Nein«, sage ich trocken, »das wär's«, greife mir die Reisetasche und lasse sie entsetzt wieder fallen.
Ungeachtet dessen, daß ich in wenigen Minuten das Haus verlassen muß, es sei denn, ich laufe Gefahr, den Zug zu verpassen, packe ich mit fliegenden Händen meine Habseligkeiten wieder aus und werfe sie in den Wäschekorb.
Die Tasche und alles, was mit ihr in Berührung kommt, ist und bleibt eine Beleidigung für jede Nase.
»Na wenn schon«, lästert Simon, »als Autorin eines Katzenbuchs kannst du dir das doch leisten!«
»Niemand kann sich einen solchen Geruch leisten«, verweise ich ihn und verlasse endlich in letzter Minute das Haus für zweieinhalb anregende Tage.
Ich treffe in Frankfurt gute alte Freunde und neue, interessante Menschen, esse italienisch, griechisch und deutsch, sehe – Höhepunkt meines Schaffens – »Die unverbesserliche Miß Lucie« in zweiter Auflage auf dem Messestand und verspreche jedem, der mich höflich darum bittet, eine Fortsetzung der Geschichte. Zu Hause anzurufen erübrigt sich im Hinblick auf die perforierte Schnur.
Zweieinhalb Tage lebe ich in Saus und Braus und büße sie, heimkommend, auf der Stelle wieder ab.
Miß Lucie ist verschwunden.
Niemand hat sie hinausgelassen, auf Ehrenwort. Es kann nur der Mann von der Post gewesen sein, als er die neue Schnur installierte.
Himmeldonnerwetternochmal!

Kann man sich denn auf nichts verlassen!
Früher, als wir gelegentlich im Sommer an die See fuhren, hat sich Miß Lucie jedesmal davongemacht. Alle andern Tiere akzeptierten ohne weiteres die Oma, die sie an meiner Stelle betreute, nur Miß Lucie nicht.
Sobald die Koffer aus dem Haus getragen wurden und ich ins Auto stieg, entschwand Miß Lucie, um erst wieder in Erscheinung zu treten, sobald ich zurück war, mich ein paarmal im Hauseingang gezeigt und laut genug gerufen hatte.
Jeder Urlaubsaufenthalt ist mir auf diese Weise getrübt worden, und bis heute denke ich bei jedem Telefonautomaten an die beklommenen Anrufe, die ich von den Nordseeinseln aus tätigte, nur um zu hören, daß Miß Lucie nach wie vor abgängig sei.
Sie selbst hat jeden dieser Urlaube bei bester Gesundheit überstanden und sah nicht einmal mitgenommen oder abgezehrt aus, wenn sie aus dem Nichts wieder auftauchte.
Aber damals war sie auch bedeutend jünger und selbständiger. Außerdem war es immer im Hochsommer gewesen.
Jetzt dagegen ist sie zehn Jahre alt, behäbig, an Selbstversorgung nicht mehr gewöhnt; dazu, was mich schaudern läßt: es ist Oktober.
Der Mond steht voll und rund und kalt am Himmel. Das Barometer steigt. Frost liegt in der Luft.
Die letzten Blumen in den Kästen vorm Fenster sind bereits erstarrt.
Gemeinsam suchen wir die Umgebung ab, rufen, locken, gurren wie Tauben, flüstern und versuchen uns in langgezogenen Miau-Tönen.

Wer uns sieht und hört, muß uns für übergeschnappt halten, aber das ist mir egal. Wieviel Straßen bin ich in meinem Leben schon entlanggeschlichen, wie viele fremde Höfe und Gärten habe ich abgeklappert, wie viele Leute habe ich gefragt auf der verzweifelten Suche nach einer Katze, die mir abhanden gekommen ist.
Vornehmlich Miß Lucie.
Es scheint mein Schicksal zu sein.
Wir finden sie nicht.
Meine Stimmung sinkt unter den Nullpunkt.
Die Ungewißheit legt sich wie Mehltau auf mein Gemüt.
Getrennt, verstohlen, ohne uns gegenseitig davon zu erzählen, suchen wir die Straßengräben ab vor lauter Angst, Miß Lucie sei überfahren und beiseite geschleudert worden.
Keiner von uns findet eine solche Spur – Gott sei Dank –, aber keiner bekommt einen brauchbaren Hinweis auf ihren Verbleib.
Auf dem Weg hinunter in die Stadt, auf eine Entfernung von etwa fünfzig Meter sehe ich eine schwarz-weiße Katze auf einem Balkonsims sitzen.
Friederike, die mich begleitet, bestätigt mir, daß es keine Fata Morgana ist. Wir zählen zweimal die Rückseiten der Häuser ab, um an der betreffenden Vorderseite auch ja den richtigen Eingang zu finden.
Viel Hoffnung habe ich nicht, aber man muß auch den kleinsten Fingerzeig beachten, wenn man ein verlorengegangenes Tier sucht.
Der Strohhalm, an den wir uns klammern, bricht wenige Minuten später bereits zusammen, als auf unser Klingeln an der abgezählten Haustür eine Frau öffnet, gefolgt von einer rundköpfigen, beleibten Katze, in Alter und Format

Miß Lucie vergleichbar. Aber damit hört die Ähnlichkeit auch schon auf.
Auch dieser hier ist eine Menge Weiß zu eigen, aber sie trägt ein ungleich längeres graues Mäntelchen.
Ich schlafe jede Nacht ebenerdig bei geöffnetem Fenster in der Hoffnung ein, mitten in der Nacht aufzuwachen von dem Plumps, mit dem Miß Lucie heimkehrend auf meiner Decke landet.
Aber die einzigen, die allnächtlich begeistert aus- und einsteigen, sich um einen Bettplatz balgen und mit spitzen Krallen den Bezug zerzupfen, sind Speed und Jüli. Die Nacht, so lassen sie mich wissen, sei keineswegs zum Schlafen da. Woraufhin ich das Fenster schließe und nur noch im Halbschlaf liege, um Miß Lucie, wenn sie endlich den Weg nach Hause gefunden hat, unverzüglich einlassen zu können, ihr Klopfen nicht zu überhören, ihren Schatten nicht zu übersehen.
Jeden Morgen wache ich wie zerschlagen auf.
Die Tage vergehen, acht, neun, zehn.
»So lange war sie noch nie fort«, höre ich die Kinder sorgenvoll unter sich raunen. Ich gehe nicht weiter darauf ein. Niemand weiß besser als ich, daß dies noch nie dagewesen ist.
Wie eine Ironie des Schicksals erscheint mir ein Schreiben des Verlags mit der Bitte, den beiliegenden Vertrag zu unterschreiben zum nächsten Titel »Neue Geschichten von Miß Lucie«.
»Es wird keine neuen Geschichten geben«, ist alles, was ich deprimiert dazu bemerke, und die Kinder schweigen bedrückt. Selbst Tessie fällt kein optimistisches Sprüchlein mehr ein.
Der Sonntagmorgen zieht nebelig kalt herauf.

Torro gibt vor, dringend hinauszumüssen. Ich tue ihm den Gefallen, die Tür zu öffnen, und sehe ihn davonhetzen, kaum daß er die Füße vors Haus gesetzt hat. Minuten später ertönt erbittertes Hundegebell auf der oberen Wiese. Jemand ist ihm offenbar in die Quere gekommen.
Friederike, Trainingshosen und Parka über den Schlafanzug ziehend, taumelt verschlafen die Treppe herunter. Ich folge ihr hinaus, ein paar Schritte bergauf und sehe oben auf dem Hügel eine ganze Hundemeute sich balgen und ineinander verbeißen.
Einer der kleinsten, aber engagiertesten Kämpfer ist Torro. Die anderen stehen ihm jedoch keineswegs nach an Größenwahn und Todesmut, wobei sie ihm, wie gesagt, an Größe und Gewicht deutlich über sind.
Friederike stampft entschlossen in die Arena.
Ich rufe mich heiser, erst nach dem Hund, der offenbar überhaupt keine Ohren hat, dann nach meiner Tochter, die sich wohl als Friedensengel behaupten will. »Sie ist verrückt«, brüllt Simon aus dem oberen Fenster und gürtet sich fahrig die Jeans zu, »ohne Wasserschlauch und gehörigen Druck drauf hat man da überhaupt keine Chance!«
Minutenlang taucht Friederike völlig unter in dem Knäuel, dann sehe ich sie wieder hochkommen, sich mit Torro abplagend, der, noch auf den Hinterbeinen balancierend, einen Halt sucht, um zu bleiben und nichts zu versäumen. Am Halsband weggezerrt zu werden ist wahrscheinlich eine furchtbare Schmach für ihn. Sieg oder K. o. scheint das Gebot der Stunde.
Aber Friederike ist wohl entschlossen, es nicht soweit kommen zu lassen.
Noch bevor Simon ihr zu Hilfe eilen kann, hat sie den

keuchenden Torro aus dem Gewühl gezogen und führt ihn dicht bei Fuß über die Wiese herunter. Von ihrem rechten Handgelenk tropft Blut. Mechanisch schlage ich das Wochenblatt auf und suche die Spalte mit den ärztlichen Sonntagsdiensten.

Die Wunde können wir sicherlich allein versorgen, nicht jedoch die Tetanusschutzimpfung.

Friederike rechnet bereits damit, gespritzt zu werden.

Während sie sich wäscht und anzieht, rufe ich den Sonntagsarzt an. Er heißt Wollweber und verspricht, in einer Viertelstunde in seiner Praxis zu sein.

Das gibt uns viel Zeit zum Überlegen. Die Praxis ist im Tal, wir wohnen auf dem Berg.

»Beeil dich«, sage ich zu Friederike, »es ist Sonntag morgen. Der Mann wird anschließend frühstücken wollen.«

Im Hinausgehen sehen wir, daß sich die Meute zerstreut. Die zu den Hunden gehörenden Herren sind auf der Bildfläche erschienen.

Einer hat sich einen Stock geschnitten, nicht von ungefähr, wie es aussieht.

»Das könnte ich nie«, sagt Friederike kopfschüttelnd, »mit dem Stock draufschlagen. Nicht mal, wenn es die einzige Möglichkeit wäre.«

Drüben auf dem besonnten Plattenweg vor der Jugendherberge läßt die schöne Kessi ihr rotbraunes Fell erglänzen. Sie ist ein vernünftiges Mädchen, das sich grundsätzlich nie auf Auseinandersetzungen einläßt, mögen sich die Trottel prügeln, soviel sie wollen.

Gerade wird der letzte Kämpe ins Auto seines Herrn gelotst. Türen knallen zu, ein Motor heult auf, und im nächsten Moment ist Friederike fast unter den Rädern.

»Miß Lucie!« ruft sie und will sich auf die Fahrbahn werfen. »Sieh mal, Mama, da drüben!«
Ich schnappe sie an der Kapuze ihres Anoraks, bis der Wagen an uns vorbei in die nächste Kurve gebraust ist. Friederike hat die Hände gefaltet zum Stoßgebet und die Augen geschlossen für den Fall, daß es nicht erhört wird.
»Ist sie noch da?« flüstert Friederike.
Ich schicke einen argusäugigen Blick über die leere Straße, sehe einen Erdhügel, der sich ausnimmt wie der Eingang zu einer Höhle, und davor, sichtlich fröstelnd und mißvergnügt, meine Katze Miß Lucie. »Mach die Augen wieder auf«, sage ich zu Friederike, »sie sitzt tatsächlich da drüben.«
Vorsichtig, langsam, mit gebremstem Schritt, herzklopfend, erst die Straße, dann Miß Lucie prüfend, die bereits Miene macht, zu verschwinden, nähern wir uns ihr. Kein Schrei des Entzückens kommt über unsere Lippen, keine hastige Bewegung leisten wir uns. Gurrend wie Tauben, kehlige Beruhigungslaute murmelnd, pirschen wir uns an.
Es ist tatsächlich eine kleine Höhle, die sie da bewohnt, ein unbehagliches, mit leeren Cola-Dosen und Grasbüscheln schauerlich eingerichtetes dunkles Loch.
»Miß Lucie«, sage ich erschüttert.
Sie blickt zu mir auf, ungläubig, vorwurfsvoll, abweisend, gleitet hinein in die triste Ungemütlichkeit, kommt wieder heraus, schreit mich klagend an und setzt sich wieder hin.
»Sie will nicht mit nach Hause«, stößt Friederike betroffen hervor.
»Sie muß«, entscheide ich, »und zwar jetzt, sofort. Lauf

und hol Simon, er soll sie heimtragen. Wir müssen ja zum Arzt, mein Gott, die Viertelstunde ist längst vorbei!«
Friederike überquert die Straße und rennt mit fliegender Kapuze nach Hause. Es ist nicht weit. Höchstens dreißig Meter. Ich hocke mich neben Miß Lucie auf den kalten Boden und streiche ihr übers struppig gewordene Fell.
Die ganze Zeit hat sie also hier gehaust, in Rufweite, fast in Sichtweite, und wir haben im Umkreis von ein paar Kilometern Wald und Wiesen, sämtliche Straßen und Gärten nach ihr abgesucht. Sind täglich an ihr und ihrem Versteck vorbeigegangen, haben an sie gedacht, uns um sie gesorgt und sie nicht entdeckt.
Ist es zu fassen?
»Warum hast du mir das angetan?« frage ich sie.
Miß Lucie betastet die Grasbüschel und die verrosteten Dosen, als seien es eigens zusammengetragene Schätze. Was hat sie hier gewollt? Sich ein Nest bauen? In dieser Unwirtlichkeit? Ausgerechnet Miß Lucie, die nichts so sehr liebt wie weiche Kissen, warme Plätze, geregelte Mahlzeiten!
Ich verstehe es nicht.
Die Kinder kommen über die Straße.
Ich hebe Miß Lucie auf, die sich der Form halber wehrt, aber nicht sehr. Simon übernimmt sie und schwört, er werde sie nicht aus den Armen und nicht aus den Augen lassen, bis ich wieder da bin.
Ein paar Minuten, bis ich ihn mit seiner schwarz-weißen Last im Haus verschwinden sehe, warte ich. Dann laufen wir wie gejagt den Berg hinunter.
In seiner Praxis marschiert der Arzt, die Arme auf dem Rücken verschränkt, auf und ab. Die Wunde an Friederikes Handgelenk ist tiefer, als wir angenommen haben,

und muß gereinigt und desinfiziert werden. Außerdem kriegt sie die Tetanusinjektion. »Noch länger«, sagt er, einen Zettel ausfüllend, »hätte ich nicht gewartet. Schließlich waren wir fest verabredet. Ich habe hier eine ganze Liste mit Hausbesuchen, die ich noch machen muß.«
Ich versuche, die Sache mit Miß Lucie zu erklären, die uns aufgehalten hat. Er hebt den Blick vom Zettel, runzelt angestrengt die Stirn, läßt die Mine des Kugelschreibers auf und ab schnappen und kann mir offenbar nicht ganz folgen.
»Es hat sich doch aber um eine Hundebalgerei gehandelt? Wie kommt plötzlich eine Katze ins Spiel?«
Wir setzen gleichzeitig zu einer Erklärung an, Friederike und ich, was die Sache für den Arzt nicht durchschaubarer macht. Entweder hält er uns für verlogen oder für geistig verwirrt.
Aber das soll mich nicht kümmern. Alles, was ich will, ist: nach Hause gehen, Miß Lucie füttern, sie auf mögliche Verletzungen hin untersuchen und wieder mal nach langer Zeit eine Nacht ruhig schlafen.
Und dann wüßte ich noch gern, was an diesem Erdloch so anziehend war, daß meine verwöhnte Katze in ihrem elften Jahr es freiwillig mit den Annehmlichkeiten unserer Wohnstatt tauschte.
»Ganz einfach«, erklärt Simon, »sie hat Survival geübt, nur so, für den Fall eines Falles. Das tun jetzt viele.«
»Was?« Ich scheine nicht auf dem laufenden zu sein, wie so oft. »Was hat sie geübt?«
»Überlebenstraining«, unterweist mich Simon, »ich habe auch schon dran gedacht.«
»In einem Erdloch zu hausen mit ein paar rostigen Dosen als Möblierung?« Ich kann es kaum glauben.

Simon lacht amüsiert und nachsichtig. »Ein bißchen anders würde ich es schon anfangen!«
»Sag mir Bescheid, wenn es soweit ist«, bitte ich, »das Schlimmste ist die Ungewißheit.«
Miß Lucie, die ihre kleine Freßorgie beendet hat, kommt unaufgefordert herüber und läßt ihren Kopf unter meiner herabhängenden Hand kreisen.
Es sieht fast so aus, als bäte sie mir etwas ab.

Miß Lucie und der Jagdherr

Friederike soll zum Frisör.
»Laß dir einen Rundschnitt machen«, rät Tessie zum soundsovielten Mal, drückt Friederike auf einen Stuhl und wühlt ihr im dichten blonden Haarschopf, »erst mal muß das alles gekürzt werden und dann rundum geschnitten – soooo – und nach innen geföhnt – soooo . . .«
»Furchtbar!« stöhnt Friederike.
»Grauenhaft«, springt ihr Simon bei, »brauchst dir nur noch was Samtenes anzuziehen und einen Spitzenkragen drüber, dann siehst du aus wie der blöde kleine Lord Fountleroy.«
»Genau!« wimmert Friederike und schlägt die Hände vors Gesicht.
»Mit euch kann man nicht reden«, sagt Tessie enttäuscht und läßt ungern vom eingestandenermaßen viel zu langen, viel zu dicken, viel zu lockigen Haar meiner Tochter ab, »was willst du denn überhaupt beim Frisör, wenn er praktisch nichts machen darf?«
»So ist's ja auch wieder nicht«, wehrt sich Friederike, »die Spitzen lasse ich mir auf jeden Fall abnehmen, und vielleicht sogar hier ein Stückchen . . .«
Damit zupft sie sich die Ponyfransen in die Länge, so daß man ausnahmsweise sieht, wieweit sie inzwischen reichen; bis zur Nasenspitze, stelle ich schockiert fest.
Gott sei Dank, schnurrten sie wieder zurück, kraus, wie sie sind. Aber man fragt sich doch gelegentlich, wie

undurchdringlich der Schleier werden muß, um Friederikes Sicht vollends zu trüben.

»Ich sehe ganz hervorragend«, behauptet sie stets steif und fest, »und eure Lästereien brauch' ich mir nicht gefallen zu lassen.«

Ich weiß nicht, woran es liegt, wahrscheinlich an den großen Vorbildern in den Medien, jedenfalls trugen acht von zehn kleinen Mädchen, die ich kannte, jahrelang Stirnfransen bis über die Nase, Cloques, in denen sie sich zwangsläufig irgendwann die Knöchel brechen mußten, und Jeans, die so eng waren, daß weder der Magen noch der Blutkreislauf darunter funktionieren konnten.

Gegen die Cloques habe ich Front gemacht, schon allein im Hinblick auf die Schulbusstufen, die ohnehin mein Trauma waren.

Im Kampf gegen die engformatigen Jeans kam mir Simon zu Hilfe, der ungehinderte Bewegungsfreiheit immer schon höher eingeschätzt hat als modische Gags. Nur in die Frisurengestaltung habe ich mich nie eingemischt.

Diesen Freiraum, wenn schon die andern wegfallen, braucht ein Kind, sage ich mir, auch wenn ich manchmal meinerseits zu zwinkern und mir die Augen zu reiben beginne, wenn ich Friederike beim Schreiben oder Stricken zusehe.

Ich bin eben nicht im Zeitalter der Fransen großgeworden.

Uns wurden die Haare zu einer Tolle auf dem Kopf zusammengefaßt, Hahnenkamm genannt, und mit Hilfe eines Kämmchens so festgesteckt, daß empfindliche Naturen sich skalpiert fühlten. Auch den weniger zart besaiteten wurde im Lauf der Jahre die Kopfhaut wundgescheuert und juckte ununterbrochen. Aber eine andere

modische Alternative als einen höchst langweiligen Seitenscheitel gab es nicht, und so wickelten wir uns denn die Haare ums Kämmchen und schürften uns damit grindig, in Gottes Namen.
Es war uns eben ein Bedürfnis.
Friederike darf daher ihr Haar tragen, so lang, so dicht, so pflegeschwer, wie sie es möchte.
Im Augenblick hat sie den Gedanken an den Frisör wieder aufgegeben, schon aus Gründen der Opposition.
Sie ruft ihren Hund, der begeistert aus dem Tiefschlaf in Aktion springt, und führt ihn hinaus.
Torro apportiert mit wahrer Leidenschaft. Man werfe ahnungslos etwas von sich, ein Unkraut oder einen unreifen Apfel, er jagt hinterher, klaubt es auf und bringt es pflichtbesessen zurück.
Die Kinder hatten Frisbee-Scheiben, die längst aus dem Verkehr gezogen worden waren, zerkaut, zerklüftet, durchlöchert von Torros guten Zähnen.
Vor lauter Übereifer fraß er sie halb auf, was ihm, da die Scheiben aus Plastikmaterial bestanden, auf die Dauer bestimmt nicht bekommen wäre.
Also werfen wir ihm Stöckchen, die immer wieder neu abgebrochen, abgeschnitten oder aufgelesen werden müssen. Was er nicht frißt, das verschleppt er nach dem Spiel.
Aber da ist kein Problem, denn es liegen genügend Hölzer herum.
Was sich Friederike soeben greift, ist ein altes Stuhlbein, rund gedrechselt, das sich so gut schleudern läßt wie eine Keule.
Ich setze Wasser auf für Spaghetti, die zusammen mit Tomatensoße immer noch das beliebteste Gericht meiner

Kinder sind, und das seit fünfzehn Jahren. Simon läßt sich derweil auf einem Küchenstuhl nieder und beugt sich vor, um den klaffenden Spalt am Sohlenrand seiner fast neuen Gummistiefel empört zu betrachten, und das ist sein Glück, wenn nicht gar seine Rettung, denn in diesem Augenblick zerbirst die Küchenfensterscheibe, und ein Holzprügel landet mit gehörigem Schwung neben Simons Stuhl.

»Du bist wohl wahnsinnig geworden«, ächzt mein Sohn, ans Fenster stürzend, während ich immer noch wie angenagelt stehe, die Spaghettipackung in der Hand, starr wie Lots Weib in der Schrift, da es sich nach Jericho umwandte.

Draußen steht Friederike, ebenso starr, und stiert kreideweiß mit schreckgeweiteten Augen in das Loch, das die Keule geschlagen hat.

»Ich wollte Torro doch bloß ein Stöckchen werfen«, stammelt sie. »Wie ist denn das da passiert?«

»Du wirst in die falsche Richtung geworfen haben«, mutmaße ich, allmählich wieder zum Leben erwachend.

»Ach was, sie sieht ja überhaupt nichts mehr mit dem Vorhang vor den Augen«, giftet Simon. »Hier, das war mal eine Scheibe, ja?« Er zeigt auf die bizarren Zacken. »Erkennst du das? Na denk mal! Und das hier . . .«, er beugt sich nach dem Stuhlbein, »ist das kleine Stöckchen für den kleinen Torro! Kannst du das alles sehen? Wirklich? Na, das wundert mich aber!«

Friederike wirft den Kopf zurück und bricht in Tränen aus.

Tessie, praktisch wie sie nun einmal ist, mißt bereits ein Stück Pappe ab, das, mit Tesafilm befestigt, den gröbsten Luftzug abhalten soll.

»Wenn man sich aussuchen könnte, wann einem so was passiert, würde ich vorschlagen im Hochsommer«, meint sie, und bevor ich das Branchenverzeichnis befrage, weiß ich schon, daß ein Glaser im Umkreis von zwanzig Kilometern nicht zu finden sein wird – ja, selbst der im Buch geführte entweder schon tot oder zu alt ist oder Betriebsferien hat.
»Wetten?« seufzte ich in die beklommene Runde. Aber niemand hält dagegen. Vom Telefonbuch aufblickend, sehe ich durch den Rest der Scheibe Miß Lucie leichtfüßig durchs spröde, spätherbstbraune Gras hüpfen.
»Nein!« rufe ich, eingedenk des gerade erst überstandenen Debakels, obwohl sie nicht den Weg zum Erdloch, sondern den zum Weiher eingeschlagen hat.
»Aber du kannst sie doch daraufhin nicht bis an ihr Lebensende einsperren«, gibt Simon zu bedenken.
Ich höre ihm gar nicht zu. Die Schürze abwerfend, mich in eine Strickjacke hüllend, laufe ich hinter Miß Lucie her, die bereits Scheune und Rohbau hinter sich gelassen hat und gerade unterm Gatter der Ponykoppel durchschlüpfen will.
Zum zweiten Mal an diesem Tag erstarrte ich zur Salzsäule.
Da schießt doch jemand!
Ist es die Möglichkeit?
Miß Lucie, nur noch zwei Schritte vor mir, hat sich geduckt und den Kopf eingezogen. Ich lausche und denke nach.
Die Jagd ist eröffnet, wie immer um diese dem heiligen Hubertus gewidmete Jahreszeit. Aber man wird mich wohl kaum für ein Reh halten, oder?
Habe ich mich vielleicht verhört? Kann man sich über-

haupt so irren? Der nächste Schuß belehrt mich eines anderen.
»Aufhören!« rufe ich wild und fuchtele mit beiden Händen durch die Luft. »Wer sind Sie überhaupt, und was denken Sie sich?«
»Ich«, antwortet aus dem höher gelegenen Dickicht die Stimme eines Menschen, der sich mehr dünkt als andere, »bin hier der Jagdherr!«
Na und?
Darf er deswegen meine Ponys scheuchen, meine Katze anvisieren und mich bedrohen? Denn genau das tat er, aus dem Unterholz tretend.
»Und was jagen Sie hier so nah an Haus und Hof?«
»Kaninchen«, sagt er und läßt die Flinte nur millimeterweit sinken.
»Das ist verboten«, wage ich zu behaupten. Er knurrt Unverständliches.
Miß Lucie, mit breit angelegten Ohren, hat sich aufgeblasen wie ein Ochsenfrosch. Ich mache entschieden einen Schritt vorwärts und hebe sie auf.
»Katzen«, belehrt mich der Feind im flaschengrünen Waidmannslook, »sind notorische Wilderer und dürfen geschossen werden.«
»Nicht im Umkreis von fünfzig Metern ums Gebäude!«
Das weiß ich. Das habe ich auswendig gelernt, seitdem auf diese Art die zähe alte Pussi und so manche ihrer Nachfahren ein Ende gefunden haben.
Aber Miß Lucie bringt er mir nicht um die Ecke. Es sei denn, er schafft auch mich aus dem Weg.
Finster genug blickt er drein, bei Gott! Zwei Helfershelfer, Jagdgäste vermutlich, stampfen rechts und links aus dem Gebüsch herbei.

Miß Lucie zu sehen verschafft ihnen ein sichtliches Aha-Erlebnis.
Sie umzingeln uns, als wären sie ein Spähtrupp, der ein Partisanennest aushebt. Vom Hause her höre ich Simon laut nach mir rufen.
»Hol die Polizei, Junge«, rufe ich zurück, »hier ballern welche ganz unkontrolliert herum!«
»Mach ich!« lautet Simons prompte Antwort.
»Sie sind ja wohl nicht ganz gescheit«, ereiferte sich der Jagdherr.
»Hysterisch, die Frau«, grollt der Grüne zu seiner Rechten.
Dann schütteln sie die Köpfe, lachen verächtlich vor sich hin, drehen sich um und traben schwerfällig, mit schleifenden Schritten davon.
»Helden«, sage ich zu Miß Lucie, die erst langsam wieder die Krallen aus den Maschen der Strickjacke löst. Aber sie läßt sich ohne Widerstreben ins Haus tragen.
»Sag mal, war das dein Ernst eben mit der Polizei?« fragt Simon.

»Aber sicher. Ich habe mich bedroht gefühlt.«
»Echt?« forscht er interessiert.
»Ja doch! Ich habe in einen Gewehrlauf geblickt! Nicht mal im Krieg ist mir so was passiert!«
»Wo sind die Typen jetzt?«
»Gegangen natürlich.«
»Ist das nicht ein lauschiges Plätzchen hier«, seufzt Tessie und läßt die Augen rollen, »so ruhig, so verwunschen, so recht die stille Klause, in der sich's ungestört fabulieren läßt! Der Traum eines jeden schöpferischen Menschen!«
»In der Tat«, erwidere ich resigniert, »jedes Bürohochhaus bietet mehr Abgeschiedenheit und Arbeitsruhe. Wo war ich vorhin stehengeblieben?«
»Bei G wie Glaser«, erläuterte Simon, »aber den habe ich inzwischen schon erreicht.«
»Phantastisch! Und jetzt noch V.«
»V?« wiederholt Friederike fragend.
»Für Frisör«, unkt Simon.
»Mama, sag ihm, er soll mich in Ruhe lassen«, jammert seine Schwester.
»V für Versicherung«, erkläre ich, Miß Lucie endlich absetzend, »damit wir die Scheibe ersetzt kriegen.«
»Setzt euch bitte«, befiehlt Tessie, »während ihr schwatzt, habe ich gekocht. Nein, Miß Lucie . . .«, sie wedelt energisch mit dem Küchenhandtuch. »Geh weg da!«
Aber Miß Lucie läßt sich so leicht nicht vertreiben, wenn es Tomatensoße gibt. Ihr Lieblingsgewürz ist Oregano. Das hat sie mit den Kindern gemeinsam. Und warum auch sollte sie nichts davon bekommen?
Im kühlen Luftzug, der uns durch die angeklebte Pappe

trifft, erörtere ich mit den Kindern das Thema Katze im Hinblick auf ihr existentielles Verhalten.
Geht sie hinaus und ernährt sich selbst, nennt man sie einen ruchlosen Räuber. Bleibt sie zu Hause und wartet brav auf Tomatensoße, Hühnerbrühe und Thunfisch, heißt man sie ein nutzloses Faultier.
»Ich weiß nicht«, sinniere ich, die Spaghetti mit Hilfe eines Löffels um die Gabel rollend, »wie eine Katze beschaffen sein soll, die es allen Menschen recht macht.«
»Doch«, sagt Friederike, den Stirnvorhang lüftend und die Augen blau aufschlagend, »ich hab' mal eine gesehen. In einem Schaufenster.«
»Von einer Tierhandlung?« fragt Simon.
»Nein. Von einem Antiquitätengeschäft. Sie war aus Porzellan.«
»Haaaa«, grunzt Simon grimmig und stemmt die Gabel auf.
»Daneben standen Kinder«, fährt Friederike um eine Nuance lauter fort, »die hielten sich lieb bei den Händen, ein Junge und ein Mädchen, angezogen wie Zwillinge mit Matrosenzeug . . .«
»Hier«, unterbricht Simon und tippt sich mit dem Gabelstiel an die Schläfe, »erzähl das einem, der sich Hosen mit der Beißzange anzieht!«
»Die waren auch aus Porzellan«, schließt Friederike gemächlich.
Sekundenlang sind wir alle still.
Dann fängt Tessie an zu lachen, und wir alle lachen mit, am lautesten Torro.
Miß Lucie mustert uns streng von der Fensterbank her. Sie hat nichts übrig für geräuschvolle Heiterkeitsausbrüche.

Miß Lucie und das Wespennest

Miß Lucies erste Begegnung mit einer Wespe fand in der Großstadt statt, in der sie geboren wurde.
Im handtuchschmalen Stück Garten hinterm Reihenhaus bildete ein kräftiger Cotoneasterbusch den Lieblingstreffpunkt aller anwohnenden Bienen und Wespen.
Dummerweise erkor sich auch Miß Lucie die wie ein Schirm ausgespannten Zweige als Unterstand.
Im Mai geboren, tummelte sie sich im August bereits munter im Garten, beaufsichtigt in der Regel von ihrer tüchtigen jungen Mutter. Gelegentlich wurde auch eine Nurse angeheuert, nämlich ich; und in meine Aufsichtspflicht fiel Miß Lucies erste Begegnung mit der Wespe.
Ich hängte gerade Wäsche auf und sah zwischen zwei Bettlaken hindurch Miß Lucie sich vergnügt überkugeln, wieder auf die Füße kommen, verblüfft um sich blicken und das Ding, das sie gerade gefangen zu haben glaubte, vor ihrer Nase herumschweben. Eine zierliche kleine Pfote hebend, versuchte sie es erstmals zu erhaschen, traf es, ließ es ins Gras trudeln und setzte mit der Pose des Siegers die Pfote darauf.
All dies wurde begleitet von meinem aufgeregten Schschsch-nein-laß-das-sein-Geschrei.
Es dauerte nur eine Minute, in der ich mich zwischen den nassen Bettlaken hindurcharbeitete, vorwärtsstürzte und das gefährliche Spielzeug mit dem Absatz zermalmte.
Miß Lucie saß im Gras und betrachtete nachdenklich ihre

Pfote, genauer gesagt ihre rechte Vorderpfote, die sich in nichts von der linken unterschied. Noch nicht. Am frühen Nachmittag glich sie einer Walnuß, am späten Nachmittag einem Pingpongball. Aber da saßen wir bereits im Wartezimmer des Tierarztes, desjenigen, der ihr später das Hemd verpaßte.

»Sie ist gestochen worden«, sagte er und hieß mich die Hand um Miß Lucies Hals legen, eine Methode, auf die er schwor, um eine Katze auf dem Behandlungstisch ruhig zu halten. Wenn ich mich richtig erinnere, war sie erfolgreich. Aber an die meisten Tierarztsitzungen erinnere ich mich nur verschwommen, weil ich so furchtbar litt.

Ich litt in erster Linie mit Miß Lucie, in zweiter litt ich an ihrer Angst, die ihr Übelkeit, Brechreiz und Durchfall verursachte, und last not least litt ich mit dem Taxifahrer, der uns beide mitsamt der Tragetasche die zehn Kilometer nach Hause fahren mußte.

Selbst wenn man alle vier Fenster herunterkurbelte und ich das eigens zu diesem Zweck mitgeführte Eau de Cologne sehr großzügig versprengte, konnte man verstehen, daß der Fahrer um das Verständnis seiner nächsten Fahrgäste bangte.

An diesem späten Sommernachmittag bekam Miß Lucie eine Spritze und ich die tröstliche Versicherung, sie werde sich künftig wahrscheinlich von Wespen, Bienen und anderen Summern und Brummern tunlichst fernhalten.

All dies fand Anfang der siebziger Jahre statt, und wieviel seitdem auch geschehen sein mag im großen Weltgeschäft wie in unserem häuslichen Mikrokosmos, Miß Lucie hat die Lektion nicht gelernt. Das heißt, sie hat sie auf ihre Weise umgedeutet.

Sie hält sich so weit und so nachdrücklich wie möglich von

Tierärzten fern, aber an Wespen, wenn man nicht aufpaßt, vergreift sie sich immer noch.

Der Waldhof hier entbehrt so mancher Plage, der ich anderorts kaum Herr werden konnte, zum Beispiel der Ameisen, die im Rhein-Main-Gebiet aus unseren Wänden zu krabbeln, in unseren Schränken zu wohnen und in der Spülmaschine zu baden pflegten.

Dafür gibt es hier allsommerlich eine Unzahl von Wespen und im frühen Herbst den hilflos herumhopsenden Nachwuchs einer picklig-narbig-grau-grün getarnten Mutterkröte.

Aber bis heute halte ich den aus unsichtbaren Quellen gespeisten Strom von Ameisen an meinen Wänden für die größte aller Naturprüfungen. All die interessanten Bücher und Berichte über Leben und Wesen dieser zweifellos bemerkenswerten Geschöpfe mitsamt ihrer beispiellosen Organisation, haben mich nicht für sie einnehmen können. Der Gedanke an Ameisenstraßen an den Wänden verursacht mir heute noch Unbehagen; der Massenmord, zu dem ich mich gezwungen sah, hat mich das kalte Grausen gelehrt, zumal ich immer befürchten mußte, daß ein anderer das ausgestreute Gift probierte, Miß Lucie zum Beispiel, die den Ameisen gegenüber übrigens vollkommen kühl, gelassen und uninteressiert blieb.

Auch die Krötenkinder kommen in unseren Räumen unbeschadet davon, sofern sie sich nicht selbst in eine ausweglose Situation manövrieren, zum Beispiel hinter die Küchenschränke, die ich nicht abrücken kann.

Wenn es ein Tier gibt, das ich nicht verstehe, dann ist es die Krötenmutter. Inzwischen weiß ja jeder halbwegs Gebildete, daß Kröten mit dem Fluch beladen sind, zu

ihrem Geburtsort zurückkehren zu müssen, um wiederum zu gebären. Der Waldhof und sein Umfeld sind zweifellos seit Urzeiten zahllosen Krötengenerationen Heimat und Zielort gewesen. Aber gerade deshalb muß es sich doch unter ihnen herumgesprochen haben, daß ein Teil des Terrains unwirtlich geworden ist, eine Wüste sozusagen, vom Krötenstandpunkt aus gesehen. Der weitaus größere Teil jedoch besteht nach wie vor aus idealen Unterschlüpfen wie Mist- und Komposthaufen, schläfrigen Holzschuppen, unbenutztem, feuchtem Mauerwerk und modrigen Laubhügeln.
Warum also, frage ich mich, führt die Krötenmutter ihre Kinder nicht dorthin, statt sie vor unserer Haustür herumwimmeln, unter unseren Türritzen hindurchkriechen und hinter unseren Schränken elend zugrunde gehen zu lassen?
Ich weiß es nicht. Ich ahne es nicht einmal.
Aus Gründen, die ich ebensowenig erkenne, hat Miß Lucie nie nach einem der winzigen Hüpfer geangelt, wie irritierend sie ihr doch erscheinen müssen.
Miß Lucie hat es mit den Wespen, auch nach zehn Jahren noch.
Nicht allzu oft, weil mich die Unordnung allzu schmerzlich an alles gemahnt, was ich in meinem Leben beiseite gelegt, ohne mich dafür oder dagegen entschieden zu haben, gehe ich auf den Speicher.
Speed und Jüli, die manchmal dorthin verbannt werden, wenn sie unten allzu groben Unfug treiben, suchen ihn schon deswegen freiwillig nie auf.
Miß Lucie dagegen, der nur selten der Zutritt gewährt wird, reißt sich förmlich darum, mich auf den Speichergängen zu begleiten.

Während ich ein Fenster öffne, um Luft in die staubige Stille zu lassen, sucht sie sich einen Aufgang zum freiliegenden Deckenbalken. Ich sehe es mit gemischten Gefühlen, denn erfahrungsgemäß kommt sie zwar problemlos hinauf, nicht jedoch ohne großes Geschrei wieder herunter.

Indessen, sie ist schon oben, ich kann es nun einmal nicht ändern und kümmere mich um eine alte Badezimmerlampe, die endlich wegzuwerfen ich entschlossen bin, weil ausnahmsweise diese Woche noch Platz im Mülleimer ist.

In dem Krempel herumstochernd, finde ich weitere Kleinigkeiten, die man ebensogut mit hineinstopfen und vergessen kann, beispielsweise eine bis auf wenige Minibriefmarken und ein paar vergilbte Spielzahlkarten zusammengeschrumpfte Kinderpost sowie die Reste einer Puppenschaukel.

Miß Lucie über mir kratzt am Deckenbalken. Ich lasse den Blick aufwärts schweifen und bleibe an einem kunstvoll gestalteten Gebilde aus grau-weißem Material hängen, so rund und so groß wie eine Christbaumkugel.

Miß Lucie streckt sich wohlig und genießt zur Krallenpflege sichtlich das vergleichsweise harte Holz des Balkens.

Ich sichte derweil einen ausgelaugten Farbkasten in einem ausrangierten Schulranzen, enthaltend drei haarlose Pinsel und eine vertrocknete Tube Deckweiß.

Miß Lucie ist ein Stückchen weiter balanciert. Indem ich sie mahne, allmählich an den Rückweg zu denken, entdecke ich eine zweite grau-weiße Christbaumkugel und etwas weiter links eine dritte.

Sie klebt unmittelbar dort, wo Miß Lucie den Abstieg

beginnen wird, nämlich am äußersten Rand des Deckenbalkens.
Plötzlich erfaßt mich eine leichte Unruhe.
Was, um alles in der Welt, sind das für Gebilde? Wer hat sie hergestellt, und was beinhalten sie?
Eine Schrecksekunde später fällt es mir wie Schuppen von den Augen: Wespennester.
Lauter Wespennester da oben!
Miß Lucie muß sofort runter! Jeden Augenblick kann es zu spät sein.
»Nun mach schon«, dränge ich flüsternd, aber Miß Lucie versteht mich nicht.
Wozu die Eile? fragt ihr Blick, indem sie sich auf geschickten Pfoten weitertastet zur dritten kunstvoll geformten Gefahrenquelle.
Unmittelbar darunter steht ein Turm aus Kartons, den Miß Lucie stets als Abstieg benutzt.
Heute darf sie das keinesfalls tun. Denn die Chance, die Kugel dabei unberührt zu lassen, ist eins zu hundert.
In meiner Verzweiflung beginne ich, die Kartons abzubauen und ein Stück weiter rechts wieder aufzutürmen.
Miß Lucie sieht mir mit deutlichem Unverständnis zu.
Den Turm an dieser neuen Stelle, gibt sie mir zu erkennen, weigert sie sich zu benutzen.
»Niemals«, sagt ihr verächtlich abgewandtes Hinterteil.
Was soll ich tun?
Alle Kartons noch einmal bewegen, zurück, unter das Wespennest? Und was dann? Wird sie daraufspringen, dabei an die Kugel stoßen und ein Inferno entfesseln, das ich mir nicht vorzustellen wage?
Gott steh uns bei!
Eines der bewunderungswürdigen Bauwerke scheint

bereits welk und abgeblättert. Vielleicht ist es die bescheidene Hütte vom Vorjahr.
Aber da, wo Miß Lucie sich gerade zum Brüten niedergelassen hat, befindet sich offenbar die derzeitige Prunkvilla.
Auf dem Balken ruht Miß Lucies weißer Bauch. Unterm Balken hängt das Nest. Wie nur kann ich meine Katze zum Abstieg auf der anderen Seite bewegen? Vielleicht mit deutlicher Entschiedenheit?
Ich zwinge mich dazu, festen Schrittes zur Tür zu gehen und so arglos wie möglich nach ihr zu rufen.
Aber sie rührt sich nicht.
Dem Turm an der neuen Stelle traut sie nicht. Kein Zweifel, Miß Lucie fühlt sich verunsichert, um nicht zu sagen verschaukelt.
»Hallo!« höre ich eine fremde Stimme aus den Tiefen des Hauses. »Ist jemand da?«
Im ersten Moment verschlägt es mir die Stimme. Die Versuchung, überhaupt nicht zu antworten, ist groß.
Dann überwinde ich mich zu einem gedämpften »Ja, ja!«
Schritte auf der Treppe und zur offenen Speichertür herein.
»Tag«, sagt ein Mann und legt zwei Finger an die schwarze Tuchmütze, »ich will den Kamin kehren.«
Der Schornsteinfeger.
Großartig!
»Haben Sie eine Leiter?«
»Ja, unten . . .«
»Kann ich sie mal kurz ausleihen?«
»Wenn es sein muß – und wofür?«
»Um die Katze da oben runterzuholen.«

»Das darf ja wohl nicht wahr sein! Die ist schneller unten, als Sie auf der Leiter oben sind!«
»Wir wollen es nicht ausdiskutieren, bitte! Kriege ich die Leiter?«
Er dreht und wendet sich, schiebt das Mützchen vom Hinterkopf in die Stirn und wieder zurück und hält plötzlich in der Bewegung inne, um ungläubig nach oben zu blinzeln.
»Wissen Sie auch, was da hängt?«
»Allerdings.«
»Das sind Wespennester«, bringt er kurzatmig hervor, in einem Ton, der besagt, er sei der Entdecker.
Was denkt er, habe ich darin gesehen? Christbaumkugeln?
»Ausräuchern«, sagt der schwarze Mann lakonisch, »was anderes gibt's gar nicht.«
»Erst hole ich meine Katze herunter«, insistiere ich hartnäckig und sehe ihm an, daß er mich für verrückt hält.
Miß Lucie hat sich aufgeplustert wie eine Glucke. Ich fürchte um ihr Gleichgewicht.
Der Schornsteinfeger poltert wortlos die Treppe hinunter und kommt mit einer Leiter wieder herauf.
»Hier«, sagt er, »auf Ihre Verantwortung.«
Zehn Zentimeter neben der kleinen runden Bombe placieren wir die oberen Leitersprossen. Miß Lucie sieht uns mit wachsendem Mißtrauen dabei zu. Wie viele Wespen uns beobachten, wage ich mir nicht auszurechnen.
Vorsichtig, Fuß um Fuß, steige ich aufwärts, die Leiter schwingt sanft, ich starre krampfhaft auf Miß Lucie, die mich ungläubig kommen sieht, ihr Fell schüttelt, den Schwanz aufstellt und in eben dem Moment majestätisch davonschreitet, da ich sie greifen will. Ganz gezielt setzt

sie sich nach rechts ab, dorthin, wo ich ihr den Turm gebaut habe.
Ohne auch nur eine Sekunde zu zögern, springt sie auf den obersten Karton, hangelt sich an der Seite hinunter, streicht am Schornsteinfeger vorbei zur Tür hinaus.
Der Turm ist ins Wanken geraten.
»Los«, höre ich den Mann gehetzt rufen, »runter mit Ihnen! Aber dalli!«
Wir haben allen Grund zur Eile.
Die Wespen haben ihre vornehme Zurückhaltung aufgegeben. Bevor der ganze Schwarm über mich herfallen kann, knalle ich die Tür hinter mir zu und wanke die Treppe hinunter.
Unten im Flur steht bleich unter der schwarzen Schminke der Schornsteinfeger. Er jammert um seine Leiter.
Aber keiner von uns hat den Mut, sie zu holen.
Morgen, sagt er, käme er wieder. Schließlich hat er auch den Kamin noch nicht gekehrt.
Ich schließe, nachdem er weg ist, alle Türen und Fenster und sehe mit Schaudern, wie sich wütende Wespen von draußen gegen die Scheiben werfen.
Miß Lucie sieht es auch.
Aufgeregt läuft sie auf der Fensterbank hin und her, richtet sich an der Scheibe hoch und klopft empört dagegen.
Die Vorstellung, was alles hätte passieren können, macht mich noch im nachhinein schwach. Es dauert bis gegen Mittag. Dann erst hat sich der Schwarm beruhigt und verzogen.
Abends, im Schutz der Dunkelheit, in der, wie es heißt, die Wespen ihr Haus hüten und nicht mehr ausfliegen,

schleichen sich Simon und ich auf den Speicher, nehmen die Leiter ab und klemmen uns gleich auch die zum Wegwerfen bestimmten Sachen unter die Arme.
»Meine Kinderpost!« ruft Friederike beglückt, kaum daß wir wieder unten sind.
»Du meinst doch nicht die vergilbten Papierschnitzel?« erkundigt sich Simon ironisch.
»Haach, damit habe ich immer sooo gern gespielt!«
»Deshalb hast du sie wohl auch auf dem Speicher abgestellt, was?«
»Hab ich ja gar nicht! Nach dem letzten Hausputz waren ein paar Sachen einfach verschwunden!«
»Nun tut mir einen Gefallen und schmeißt den Kram weg«, sage ich, mir die Spinnweben aus den Haaren und den Staub aus den Augen wischend.
»Moment, Moment«, höre ich die Stimme meines Sohnes aufgerührt murmeln, »da ist doch mein guter alter Malkasten!«
»Simon, der kommt in den Müll!«
»Aber nein, Mama, den brauche ich zum Mischen! Menschenskind, die Tube mit dem Deckweiß suche ich seit Wochen!«
»Hör mal! Sie sieht aus, als sei sie seit Jahren eingetrocknet!«
»Ich weiß nicht«, sagt Simon kopfschüttelnd und nimmt den ausgelaugten Tuschkasten an sich, »wer das alles immer wegpackt!«
Friederike sitzt am Tisch, kritzelt eine Spielzahlkarte voll und klebt eine Minibriefmarke auf einen Miniumschlag.
»Herrlich«, seufzt sie, »daß du heute auf dem Speicher warst, Mama!«

Miß Lucie und ich

Da, wo sie arbeitet, hat Tessie mir gestern abend erzählt, ist eine kleine Katze gefunden worden. Man könne und wolle sie aber nicht behalten.
»Klein?« höre ich mich fragen.
»Sehr klein.«
»Vielleicht hat sie sich verlaufen«, gebe ich zu bedenken, »habt ihr euch in der Nachbarschaft mal erkundigt?«
»Noch nicht. Heute war's schon zu spät und zu dunkel. Aber morgen tun wir das natürlich gleich.«
»Die sehr kleine Katze«, hat Tessie nachdenklich hinzugefügt, »sieht aus wie Miß Lucie.«
»Das ist unmöglich«, habe ich entschieden widersprochen, »diese Zeichnung gibt es kein zweites Mal auf der Welt.«
»Nun, nicht haargenau wie Miß Lucie«, hat Tessie eingeräumt, »aber ihr doch sehr ähnlich. Schwarzer Rücken, weißer Bauch und das weiße Dreieck überm Gesicht.«
Ich habe ungläubig den Kopf geschüttelt, und Tessie ist achselzuckend schlafen gegangen.
Heute morgen beim Frühstück kam – ich weiß nicht wie – wieder die Sprache darauf.
»Aber jetzt im Herbst könnt ihr so ein kleines Tier doch nicht einfach an die Luft setzen«, ereifert sich Simon.
Friederikes Blick hängt flehend an mir.
Ich trinke meinen Kaffee und starre geistesabwesend in die Tasse.
»Mama«, bohrt Friederike, »hast du gehört, was Simon

sagt? Es ist Herbst! Und das Kätzchen hat noch kein Zuhause!«

Ja, ich habe es gehört.

Auch mir ist der Wandel der Jahreszeiten bekannt. Während ich in der Großstadt bisweilen den Eindruck hatte, nichts Wesentliches ändere sich je unter der Dunstglocke, erfreue ich mich auf dem Lande des faszinierenden Reigens von Frühling, Sommer, Herbst und Winter. Mal dehnt sich das eine etwas länger aus, mal setzt das andere früher ein, als man es dem Kalender nach erwarten darf, aber im großen und ganzen weiß man doch stets, woran man ist.

Wenn die letzten Stechfliegen nur noch taumelnd zum Sturzflug auf meine Knöchel ansetzen, die Wäsche doppelt so lange braucht, um trocken zu werden, die Sonne schon gegen fünf Uhr nachmittags hinterm Wald verschwindet und morgens weißer Nebel im Tal nistet, dann ist das der Anfang vom Ende eines Jahres.

Bei allem, was sich mir bis dato nicht erhellt hat – und dazu gehört der Schreibcomputer ebenso wie die Libanon-Krise –, eines weiß ich gewiß: Herbstkatzen haben es schwerer als Frühjahrskatzen. Ihnen stehen in früher Jugend bereits Hunger, Durst und grausame Kälte bevor. Auf dem Gebiet kenne ich mich aus. Da riskiere ich keine Fehleinschätzung. Vieles, wie gesagt, entzieht sich meiner Kenntnis und meinem Einfluß; zum Lösen der großen gordischen Knoten von weltgeschichtlicher Bedeutung habe ich mich daher nie aufgerufen gefühlt. Das Schicksal einer jungen, heimatlosen Herbstkatze jedoch erscheint mir als ein Problem, das an meine Verantwortlichkeit rührt, nicht wahr, Miß Lucie?

Sie sitzt auf der Fensterbank und hustet.

Den Kopf vorgestreckt, gibt sie eine Serie kleiner Keuchlaute von sich.
Anschließend niest sie zweimal.
Ich bin sofort beklommen.
Von allen Katzen, die sich mir anvertrauen, ist sie stets die gesündeste gewesen.
Abgesehen von Ohrmilben hatte sie zu keiner Zeit etwas mit Parasiten zu tun. Bei jeder Wurmkur kann ich sie getrost auslassen.
Weder neigt sie zu Erkältungen noch zu Darmkrankheiten. Kleine Wunden, die sie sich zuzieht, heilen von selbst und entzünden sich nicht.
Sie blieb verschont von grassierenden Fellkrankheiten und Ansteckungen jeder Art, und allein die Aufzählung all dieser Plagen mag ausdrücken, womit die anderen zu kämpfen hatten.
Tommy, meinen besonderen Liebling, verloren wir an die Tollwut beziehungsweise an seine Abneigung gegen die Impfung.
Pussi, die zähe, gewiefte alte Mutterkatze, die mit einem Wildkaninchen ihrer eigenen Größe die Scheunenwand senkrecht emporklettern konnte, um ihre Kinder im Dachgebälk zu füttern, blieb eines Tages im Wald.
Sieben Jahre lang, sagte der Jagdhüter, sei sie ihm ein Dorn im Auge gewesen, habe sie ihre tolldreisten Raubzüge im Revier unternommen, habe er ihr nachgestellt. Sieben Jahre lang, Gott wisse wie, sei sie ihm entkommen. Nun habe er sie endlich erwischt. Sie sei, fügte er hinzu, kein starkes Tier gewesen. Womit er meinte, sie war eher mager und mickrig anzusehen. Das stimmt.
Ihre Stärke lag in ihrem Instinkt, ihrer Unabhängigkeit

und ihrer absoluten Weigerung, sich domestizieren zu lassen. Kein Kissen hielt sie lange, keine Ofenwärme lockte sie über den ärgsten Winter hinaus, kein Mensch bedeutete ihr mehr als eine fette Maus.

Sie war keine Hauskatze. Sie war ein Tier der freien Wildbahn. Bis heute gehört ihr meine scheue Bewunderung.

Miß Lucie war anderer Meinung.

Sie atmete sichtlich auf, als Pussi wegblieb.

Miß Lucie, gehätschelt, behütet, umsorgt, hat die wilde, eigenständige Pussi überlebt.

Sie hat den törichten kleinen Kater Tommy überlebt und schließlich ihre Tochter Zaza, die als einzige unserer Katzen in der Kurve oberhalb des Waldhofs überfahren wurde.

Ob Miß Lucie dadurch einsamer geworden ist, ob ihr der eine oder andere Gefährte fehlt, ist nicht ersichtlich. Sie schweigt sich aus. Selbst mit Zaza hatte sie in den letzten Jahren wenig gemeinsam.

Im übrigen muß ich befürchten, daß ihr jede junge Katze im Lauf der Zeit über den Kopf wächst, egal, wie oft man ins Geschehen eingreift.

Miß Lucie zittert, bebt, faucht, wirft mit Protestschreien um sich und zieht letztendlich doch den kürzeren, gibt einen umkämpften Sesselplatz auf und wendet sich von einem gemeinsam auf den Fußboden gezerrten Wurstpäckchen ab.

Wenn Speed die Vorderpfote drohend hochreißt und dazu etwas zischt, das sinngemäß »Wag dich nicht – oder . . .« heißen mag, dann läßt Miß Lucie von der Wurst ab.

Aber Speed und Jüli, was für eine Prüfung sie auch sein

mögen, leben großenteils draußen in ihren Heu- und Stroh-Burgen. Während ein Kätzchen ohne Lebenserfahrung natürlich im Hause bliebe. Es würde Miß Lucies Kreise viel mehr stören und ihren Geschäftsfrieden viel stärker belasten als die beiden Irrwische, und nach allem, was auch sie mit Piggies Kindern durchzustehen hatte, wäre ihr ein friedlicher Winter mit ungeteilter Liebe und Aufmerksamkeit zu gönnen.
Zumal sie hustet.
Gegen Mittag ruft Tessie an.
In der Nachbarschaft vermisse keiner eine junge Katze. Auch wolle niemand eine haben.
Das Tier sei sehr possierlich, lieb und völlig stubenrein. Es habe im Heizungskeller übernachtet und dort das eigens zurechtgestellte Kästchen mit Sägemehl brav benutzt. In dieser Hinsicht, schließt Tessie, wobei sie das Wort »dieser« betont, gebe es demnach keine Probleme.
Und ob ich mir wohl Gedanken über den Verbleib des Tieres gemacht hätte?
Ich sage ja, Gedanken schon. Aber Entschlüsse seien nicht in mir gereift. Den Vormittag über habe mich geistige Arbeit davon abgehalten, im übrigen huste Miß Lucie.
Tessie vermag das kaum zu glauben.
Aber sie läßt davon ab, mich zu quälen.
Beim Abendessen ist es denn auch nicht sie, die das Thema zur Sprache bringt, sondern die Kinder sind es, indem sie nach dem Verbleib der kleinen Katze fragen, die Miß Lucie so unerhört ähnlich sieht.
Tessie hebt die Schultern und läßt sie resigniert wieder sinken. Dort an ihrem Arbeitsplatz werde man das Tier

nicht behalten. Keinesfalls. Nur noch diese eine Nacht. Danach gebe es keinen Aufschub mehr.

»Warum?« fragt Friederike, mein selbstgezogenes Möhrengemüse verschmähend.

Tessie setzt zu einer überzeugenden Erklärung an. Erstens, gibt sie zu bedenken, sei da schon eine Katze.

»Hahaha«, unterbreche ich mit hohler Stimme, »eine? Na und?«

Zweitens, fährt Tessie unbeirrt fort, sei da ein Hund.

Erwartet sie im Ernst, daß mich das beeindruckt?

»Hör mal«, sagt Tessie ungeduldig, »das ist schließlich ein Betrieb, ja? Und dies hier ist ein privater Haushalt. Dazwischen besteht ein gewisser Unterschied.«

Gegen meine Gewohnheit zeige ich mich halsstarrig. Wo, im Falle einer kleinen Katze, liege da der Unterschied?

»Ein Betrieb«, belehrt mich Tessie, »verkraftet einfach keine beliebig große Anzahl von Tieren.«

Der Sommer, erwidere ich, habe mir gezeigt, daß auch ein Haushalt eine solche nicht verkraftet.

»Mama«, unterbricht Simon, Aufruhr in der Stimme, »kein Mensch verlangt irgend etwas von dir. Also reg dich ab!«

Wir heben die unerquickliche Tafel auf.

Torro bekommt den Rest des biologisch angebauten Möhrengemüses. Er hebt den Blick in stummer Anklage von der Schüssel und läßt sie unberührt stehen.

Die Kinder schalten den Fernseher ein.

Ich ziehe mich mit Miß Lucie an meinen Schreibtisch zurück, wo sie sich sofort auf dem Kohlepapier zu aalen beginnt.

In all den Jahren habe ich ihr nicht beibringen können,

daß Papier tabu ist. Sie benutzt vornehmlich das als Unterlage, woran ich gerade arbeite. Nötige ich sie, aufzustehen, weil ich etwas nachlesen oder verbessern muß, beklagt sie sich jämmerlich, erhebt sich unwillig und läßt sich auf dem letzten Zipfel wieder fallen.

Heute, nachdem sie ein Viertelstündchen auf dem Kohlepapier geschlafen hat, nimmt sie hinter der Schreibmaschine Aufstellung, fegt dabei mit dem Schwanz ein Tippex auf den Boden und beginnt zu husten.

Es klingt schauerlich, und ich gerate vollkommen aus dem Konzept.

Anschließend niest sie.

Dann bleibt sie regungslos sitzen, grüblerisch, als warte sie auf weitere Erkältungsausbrüche.

Es fällt mir schwer, mich auf meine Arbeit zu konzentrieren. Soviel ich weiß, gibt es kein Mittel gegen Erkältungen bei Katzen. Man muß sie in Kauf nehmen, sich in Geduld fassen und hoffen, daß sie vorübergehen.

Bei all ihrer Wohlbeleibtheit gelingt es Miß Lucie, hinfällig auszusehen, wenn sie hustet. Die Erschütterung erfaßt ihren ganzen Körper.

Zur Hilflosigkeit verurteilt, sehe und höre ich ihr zu. Gequält blickt sie an mir vorbei.

Dann sinkt sie im Zeitlupentempo auf ein Blatt Papier, das ich gerade aus der Maschine gezogen habe, streckt sich nicht aus, faltet nur ihre Beine zusammen und verharrt in der brütenden Haltung, bis wir schlafen gehen. Der nächste Morgen findet mich übernächtigt und schweigsam.

Während der allgemeine Kampf ums Bad stattfindet, pussle ich mechanisch in der Küche herum. Dauernd steht die Tür nach draußen offen. Speed und Jüli drängen herein, Torro muß hinaus. Ich friere. Der Frost kommt früh in diesem Jahr.

»Wann«, frage ich, als wir endlich alle um den Frühstückstisch sitzen, »wird das Tier an die Luft gesetzt? Gleich heute früh oder erst später am Tag?«

»So genau weiß ich das nicht«, erwidert Tessie bedrückt.

Speed kommt wieder herein, springt auf den Küchenschrank und nähert sich dem Milchtopf.

Torro schießt unterm Tisch hervor und heult empört seinen Protest.

Simon greift sich Speed und setzt ihn in den Flur.

Torro beruhigt sich wieder.

»Also, Mami«, sagt Friederike, die klare Verhältnisse liebt, »wofür hast du dich nun entschieden?«

»Und es ist deine Entscheidung«, erinnert mich Simon, »ganz allein deine.«

»Keiner von uns redet dir da rein«, bestätigt Tessie ernst.

In der Tat, sie senken schweigend die Köpfe.

Nur Miß Lucie, auf der Fensterbank sitzend, hustet laut und vernehmlich.

Es ist halb acht. Sie müssen sich auf den Weg machen.

Ich räume den Tisch ab und bleibe ihnen die Antwort schuldig.

Draußen auf der Leine ist die Wäsche gefroren.

Gegen zehn mache ich mich auf den Weg zu Tessies Arbeitsplatz.

Im Hof stehen zwei Busse und ein kleiner Personenwagen.

Ein junges Paar steigt aus und vertritt sich minutenlang die Füße.

Eine innere Stimme rät mir, im Hintergrund zu bleiben, während Tessie aus einer der riesigen Kellertüren kommt, auf dem Arm die kleine Katze.
Das junge Paar setzt sich in Bewegung, umrundet Tessie, streichelt die schwarz-weiße Winzigkeit und palavert mit weichen Stimmen.
Ich lehne mich an einen schützenden Baum und bete. Es dauert nicht lange, bis Tessie wieder in den Kellerräumen verschwindet, die riesigen Türen sich schließen und das junge Paar in sein Auto steigt. Sie rollen an mir vorbei und halten, bevor sie in die Landstraße einbiegen, noch einmal kurz an. Ich kann nicht anders als ans Wagenfenster treten und sie mir für den Bruchteil einer Minute anschauen, die kleine Katze, die wie Miß Lucie aussehen soll. Sie klebt der jungen Frau wie eine Brosche auf dem Mantel, dicht unterm Kinn. Halb in ihre Hand, halb in ihren Pelzkragen gekuschelt, hat sie die Augen wohlig geschlossen. Ich möchte wetten, sie schnurrt wie ein Rädchen.
Das junge Paar registriert mich nicht.
Es ist beschäftigt mit sich, dem Auto, der Landstraße und dem neuen Familienmitglied, das sich gerade emsig in den Pelzkragen hineinarbeitet.
Die junge Frau lacht und macht eine Streichelbewegung mit dem Kinn.
Dann fährt das Auto davon.
Zutiefst beruhigt und erleichtert falte ich die Hände, diesmal zum Dankgebet.
Ein ganz leises Bedauern darüber, daß die kleine lebendige Brosche nicht auf meinem Mantelaufschlag sitzt, weht mich an und verfliegt wieder.
Ich habe Miß Lucie.

Ich habe zudem, wie sie mir lebhaft versichert, indem sie mir glücklich durch froststarres Distelgestrüpp entgegenhüpft, Jüli.
Und das, was sich da plastisch, fremdartig und bizarr wie ein Totempfahl mitten in der Wiesenumzäunung ausnimmt, ist nichts anderes als Speed, dessen Grau mit dem Altersgrau des verwitterten Eichenholzpfahles verschmilzt, den er unbeweglich krönt.
»Stellt euch vor«, sagt Tessie, als wir uns am späten Nachmittag um die ersten heißen Bratäpfel des Jahres versammeln, »Bekannte meiner Chefin haben sich heute das Kätzchen ansehen wollen, und was glaubt ihr wohl, was passiert ist?«
»Wenn es schlau ist«, seufzt Simon hoffnungsvoll, »hat es sich bei ihnen eingeschmeichelt.«
»Genau!« pflichtet Tessie lächelnd bei.
»Wirklich wahr?« ruft Friederike.
»Ja. Ist es nicht wunderbar?« strahlt Tessie.
»Im wahrsten Sinne des Wortes«, denke ich laut, »ein Wunder im allerletzten Moment. Man kann es auch einen Kelch nennen, der an uns vorübergegangen ist.«
Auf der Fensterbank sitzt Miß Lucie und kaut ein kleines Stück Wurstbrot. Torro sieht ihr mißbilligend dabei zu. Erst als sie fertig ist, frißt er sein eigenes Stück.
»Was macht ihr Husten?« erkundigt sich Simon zerstreut.
»Nichts mehr.«
»Wart's ab«, rät er skeptisch.
Aber ich kenne Miß Lucie, und sie kennt mich. »Gefahr beseitigt«, scheint mein Verhalten zu signalisieren, denn sie wälzt sich bereits vergnügt auf meinem Manuskriptpapier, bevor ich mich noch an den Schreibtisch setze,

greift spielerisch nach meiner Hand und läßt sich das Haar bürsten wie eine Diva. Dann legt sie sich mitten in eine frisch bepflanzte Blumenschale und beginnt einen Farn anzuknabbern. Wäre sie zehn Wochen alt statt der runden zehn Jahre, die sie zählt, könnte sie sich kaum anders verhalten.

Im übrigen behalte ich recht.

Ihr Husten ist wie weggeblasen.

Jill Steinberg

Miss Lucie zieht in den Süden

25 JAHRE BASTEI LÜBBE TASCHENBÜCHER

Der Gordische Knoten

Es gibt Leute, die versichern einem mit fester, ruhiger Überzeugung, daß sie, vor eine Grundsatzentscheidung gestellt, sich dabei stets nur von sachlichen, eingestandenermaßen egoistischen Überlegungen leiten lassen, niemals jedoch vom Gedanken an ihre Tiere. Bei aller Liebe, das nicht. Schließlich sei man in erster Linie sich selbst verpflichtet.

Dann wieder gibt es welche, die sich in der ebenso festen, ruhigen Überzeugung befinden, daß ihr eigenes Glück allein vom Wohlbefinden ihrer Lieben – ob zwei- oder vierbeinig – abhänge und ihnen ein anderes einfach nicht vorstellbar sei.

Natürlich handelt es sich um zwei völlig verschiedene Spezies der großen Menschenfamilie, die sich gegenseitig belächeln, wenn nicht gar verabscheuen. Aber eines haben sie gemeinsam, nämlich die feste, ruhige Überzeugung, und darum beneide ich sie beide gleichermaßen. Das will viel heißen denn Neid ist mir ansonsten fremd.

Mich ficht so leicht nichts an, wirklich. Bei jeder Traum-Villa frage ich mich nur: »Wer putzt die Riesenscheiben?« Bei jedem Rassetier denke ich an die angezüchteten Empfindlichkeiten. Und beim Auto interessieren mich weder Marke noch Baujahr, sondern lediglich die Fragen: Was kann man darin transportieren? Heuballen? Zaunpfähle? Notfalls beides? Wenn nicht, läßt es mich gleichgültig.

Eine gewisse Sehnsucht verspüre ich gelegentlich beim Anblick eines liebevoll gehegten, üppig blühenden Gartens; und ich schließe resigniert die Augen angesichts meines Grundstücks mit den siebenunddreißig frischen Maulwurfshügeln, den von den Ponies säuberlich abgenagten Fichtenstämmen und den fallengleichen, tiefen Löchern, die unsere Hunde mit Feuereifer und bis zur totalen Verschmutzung ihrer Schnauzen und Pfoten von der Schneeschmelze bis zur nächsten Neuschneedecke täglich ausheben.
Aber auch der Traum von einer heilen Gartenwelt schläft ein, wenn der Winter kommt und seine weiße Decke gnädig über alles breitet, über meine Wildnis und die gepflegte Pracht der anderen. Er schläft ausgiebig, mein Traum, denn der Winter in der Eifel dauert und dauert, und gelegentlich vermittelt er den Eindruck von Ewigkeit. Und was den Schnee betrifft, so häuft er sich oft genug vor meinem Gartentor so hoch, daß ich das verflixte Ding nicht aufkriege.
Eines Tages – ich hatte die Blüte meiner Jahre hinter mir und eine nicht enden wollende Erkältung in sämtlichen Atemorganen – stand ich sturmgebeugt im eisigen Ostwind, der unbarmherzig immer neue Schneeschauer vor sich her trieb. Erstmals wurde es mir zuviel.
Ich hob die Schwurhand, daran ein Plastikbeutel mit Grippetabletten, Vitaminpräparaten und Rheumasalben baumelte, und gelobte mir selbst feierlich, diese kalte, dunkle, trostlose Jahreszeit hinter mir zu lassen. Zum Teufel damit.
Damals waren beide Kinder noch zu Hause, täglich, regelmäßig, zuverlässig, und man konnte sie als fast erwachsen bezeichnen.

Nachdem ich noch einen Wasserrohrbruch und die sich unmittelbar danach ergießenden Rechnungen verkraftet hatte, suchte ich das Weite.
Ich suchte es so südlich wie irgend möglich, dort, wo auch die Luxusherbergen unter ihren Pluspunkten keine Heizung mehr verbuchen, nämlich hundert Kilometer nördlich der afrikanischen Küste.
Es war eine Insel, und sie gefiel mir.
Ihr warmer Sand tat meinen Knochen gut, ihre milde Luft wirkte wie Balsam auf meine verräucherten Bronchien, ihre Sonnenstrahlen tönten meine bleiche Haut angenehm hellbraun. Ich lebte auf.
Täglich setzte ich mich mit neuem Elan an die mitgenommene Schreibmaschine, wurde der Fülle von Ideen und Eindrücken kaum Herr, ließ mich von der Geschichte des Landes inspirieren und begann die spanische Spache zu lernen.
Mit anderen Worten: ich schlug ein paar Wurzeln in der Inselerde, die sich im übrigen der vulkanischen Beschaffenheit wegen gar nicht so stark vom Boden meiner Eifelheimat unterscheidet.

Dies alles muß ich vorausschicken, damit niemand denkt, ich hätte aus purer Leichtfertigkeit gehandelt, als ich meine Katze Miß Lucie in ihrem dreizehnten Jahr von einem Kontinent zum anderen schleppte.
Katzen, so heißt es allgemein, hängen am Haus.
Miß Lucie, Ausnahmeerscheinung, die sie nun einmal ist, hängt an meiner Person. Das jeweilige Haus ist ihr egal. Sobald ich es verlasse, verläßt sie es ebenfalls, es sei denn, sie wird nachhaltig daran gehindert.

In ihrer Kindheit verbrachte sie jeweils ein paar Sommerwochen im unwegsamen Gelände, das sich zwischen unserem damaligen Domizil und dem Main erstreckte. Ich verbrachte ebendiese Zeit fast ausschließlich in einer Telefonzelle am Nordseestrand und quälte meine zu Hause treu sorgenden Schwiegereltern mit bangen Fragen nach Miß Lucies Verbleib, die sie mir beim besten Willen nicht beantworten konnten. Denn Miß Lucie hatte sich unmittelbar nach meiner Abreise unsichtbar gemacht.

Keine dieser Ferien habe ich je genossen. Immer bin ich mit klopfendem Herzen, voll düsterer Ahnungen, heimgekehrt, aus gutem Grunde, weil ich Miß Lucie nicht antraf.

Es kam zwar vor, daß sie ungeduldig ans Fenster pochte, während ich noch meinen Koffer auspackte. Aber oft erschien sie auch gar nicht, und ich schickte die Kinder aus, sie zu suchen. Meistens fand Simon sie ein paar Tage später irgendwo im hohen Gras sitzend, verwirrt und unschlüssig. Allerdings sah sie nach diesen Abenteuerferien stets ebenso wohlgenährt aus wie am heimischen Herd.

Dann zogen wir in die Eifel und gaben das Reisen gänzlich auf. Die Kinder machten sich ohnehin wenig aus fremden Umgebungen, mäkelten an fremdem Essen herum, hielten sich von fremden Kindern fern und fanden es nirgendwo so schön wie zu Hause. Außerdem nagelte uns die wachsende Zahl unserer Tiere ans traute Heim. Wem hätte man zwei Hunde, ein halbes Dutzend Katzen und drei Ponies überlassen können? Wir wußten niemanden, und so blieben wir, und wir taten es gern, denn der Eifelsommer kann zauberhaft sein, vergleich-

bar dem unvermutet herzlichen Lächeln auf dem Gesicht eines Griesgrämigen.
Mit den Jahren änderte sich unmerklich die Einstellung der Kinder zur sommerlichen Feriengestaltung. Simon forschte nach Reiterhöfen, Friederike studierte Work-Camp-Angebote, und sie begannen, sommers auszufliegen.
Ich sah es mit Wohlwollen. Ich wünschte mir keine ewigen Nesthocker. Ich freute mich, wenn sie mit ihren Rucksäcken loszogen, und betrachtete mit mildem Interesse die Fotos, die sie mitbrachten.
Eine Anfechtung war es nicht. Meine eigenen Wünsche bewegten sich zwischen einer neuen Regenrinne und stabilen Zäunen, und ich vermißte nichts bis zu jenem Tag im Winter, als ich das Weite suchte und die Insel fand.
Im darauffolgenden Sommer flogen wir alle hin, unter Zurücklassung unserer Tiere, versteht sich. Es war nur für zwei Wochen, und wir hatten ausnahmsweise eine liebenswerte Familie gefunden, die bereit war, unser Haus und die Menagerie zu hüten wie ihre eigenen Augäpfel.
Telefonisch erfuhren wir nur Positives.
Zwar gäbe es eine Invasion von Zecken, und eins der Ponies sei obstinat, ansonsten gebe es keine Schwierigkeiten, nichts, das mich nervös rotieren lassen müßte.
Heimgekehrt hörte ich, daß sich Miß Lucie unmittelbar nach meiner Abreise auf die oberste Treppenstufe gesetzt und langgezogene, schauerliche Schreie ausgestoßen habe. Ihr Jammer sei herzzerreißend gewesen. Man habe sie mit frischem Fisch und allen nur möglichen Leckerbissen zu trösten versucht und schließlich in allen Betten schlafen lassen, dazu die Fenster hermetisch ver-

schlossen und die Haustür nur unter strenger Bewachung geöffnet, um sie nur ja nicht – vielleicht für immer – zu verlieren.

Von da an war mir klar, daß ich den Tort meiner Abwesenheit weder Miß Lucie noch irgendeinem freundlichen Menschen mehr antun konnte. Auch die Kinder kamen nicht mehr in Frage.

Sie wuchsen mir bereits über den Kopf, strebten aus dem Haus, waren nicht mehr ständig verfügbar und hatten alle Mühe, ihre eigenen Tiere zu versorgen beziehungsweise unterzubringen.

Simon verteilte schweren Herzens seine Ponies, als ihn der Zivildienst rief. Friederike schmuggelte Jüli in ein Apartment, als sie eine Lehrstelle antrat.

Ihr Hund, Torro der Erste, hatte etwa vierzehnjährig – genau wußten wir sein Lebensalter nicht – das Zeitliche gesegnet; Speed, unser wilder, grauer Kater, war binnen zweier schrecklicher Wochen von einer Seuche dahingerafft worden.

Mir blieb Torro der Zweite, von dem noch die Rede sein wird – und mir blieb Miß Lucie.

Oft scheint es mir, als sei Miß Lucie die einzige Konstante im Wechselspiel meines Lebens.

»Wie geht es ihr?« fragen mich die Leute mündlich, schriftlich, von nah und fern. »Lebt sie noch? Wenn ja, wie alt ist sie jetzt? Und was *macht* sie eigentlich?«

Nun, sie macht mir Freude, sie macht mir Kopfzerbrechen, und von der allgemeinen regen Anteilnahme, die sie erfährt, ahnt sie nichts. Mich aber bewegt das lebhafte Interesse an ihrer kleinen Person, denn schließlich ist Miß Lucie kein Dallas-Star und kein Weltraumfahrer, keine politische Größe und kein Olympiasieger. Sie ist

eine gewöhnliche Hauskatze, weder blaublütig noch blauäugig. Nicht mal ein Perser ist eingekreuzt.
Immerhin ist sie zweifarbig.
Über Rücken und Schwanz trägt sie vornehmes Schwarz, der Rest ist weiß.
Ihr Gesicht ist ein strahlend helles Dreieck, schwarz umrahmt. Das gibt ihr den klassischen Madonnenscheitel-Look, um den sich zu allen Zeiten weibliche menschliche Wesen mit Kamm und Bürste und Fön bemühen.
Bei Miß Lucie ist es ein Spiel der Natur. Passend dazu trägt sie einen tiefernsten Ausdruck zur Schau. Nie sah ich sie lächeln. »Na und?« höre ich Ahnungslose sich ereifern. »Seit wann zeigen Tiere heitere Gesichtszüge?«
Vielleicht ist es eine Glaubensfrage.
Wenn ich behaupte, daß Torro gelegentlich übers ganze schwarz verzottelte Gesicht lacht, so mag das naturwissenschaftlich nicht haltbar sein.
Trotzdem: er tut's.
Nicht so Miß Lucie.
Ihr Wesen ist von Verhaltenheit bestimmt, ihre Gemütsregungen bleiben unter der Oberfläche, es sei denn, es geht um mich oder um frischen Fisch.
Aber Miß Lucie ist auch kein heuriger Hase mehr.
»Wie geht's dir denn?« frage ich sie stellvertretend für die vielen freundlichen Interessenten.
Sie hebt den Kopf aus der Sofaecke, die sie derzeit bevorzugt, reißt ihr Mäulchen auf, gähnt, gibt mir Gelegenheit, ihr Gebiß zu begutachten, vergräbt den Madonnenscheitel erneut zwischen den Pfoten und schlingt mit einer einzigen, graziösen Bewegung den schwarzen Schwanz um ihre füllige, kleine Gestalt.
Ihre Zähne sind nicht mehr komplett.

Ihr weißes Bauchfell hat Beutelform angenommen.
Ich bin zwar immer noch der Meinung, daß Miß Lucie es bei weitem vorgezogen hätte, ihr Leben als Einzeltier zu verbringen, meiner uneingeschränkten, ihr allein gewidmeten Zuneigung teilhaftig. Andererseits bin ich ziemlich sicher, daß sie hoffnungslos träge geworden wäre, hätte das Rudel, in dem zu bewegen sie sich gezwungen sah, ihr nicht ein ständiges Training abverlangt.
Ebendies mag auch auf mich zutreffen.

War ich eine kleine Weile auf dem Ego-Trip herumgestreift, allein und unbelästigt, drehte ich mich auf sandigen Dünenwegen wie ein Kreisel in der gewohnten Annahme, etwas Vierbeiniges liefe hinter mir her. Manchmal war das tatsächlich der Fall, und schon füllte ich hastig Seifenschälchen mit Essensresten und fühlte mich in meinem Element. Gleichzeitig fielen mir beim Anblick fremder Tiere meine eigenen ein, und besonders Miß Lucie begann ich spürbar zu vermissen. Keine erschrocken erhobene Pfote, wenn ich Miene machte, mein Frühstücksbrot allein und ungeteilt zu verzehren – kein freudiges, erwartungsvolles Schnurren, wenn ich den gefüllten Einkorfskorb in die Küche hievte – kein vertrautes Plumpsen auf die Bettdecke, wenn ich mich niederlegte – nichts forderte mich, nichts gehörte zu mir. Ein Gefühl der Leere machte mir zunehmend zu schaffen.
Trotzdem – und damit komme ich zu den eingangs erwähnten unterschiedlichen Spezies zurück – fehlte mir die feste, ruhige Überzeugung. Weder konnte ich mich über Miß Lucies Jammer und unserer beider Verlassenheit hinwegsetzen noch war ich imstande, die Insel aufzugeben mitsamt allem, was sie für mich birgt.

So sah ich mich einem Knäuel einander widersprechender Lebenswünsche gegenüber, das eine verteufelte Ähnlichkeit mit dem legendären gordischen Knoten hatte. Da mir ein kraftvolles Zerhacken nicht gegeben ist, entschloß ich mich fürs geduldige Aufdrieseln.
Die ersten Fäden entwirrten sich völlig unerwartet, als ich mich ein letztes Mal allein davonstahl, indessen mich Friederike zu Hause vertrat.
Die Chartermaschine, in der ich einen Fensterplatz innehatte, hob gerade vom Boden ab, als sich eine winzige Schnauze an meinem linken Ellenbogen rieb.
Ich glaubte es nicht. Es konnte nur eine Fata Morgana sein oder eine Zwangsvorstellung.
Ich traute meinen Augen erst, als über der Schnauze zwei blanke, runde Äugelein auftauchten sowie ein blondes Stirnhaarbüschel, mit einem rosa Schleifchen zusammengebunden.
All dies gehörte einem Yorkshire-Terrier, der in einer Transporttasche neben mir hockte und den sanft gemurmelten Ermahnungen seiner beiden Besitzer folgend auch brav dort blieb.
Ich hatte sofort eine Vision von Miß Lucie, wie sie aufmerksam durchs Guckfenster die Pyrenäen betrachtete und mich mit erhobener Pfote auf die Stadt Madrid hinwies, die ich immer übersehe, und wie sie anschließend ein Häppchen Bratenfleisch vom Lunchtablett entgegennahm.
»Und warum nicht?« dachte ich aufgewühlt, bevor ich den Besitzern des Schleifchenträgers mit endlosen Erkundigungen auf die Nerven fiel. An der Transporttasche sollte es weiß Gott nicht liegen. Die hatten wir auch.

Ein kleinformatiges Tier, so erfuhr ich, das nicht mehr als sechs Kilo wiegt, kann, sofern es in Korb oder Tasche sitzt und niemanden belästigt, im Passagierraum der Maschine befördert werden.
Dringend erforderlich ist nur ein Tollwut-Impfzeugnis, das nicht älter als vier Wochen sein darf.
Sieh mal an.
Mir wurde plötzlich leicht und froh zumute.
In einem Käfig im Frachtraum, fremden Gerüchen und Geräuschen allein und hilflos preisgegeben, hätte ich meine alte Katze niemals reisen lassen. Dann lieber gar nicht.
Aber so, mit mir zusammen, nicht anders als im Auto oder im Zug – das war zu überlegen.
Die Insel war mir ja schon vertraut. Ich hatte sie mit meinen eigenen Augen ebenso betrachtet wie mit denen der normannischen Eroberer vor rund fünfhundert Jahren. Diesmal inspizierte ich sie mit Miß Lucies Augen, wobei ich meine Ferienwohnung und die nähere Umgebung besonders aufmerksam einkreiste und schließlich für ausgezeichnet befand.
Die Wohnung war geräumig, hatte eine Sonnenterrasse und lag im ersten Stock. Das machte sie – im Gegensatz zum Parterre – unzugänglich für eventuelle Tierbesuche. War Miß Lucie zu Hause schon heikel, was Gesellschaft anging, so wollte ich sie in der Fremde keinesfalls unliebsamen Überrraschungen in Gestalt kräftiger Kater aussetzen, zum Beispiel. Von allem, was sonst noch kreucht und fleucht, gar nicht zu reden.
Andererseits nimmt sie aus sicherer Entfernung gern Anteil am Leben der andern, und dafür eigneten sich die breiten Blumenkästen der Terrasse, von wo aus man Zie-

gen, Hunde und Katzen auf spärlich bewachsener Dünenlandschaft sich tummeln sah.
Für andere Attraktionen, nämlich den Blick auf ungestüm heranrollende Atlantikwogen und schroffes Gebirge unter azurblauem Himmel, würde sich Miß Lucie kaum interessieren.
Ich blieb nur zwei Wochen. Aber bevor ich mich von den reizenden kanarischen Freunden verabschiedete, die außer den insgesamt acht Ferienwohnungen ein mit Recht beliebtes Fischrestaurant ihr eigen nennen, buchte ich für meine Katze und mich ein Quartier für den Winter.
Anschließend flog ich nach Hause, um in Ruhe alle notwendigen Vorbereitungen für eine längere Abwesenheit zu treffen. Der gordische Knoten war zum niedlichen Katzen-Spiel-Knäuel zusammengeschrumpft. Meine innere Verfassung hatte sich wieder gefestigt. Ich beneidete niemanden mehr.

Der Strich durch die Rechnung

Den ersten Strich durch meine sorgfältig ausgetüftelte Rechnung machte mir Torro, indem er sich mit steif gestemmten Vorderpfoten weigerte, bei den Nachbarn zu bleiben, die er sich vorher so gefügig gemacht hatte.

Sie brauchten nur »Torro!« zu hauchen, und er schoß wie ein Pfeil über Maulwurfhügel, Weggabelungen und niedrige Gartenzäune hinweg, um ihnen zu Füßen zu fallen und mit zarter Schnauze Butterbrote entgegenzunehmen, die er bei mir verachtete.

Wenn ich ihn rufe, schießt er auch wie ein Pfeil, er fliegt förmlich mit seinen eigenen Ohren um die Wette, nur nicht in meine Richtung, sondern in die entgegengesetzte.

Aus diesem Grunde, und um seiner Sicherheit willen, dachte ich besser daran zu tun, ihn bei den Menschen seiner Wahl zu lassen, statt ihn ahnungslos ins ungewisse Abenteuer zu stürzen. Zumal er ihnen im wahren Sinne des Wortes aus der Hand zu fressen pflegte, während ich ihm mit gefülltem Napf durchs Haus folgte und ihn anflehte, doch wenigstens einen Blick auf die Herrlichkeiten zu werfen.

Die Nachbarn, stolz auf Torros unbedingte Ergebenheit, hatten bereits einen Hundekorb mit geblümten Kissen ausgeschlagen und eine Laufleine gekauft, die sich selbst entrollte und wieder zurückspulte – Farbe Grün –, als sich mein Hund eines anderen besann.

Von heute auf morgen, ohne ersichtlichen Grund, änderte er seine Einstellung, seine Vorliebe, seine Gewohnheit, womit er mich – wie so oft – in eine fatale Lage brachte.
Wenn ich mich vorher für die Neigung entschuldigen zu müssen glaubte, die er den Nachbarn entgegenbrachte, und für die offensichtliche Nichtachtung, die er mir zukommen ließ, so hieß es jetzt umschwenken, alte Argumente mit neuen Inhalten versehen.
Ich brach mir etliche Verzierungen ab, um dem bitter enttäuschten Ehepaar Torros plötzlichen Sinneswandel begreiflich zu machen, ihnen glaubwürdig zu versichern, es liege nicht an ihnen, geschweige denn an mir, sondern vielmehr an der Tatsache, daß er in seiner Klein-Hund-Zeit in unverantwortlicher Weise von Hand zu Hand gegangen sei.
Früher, wenn ich dies stammelnd ausführte, indessen Torro im Fernsehsessel der Nachbarn kauerte, aufmerksam die Tagesschau verfolgte, Gummibärchen lutschte und so tat, als habe er mich nie gesehen, hatte ich bestenfalls ein mitleidiges Lächeln geerntet. Oft auch hatte sich leichte Skepsis in die Gegenrede geschlichen.
Ein Tier *weiß* doch, wo es ihm gutgeht, nicht wahr? Es reagiert instinktiv und instinktiv richtig, indem es sich demjenigen anschließt, der es am besten mit ihm meint – oder etwa nicht? Von Erfahrungen war da die Rede, solchen und solchen, die das Verhalten besonders eines Hundes bestimmen, und immer wieder natürlich von meiner Katze, an der ich bekanntermaßen mit abgöttischer Liebe hing. Fühlte sich Torro da vielleicht überflüssig? und *war* er nicht in der Tat das fünfte Rad am Wagen?

Fragen dieser Art wurden maulwurfshügelartig aufgeworfen und verunzierten die Beziehungslandschaft zwischen den Nachbarn – sie hießen Reuter – und mir.
Von dem Tage an, da Torro sich plötzlich eigensinnig widersetzte, dem Ruf aus Nachbars Garten zu folgen, und schließlich, gegen seinen Willen hinübergeführt, mit steif gestemmten Vorderpfoten auf dem Fußabtreter verharrte und keinen Schritt mehr ins gastliche Haus zu setzen bereit war, änderte sich alles.
Das mitleidige Lächeln wich von den Zügen meiner Nachbarn, und von Stund an hatte ich andächtige Zuhörer für Torros Erlebnisse in seiner Klein-Hund-Zeit.
Hier nun muß er wohl beschrieben werden.
Er ist ein schwarzzottiger Mischling im Terrierformat mit Pudeleinschlag, von Kennern als Tierheimrasse bezeichnet, denn von seinesgleichen, so heißt es, quellen die Tierheime förmlich über. Und genau dort wäre wohl auch er gelandet, hätte ihn kein gütiges Geschick in meine Obhut verschlagen.
Er sieht unserem heimgegangenen Torro verblüffend ähnlich, und gleich ihm arrangierte er sich von Anfang an auf geschickte Weise mit Miß Lucie, indem er ihre Vorrechte nicht antastete. Weder näherte er sich ihrem Schüsselchen noch strebte er nach den weichen Plätzen, die sie gerade bevorzugte.
Nur eines unterscheidet ihn ganz stark von seinem Vorgänger: der selige Torro war Friederikes Hund.
Er wußte es. Friederike wußte es. Miß Lucie wußte es.
Dieser hier weiß nicht so recht, wessen Hund er ist.
Sein erster Besitzer war ein alter Mann, der, kaum daß er den Welpen zu sich genommen hatte, ins Krankenhaus mußte und nicht mehr zurückkehrte. Die Putzfrau

erbarmte sich des jämmerlichen kleinen Wichts, um ihn nach kurzer Zeit aufatmend weiterzureichen. Es folgten Zwischenaufenthalte in engen Stadtwohnungen und geschlossenen bäuerlichen Schuppen. Am Ende einer ganzen Kette von Unerfreulichkeiten – Torro war inzwischen ein halbes Jahr alt – standen Miß Lucie und ich.
Simon, dem er sich liebend gern angeschlossen hätte, konnte keine feste Bindung mehr eingehen, da seine Zeit zu Hause gerade ablief. Mit Friederike, von der er sich lammfrommm die verfilzten Zotteln bürsten ließ, verhielt es sich ähnlich. Was mich betrifft: er war mir durchaus zugetan, aber er respektierte mich nicht.
Simon wurde nicht müde, mir geduldig zu erklären, daß Hunde im Rudel zu leben gewöhnt gewesen seien, früher, in grauer Vorzeit. Daß es da Anführer gegeben habe und Mitläufer. Ein starker Charakter wie Torro folge zwar dem Leithund – und ausschließlich diesem –, aber nur in der Absicht, ihn einmal in seiner führenden Rolle abzulösen.
»Du bist nicht sein Leithund, Mama«, schloß Simon seine diesbezüglichen Ausführungen.
»Wie soll ich das verstehen?« fragte ich befremdet.
»Ganz einfach«, ließ mich Friederike wissen, die schneller denkt als ich, »er folgt *dir* nicht. Im Gegenteil, er erwartet, daß du *ihm* folgst.«
»Da kann er lange warten«, sagte ich grimmig.
»Keineswegs –« meine Kinder lächelten in seltener Übereinstimmung, »er hat völlig recht. Nicht er läuft dir nach, sondern du läufst ihm nach, und das jeden Tag.«
Zu den Reuters nebenan bin ich ihm schließlich nicht mehr nachgelaufen.
Ich sah, wie er sich Herrn Reuter ans Schienbein

klemmte, wie er ihm willig überallhin folgte – ein getreuer Schatten –, wie er sich die lehmbeschmierten Pfoten mittels eines feuchten Lappens brav säubern ließ, den er mir im umgekehrten Falle um die Ohren gehauen hätte – und wie er nur noch nach Hause kam, wenn sie ihn unter gütigem Zureden bis an Gartentor brachten.
Das war fast ein Jahr lang so gegangen, und ich hatte mir gesagt – bekümmert zuerst und verstimmt, dann zunehmend verständnisvoll: Torro hat seinen Leithund gefunden. Ich will seinem Glück nicht im Wege stehen.
Schließlich war ich sogar beruhigt gewesen und, ehrlich gesagt, erleichtert darüber, daß ich für ihn jedenfalls keine Inselvorbereitungen zu treffen brauchte. Was Torro letztendlich dazu bewog, einen Rückzieher zu machen, die Reuters zu meiden und sich an *mein* Schienbein zu klemmen, läßt sich rational nicht erklären.
Vielleicht war es der Anblick des gepolsterten Korbes, der ihn abstieß, vielleicht war es die grüne Laufleine. Vielleicht sagte ihm auch nur eine innere Stimme, daß hier eine Entscheidung über seinen Verbleib gefällt wurde, und dergleichen konnte er nicht dulden. Entscheidungen, sofern sie ihn betreffen, trifft grundsätzlich er selbst, zumindest seitdem er sich in meiner Obhut befindet. Vielleicht entschied er sich aus diesem Grunde für mich.
Torro also mußte im letzten Augenblick miteingeplant werden.
Torro, der an der Leine hechelt, spuckt, sich verschluckt und vorgibt zu ersticken; Torro, dessen mir in stummer Verachtung zugewandtes Hinterteil Bände spricht, wenn ich ihn mittels einer zehn Meter langen Longier-Schnur aus Pony-Besitz daran hindere, vorbeifahrende

Radfahrer aus den Sätteln zu heben, während ich die Wäsche aufhänge; Torro, der mit Märtyrermiene den Briefträger anfleht, ihn um Christi willen von der Schnur loszubinden, an der ich ihn gegen jedes Tierschutz-Gesetz gefangen halte; Torro, der mich immer zu langatmigen Erklärungen zwingt, in die Defensive drängt, in schlechtes Licht setzt.
Torro also mußte ich mitnehmen, und zwar in einem Flugzeug.
Wie mir bei diesem Gedanken zumute war, kann nur der ermessen, der uns beide beim Überqueren einer nicht sehr hohen, gemütlich breiten Brücke gesehen hat, die beidseitig von bequemen Bürgersteigen gesäumt ist.
Bis zum ersten Geländerpfosten zerrt Torro mich ungeduldig hinter sich her. Angesichts des Zwischenraums von zehn Zentimetern, der zwischen dem Pfosten und der nächsten eisernen Strebe klafft, verhält Torro den Schritt und teilt mir, platt auf der Erde liegend, unmißverständlich mit, daß er keine Pfote auf dieses gefährliche Teufelswerk zwischen Himmel und Erde setzen wird, jetzt nicht, später nicht, niemals.
Keinem von uns, nicht einmal Simon, dessen Einfluß auf jedes Tier, auch auf das hier beschriebene, größer und nachhaltiger ist als meiner oder Friederikes, ist es jemals gelungen, Torro den Zweiten über eine Brücke zu führen.
Da wir aber jenseits der Brücke wohnen, müssen wir hinüber, und was tun wir? Ihm den Gefallen, durchs Wasser der Kyll zu schwimmen?
Nein, obwohl mich der Gedanke manchmal anweht, denn inzwischen ist er zwei Jahre alt, und trotz seiner heiklen Eßgewohnheiten wiegt er um die zwanzig Pfund.

Trotzdem: wir schwimmen nicht.
Wir tragen ihn, wobei er in Angst und Schrecken sein Haupt verhüllt, daß heißt, er bohrt einem den Kopf in die Armbeuge, was äußerst hinderlich ist, besonders dann, wenn man außer ihm noch eine Tasche trägt. Und wann täte man das nicht.
Die Vorstellung, mit ihm eine Flugreise anzutreten, trieb mir den Schweiß auf die Stirm. Aber was half's? Er hatte A gesagt, und nun kam es darauf an, ihm das B so schonungsvoll wie möglich beizubringen.
Sein Gewicht, wie bereits erwähnt, lag weit über den für den Passagierraum zulässigen sechs Kilogramm, und sein Format sprengte jede Tragetasche. Damit war das Urteil Frachtraum gefällt, und ich brütete dumpf über der Frage, ob ich ihn nicht doch lieber hierlassen sollte. Aber bei wem? Er wich mir nicht mehr von den Fersen, und als ich ihn darauf ansprach, warf er mir einen waidwunden Blick aus schwarz umflorten Augen zu. »Sieh mal, da geht dein Freund«, bemerkte ich hoffnungsvoll, denn draußen ging, den geöffneten Regenschirm grüßend erhoben, Herr Reuter vorüber.
Torro ließ sich sofort von der Fensterbank fallen, um nicht gesehen zu werden, breitete sich willenlos über meine Füße aus und ließ mich wissen, daß sein Leben mir gehöre. Der Hund übertreibt unentwegt. Er ist ein Clown.

Ich ließ ihn und Miß Lucie auf mein Ticket eintragen, fuhr mit beiden zum Tierarzt, der Impfungen wegen, und kaufte Beruhigungstabletten für Torro.
Aus der Liste der unverzichtbaren Dinge, die mitgenommen werden mußten, standen obenan meine Schreibma-

schine, eine Flasche Wasser und ein Trinknapf sowie ein Blumentopf mit ordinärem Gras.
Das Wasser und der Napf waren für Torro bestimmt, für den Augenblick, da er mir nach viereinhalb Stunden Flug wiedergeschenkt wurde.
Das Gras brauchte Miß Lucie. Es regelt ihre Verdauung, regt ihre Magensäfte an und hält sie gesund.
Die Vegetation auf der Insel bietet zwar eine Fülle urweltlicher Kostbarkeiten und Unikate, aber es gibt so gut wie kein Gras. Erst als ich den kleinen Lieferwagen mit all dem Unverzichtbaren belud, das Simon mir verzweifelt auszureden versuchte, tauchte die Frage auf, ob auch Torro zu seinem Wohlbefinden Gras brauchte. In diesem Fall war uns mit dem kümmerlichen Blumentopf wohl nicht geholfen, und einen zweiten hätte ich kaum tragen können. Ich zwang Simon, auf dem Weg zum Flughafen vor einer kleinen Gärtnerei zu halten, um Grassamen zu kaufen. Es gab ihn nur in Kilopackungen, und ob er in fremder Erde aufgehen würde, konnte mir niemand schlüssig versichern.
Torro thronte stolz und glücklich am Autofenster, Miß Lucie drehte sich zum fünfzigsten Mal um die eigene Achse, bevor sie sich äußerst mißtrauisch in der geöffneten Tragetasche niederließ, und Simon holte unverhältnismäßig weit aus, um meinen bescheidenen Aufbruch zu illustrieren.
»Der Auszug aus Ägypten war ein Wochenendvergnügen im Vergleich zu allem, was du hier inszenierst«, bemerkte er kopfschüttelnd, während ich die Kilopackung öffnete und – Tütchen, Beutelchen oder sonst was waren nicht verfügbar – eine Handvoll Grassamen in meine Jackentasche gleiten ließ. Irgendwie schien es mir nicht

genug, und so füllte ich eine weitere Handvoll in den Brustbeutel, der Paß, Ticket und Schecks barg.
»Den Rest nimmst du mit nach Hause«, sagte ich zu Simon, unberührt von seinen lästerlichen Reden. »Stell ihn in den Keller. Grassamen braucht man immer.«
»Du hättest mit einem Schiff reisen sollen«, seufzte mein Sohn, »da darf man zweihundertfünfzig Kilogramm Freigepäck mit an Bord nehmen.«
»Bist du sicher?«
»Ich hab's neulich im Radio gehört.«
»Gilt das für alle Schiffe?«
»Keine Ahnung. Jedenfalls für Frachter, und so was wäre wirklich das Beste für dich.«
Widerwillig mußte ich ihm recht geben.
Das einzige, was mich am Flugzeug als Transportmittel fasziniert, ist die Schnelligkeit, mit der es sich fortbewegt. Auf alles andere – die drangvolle Enge in den Sitzreihen, die winzigen, trüben Gucklöcher und die lächerliche Zwanzig-Kilo-Gepäckvorschrift – könnte ich gut verzichten.
In Chartermaschinen wird Übergewicht nicht transportiert. Man kann es sich nachschicken lassen, für Geld, natürlich, aber man kann es nicht mitnehmen.
Das einzige, was mir außer den sattsam bekannten zwanzig Kilo – und dazu zählten auch Miß Lucie und meine Schreibmaschine – zugestanden wurde, war Torro.
Zwar zahlte ich für jedes seiner Pfunde eine nicht geringe Gebühr, aber er wurde mir wenigstens nicht nachgeschickt. Willig schluckte er die Beruhigungstablette, die ich ihm in die Schnauze schob, während Simon eine Parklücke im Labyrinth des Flughafengeländes suchte.

»Denk dir irgendeine Markierung aus«, riet ich ihm, als wir uns, mit Torro an der Leine, Miß Lucie in der Tasche, der lästigen Schreibmaschine und dem anderen Kram aus dem Wagen wälzten, »sonst findest du das Auto nachher nicht wieder.«
Simon lächelte geringschätzig.
Das Lächeln verging ihm, als er uns eingecheckt hatte und suchend durch hundert Reihen abgestellter Fahrzeuge streifte – oder waren es zweihundert? –, die kein Ende zu nehmen schienen und alle so aussahen wie unser Combi und doch ganz anders. Als er endlich fündig wurde, hätten Miß Lucie, Torro und ich von Rechts wegen bereits über Paris schweben müssen.
Indessen –
Torro hatte seine Hütte aus stabilem Kunststoff bezogen, die geräumig war und mit reichlich Luftschlitzen versehen. Ich stopfte ihm schnell noch einen alten Pullover von mir hinein, den ich aus diesem Grunde wie eine Boa um den Hals geschlungen trug, damit er einen vertrauten Geruch um sich habe. Soweit ich sehen konnte, war er nicht sonderlich aufgeregt. Die Tablette schien ihre Wirkung zu tun.
Ich schickte ein Gebet für ihn zum Himmel und reihte mich, rechts die Schreibmaschine, links Miß Lucie, Brustbeutel und ein unförmiges Täschchen umgehängt, das offen klaffte, weil es unter anderem den kostbaren Blumentopf enthielt, in die Schlange der Wartenden ein. Einzeln passierten wir die Sicherheitskontrollen.
»Was ist das?« fragte der Beamte und tippte auf die Schreibmaschine. Vielleicht hielt er sie für ein Maschinengewehr.
»Eine Schreibmaschine.«

»Aufmachen, bitte.«
Das tat ich ungern, denn der Deckel klemmte. Es war ein billiges, mechanisches Gerät, fast ausschließlich aus Kunststoff bestehend, das den Vorteil hatte, besonders leicht zu sein. Ein falscher Griff, und das Deckelscharnier würde abbrechen. Und wie sollte ich sie geöffnet tragen? Auf dem Kopf etwa?
Der Beamte deutete mein Zögern auf seine Weise.
Er ließ mich aus der Schlange ausscheren, an einem Tresen Aufstellung nehmen und den Deckel abheben. Zu meiner Erleichterung gelang es.
Die nächste Frage galt Miß Lucie.
Damit hatte ich zwar erst im Ankunftsland gerechnet, aber ich hielt inzwischen alles für möglich und fischte in fliegender Hast ihre Papiere aus dem Brustbeutel, womit ich übereifrig und voreilig handelte. Die Frage war tatsächlich rhetorisch gemeint gewesen, freundlich, wohlwollend.
Das sollte sich alsbald ändern, denn mitsamt dem Impfschein meiner Katze kam eine Handvoll Grassamen aus den Tiefen des Brustbeutels.
»Was haben Sie denn da?« erkundigte sich der Beamte mit neu erwachtem Interesse.
»Nichts Besonderes«, stammelte ich, denn die Schlange wurde immer kürzer, die Abflugzeit drängte, und sie drängte um so mehr und mit aller Macht, als Torro bereits im Bauch der Maschine saß.
Phantasie ist eine schöne Sache. In den Songs der neuen Generation wird sie oft und gern besungen. Aber ich habe sie selten so verwünscht wie in diesen Minuten, als eine Lautsprecherstimme meinen Namen durch sämtliche Hallen trompetete und sich mir klar und deutlich das

Bild eines auf dem Inselflughafen einsam vom Band rollenden Plastikbehälters aufdrängte, darin mein Hund jämmerlich verschmachtete.
»Der Aufruf ist für mich«, stieß ich gepeinigt hervor, »mein Flieger startet – ich muß weg –.«
»Was haben Sie da?« fragte der Beamte und griff nach einem Telefonhörer.
»Wo? Was meinen Sie denn?«
»Dieses –«
Ich starrte in meine hole Hand.
»Gras«, antwortete ich hastig, unbesonnen und wahrheitsgemäß.
Er telefonierte und wandte sich gleichzeitig an mich.
»Haben Sie noch mehr davon?«
»Nicht viel.« Ich lachte nervös, griff in meine Jackentasche und zeigte ihm den unscheinbaren Inhalt. »Fast ein Kilo habe ich im Wagen lassen müssen – das Gewicht-Limit –, Sie verstehen –«
»Vollkommen«, sagte er unbewegt.
Ich hatte das Gefühl, einen Fehler gemacht zu haben.
»Es ist Samen«, versicherte ich ihm mit bebender Eindringlichkeit, »Grassamen, klar? Man steckt ihn in die Erde, und heraus kommt das –« ich zerrte den Blumentopf aus der offenen Tasche und knallte ihn auf den Tresen.
Von rechts und links näherten sich die Hilfstruppen, die mein mißtrauischer Gesprächspartner herbeitelefoniert hatte.
Es sah verdammt so aus, als wollten sie mir einen zweiten Strich durch die Rechnung machen.
Torro, der arme Junge, hatte schließlich nur die Planung durcheinandergebracht. Hier und jetzt sah ich mich nachhaltig in der Ausführung gehindert.

Es dauerte eine geraume Weile und bedurfte des Einsatzes geschulter Kräfte, die mich als verrückt, aber nicht kriminell, und den Grassamen als Grassamen, nicht als Droge, einstuften, bis ich total erschöpft die kleine Metalltreppe hinaufwankte, die ins Flugzeug führte.
Immerhin, es hatte auf mich gewartet.
Zweihundertdreiundfünfzig Passagiere starrten mich vorwurfsvoll an, als ich den Gang entlang taumelte.
Zwei Personen mußten aufstehen und sich nach rechts und links verkrümeln, während ich unter gemurmelten Entschuldigungen meinen Fensterplatz einnahm.
Ich befestigte den Sicherheitsgurt und öffnete spaltweit den Reißverschluß der Tragetasche. Meine Nerven vibrierten noch immer, in meinem Kopf drehte sich ein Karussell ausgestandener Ängste, als sich ein weicher, warmer, runder Kopf unter meine feuchte Hand schob und ein tröstliches Schnurren sich ins Dröhnen der Motoren mischte.
Mir kamen die Tränen.
»Reg dich nicht auf«, sagte Miß Lucie auf ihre unnachahmliche Weise, »wir sind zusammen, das ist die Hauptsache!«

Wenn einer eine Reise tut

Wir waren schon über Südspanien, hatten einen entspannenden Drink und eine wohltuende Mahlzeit kredenzt bekommen, als ich erstmals meine Sitznachbarin voll erfaßte, ein junges Ding mit vergnügt funkelnden Augen hinter runden Brillengläsern im runden Gesicht.

»Geht's Ihnen jetzt besser, Frau Steinberg?« erkundigte sich das fremde Geschöpf teilnahmsvoll.

Ich lehnte mich aufatmend zurück und zündete mir eine Zigarette an.

In der Tat, ich hatte mich beruhigt.

Miß Lucie, jetzt zu meinen Füßen sitzend, säuberte sich hingebungsvoll Gesicht, Ohren und Pfoten. Das Essen war uns beiden sehr willkommen gewesen, und ich hatte verwundert bemerkt, daß sich Miß Lucie speziell für den Käse erwärmte. Andererseits, so merkwürdig war das gar nicht. Jeder von uns entwickelt hin und wieder neue Vorlieben.

»Doch, ja, ganz erheblich besser«, gab ich zurück, »obwohl ich mir immer noch Sorgen um meinen Hund mache.«

Das Mädchen neben mir ließ verblüfft den Kopf kreisen.

»Nein, nein, er ist nicht hier«, erklärte ich rasch, »er reist im Frachtraum, der Arme. Woher wissen Sie meinen Namen?«

»Sie sind ungefähr zehnmal aufgerufen worden«, antwortete meine Nachbarin heiter und balancierte dabei

locker ein Behältnis auf den Knien, das in Form und Flechtmuster an einen Bienenkorb erinnerte. Oben lief er spitz zu und wurde von einem Deckelchen mit Troddel gekrönt.
»Ich heiße Maxi«, fuhr das gesprächige Kind munter fort, und das hier –« sie lüpfte den Korbdeckel, »ist Jorinde.«
Ich beugte mich voll warmer Anteilnahme hinüber, erwartete ein Meerschweinchen oder möglicherweise ein Streifenhörnchen zu sehen und erstarrte derart, daß meine Muskeln noch tagelang bei der kleinsten falschen Bewegung weh aufschrien.
War es ein Wunder?
Erstmals in meinem wahrlich nicht kurzen Leben sah ich mich auf eine Entfernung von zwanzig Zentimetern Aug in Auge gegenüber einer Schlange.
Der gurgelnde Laut, den ich von mir gab, ließ Maxi enttäuscht den Deckel wieder schließen.
»Tut mir leid, daß ich Sie erschreckt habe«, murmelte sie.
»Ich dachte, Sie seien einer von den ganz wenigen Menschen, denen man Jorinde einfach vorführen kann. War wohl ein Fehlschluß«, führte sie resigniert hinzu.
Der Atem, den mir Jorinde in aller Unschuld verschlagen hatte, kam allmählich zurück, und ich benutzte ihn eilends dazu, meine Nachbarin wieder aufzurichten.
Es liege mir fern, beteuerte ich wortreich, sie oder Jorinde zu kränken, ganz im Gegenteil. Auch sei mir keine Abneigung gegen Kaltblütler angeboren; in meiner Kindheit habe ich Schildkröten gehalten, und zu meinen Lieblingen auf der Insel gehörten die scheuen, sonnenhungrigen kleinen Eidechsen.

Gewiß, mit einer Schlange in dem niedlichen Korb habe ich nicht gerechnet, vielleicht ein Zeichen für Engstirnigkeit. Indessen, sie möge mich nicht aufgeben. Ich sei lernfähig, aufgeschlossen und echt interessiert, zum Beispiel daran, ob Jorinde Giftzähne besitze.
»Nein«, erwiderte Maxi mit einem Hauch Geringschätzung, »und selbst wenn, müßte man sie schon sehr reizen, um von ihr gebissen zu werden.«
Ich war erleichtert, dies zu hören. Zumal, wie die Erfahrung zeigte, dieser Tag nicht unbedingt mein bester war. Woher sollte ich wissen, was eine Schlange unter Reizung versteht? Hatte ich doch nicht einmal geahnt, welch tiefe Wirkung das Wort Gras, begleitet von ein paar unscheinbaren Körnern, auf einen Sicherheitsbeamten ausüben kann.
Ich versuchte, Maxi diese Gedankengänge nahezubringen, und sie lachte und meinte, in Frankfurt sei gerade eine Großfahndung im Gange. Ob ich das nicht gewußt hätte?
Nein. In meine dörfliche Abgeschiedenheit dringt solche Kunde nicht vor.
Inzwischen kreisten wir schon über Afrika.
Ich wischte Miß Lucies Augen mit einem Papiertaschentuch aus, was in letzter Zeit manchmal notwendig ist, und vergewisserte mich, daß Napf und Wasserflasche für Torro greifbar in der Beuteltasche steckten.
In diesem Moment erst vermißte ich den Blumentopf.
Natürlich, den hatte ich während der Kontrolle abgestellt und auf dem Tresen stehengelassen und vergessen. Vermutlich würden sie ihn dort in den Müll werfen, während Miß Lucie auf der Insel sehen mußte, wie sie Ihre Magensäfte wirksam anregte.

»Wenn dieser Tag zu Ende ist, mache ich drei Kreuze«, sagte ich zu ihr, »hoffentlich geht wenigstens der Grassamen auf, und zwar schnell!«
Miß Lucie äußerte ihre Zustimmung, indem sie beide Augen schloß und wieder öffnete.
Für den Fall, daß ihr der Druck zu schaffen machte, gab ich ihr ein kleines Stück Hartwurst zum Kauen, während die Maschine an Höhe verlor und zur Landung ansetzte.
Die Zeit war mir im wahren Sinne des Wortes im Fluge vergangen. Die Ewigkeit begann erst, als wir uns um das Gepäckband versammelten, darauf ein paar Rucksäcke trudelten und dann lange Zeit nichts.
Gerade, als ich meinen Koffer erblickte, tauchte eine Hundehütte auf. Ich ließ den Koffer vorbeiziehen, die Schreibmaschine achtlos stehen, nur Miß Lucie nahm ich mit.
Jemand half mir, die Hütte auf den Boden zu stellen, was gar nicht so einfach war. Ich bedankte mich überschwenglich, erntete einiges Unverständnis und traute meinen Augen nicht, als ein Boxer heraussprang.
»Entschuldigen Sie«, murmelte ich beschämt, und die Leute, die mir so selbstlos geholfen hatten, führten ihren Hund triumphierend zum Ausgang.
Mein Koffer war wieder verschwunden.
Miß Lucie, bis jetzt ein Engel an Wohlverhalten, besann sich eines anderen. Sie kugelte in der Tasche hin und her, kratzte ungeduldig am Guckfenster und stieß klagende Laute aus.
Dies und die Wärme machten mich mürbe. Ich wagte nicht, meine Jacke auszuziehen, weil ich nicht wußte, wohin damit.

Schweißgebadet wartete ich auf Torro.
Ein Teil der Passagiere verzog sich bereits, als eine weitere Hütte in Sicht kam. Diesmal bemühte sich niemand außer mir darum, und ich hob mir fast einen Bruch, als ich mit ihr zu Boden ging. Etwas zittrig öffnete ich das Türchen, fürchtend, Torro könnte mehr tot als lebendig darin liegen.
Ich irrte mich, wie so oft.
Er schoß heraus wie ein schwarzer Pfeil, brachte ein paar Gepäckwagen ins Rollen und bürdete mir den Alptraum auf, er würde das tun, was er zu tun gewohnt war: weglaufen, sich übermütig in die entgegengesetzte Richtung werfen, direkt unter eines der vielen anspringenden Taxis.
»Torro!« schrie ich, außer mir vor Angst. Der Napf fiel scheppernd auf die Hütte, zwei Männer vom Flughafenpersonal fuhren wie angestochen herum.
»Donde?« riefen sie. »Wo?«
»Allí!« keuchte ich. »Da drüben!«
Sie liefen wie gejagt an meinem Hund vorbei, der sich plötzlich umdrehte und mit verwirrter Miene auf mich zukam.
Sie hatten mich mißverstanden.
Torro heißt auf spanisch Stier.
Nun mochten sie sich gefoppt fühlen. Ich konnte es nicht ändern.
Ich sank auf den Koffer, den ich mir gegriffen hatte in der Annahme, es sei meiner, aber in Anbetracht der mich verfolgenden glücklichen Umstände hätte es mich auch nicht gewundert, wenn es ein fremder gewesen wäre. Torro kroch zwischen meine Knie. Ich streichelte mit der einen Hand seinen gesenkten Kopf, die andere

zwängte ich durch einen Spalt im Taschenreißverschluß und kraulte Miß Lucie unterm Kinn.
So saßen wir, ein Bild des Friedens, der Eintracht und der totalen Erschöpfung, als meine Freundin Tina, einen Gepäckwagen hinter sich her ziehend, in mein Blickfeld trat.
Zuerst sah ich nur ihre hellblauen Turnschuhe und die weißen Socken, dann das selbstgenähte, fliederfarbene Trägerkleid, und schließlich legte sie mir die gebräunte, schmale Wange an meine bleiche.
»Tut mir ja so leid, daß ich mich verspätet habe, Jill, Liebes, es war kein Parkplatz zu finden weit und breit! Hallo –« sie reichte Torro höflich die Hand, auf daß er sie kennenlerne, »wen haben wir denn da?«
»Das ist Torro«, sagte ich stellvertretend.
Tina wandte sich erstaunt zu mir.
»Ich wußte gar nicht, daß du ihn mitbringst!«
Nun, bis vor kurzem hatte ich es auch nicht gewußt, und ebenso wenig wußten es die Sevillas, bei denen ich gemietet hatte.
Tina, die eine noch größere Katzenfreundin ist als ich, wandte nun ihre verstärkte Aufmerksamkeit der Tragetasche zu, was Torro sichtlich mißfiel.
Er schnappte sich den Napf und hämmerte damit so lange auf den Fliesenboden, bis ich hastig die Flasche aus dem Beutel zerrte und ihm sein längst fälliges Wasser spendierte.
Miß Lucie wünschte, die Tasche zu verlassen.
Man sah es, man hörte es.
»Der Flug ist immer ein Streß«, bemerkte Tina einsichtig, »komm, machen wir uns auf den Weg!«
Ich raffte mich zusammen, leinte Torro an, sammelte

meine Siebensachen und taumelte hinter Tina her, die den Koffer auf den Gepäckwagen geladen hatte und die Tragetasche obenauf stellte.
Es war Mittag.
Die Sonne brannte aufs Autodach. Wir stiegen ein.
Miß Lucie in der halb offenen Tasche saß auf meinem Schoß.
Torro quetschte sich neben mich ans offene Fenster und hielt die Nase schnuppernd in den Wind. Er sah schon wieder recht wohl und unternehmungslustig aus.
Die Fahrt vom Flughafen dauert eine halbe Stunde.
Sie führt quer über die Insel zu einer nördlichen Bucht, an deren einem Ende Tina wohnt. Am anderen Ende liegt meine Ferienwohnung.
Ich kenne viele Leute dort, von denen noch die Rede sein wird, auch solche, denen ich sehr verbunden bin. Aber Tina ist meine treueste, zuverlässigste Freundin, meine verwandteste Seele, mein bester, allezeit bereiter Kumpel. Sie stammt aus London, und sie ist sechzig Jahre alt. Sie verfügt über Energien, die sich mancher junge Mensch vergeblich wünscht.
Die Insel, abgesehen von ihren touristischen Hochburgen im Süden, an denen wir nicht einmal vorbeikommen, wirkt um diese Mittagszeit noch verlassener, unzugänglicher und verwunschener als sonst. Die Autos, denen wir begegnen, kann man leicht an einer Hand abzählen. Eins davon ist ein grüner Landrover, der knirschend am Straßenrand zum Stillstand kommt.
Wir halten ebenfalls. Ich beeile mich, auszusteigen und hinüberzulaufen.
»Wieso bist du schon da?« fragt der Besitzer des Landrovers, mich mit Brachialgewalt umarmend. Er trägt einen

himmelblauen Trainingsanzug, Sandalen an den bloßen Füßen und einen drei Tage alten Bart im gekränkten Gesicht. Er heißt Bernal Sevilla und ist mein Wohnungsvermieter.
»Das Flugzeug war pünktlich, deshalb.«
»Unmöglich!« Er starrt mich aus großen, ungläubigen, ebenholzfarbenen Augen an. Sein Blick wandert voller Argwohn zu Tina hinüber, die ihm freundlich zuwinkt. Er macht eine kraftlose Handbewegung und schüttelt resigniert den Kopf.
Wir sind Nordeuropäer – ich lese es ihm von der Stirn ab –, eine ränkeschmiedende Gesellschaft, die es darauf abgesehen hat, ihn und seinesgleichen ins Unrecht zu setzen.
»Bueno –« er hebt die Stimme zu schrillen Diskant, »ich bin pünktlich losgefahren. Du bist noch pünktlicher angekommen. Mit wem willst du nun nach Hause fahren – mit mir oder mit deiner englischen Freundin?«
Die Frage ist rein rhetorisch. Ich bin sein Hausgast und auf sein Wohlwollen angewiesen in mehr als einer Hinsicht.
Also packen wir in der glühenden Mittagshitze all meine bewegliche Habe in den Landrover.
»Aaah –« sagt Bernal, hebt sich die Tragetasche vors Gesicht und schaut in Miß Lucies Guckfenster, »deine Katze! Schön! Sehr schön!«
Er hält sie für ein kostbares, preisgekröntes Tier, und ich lasse ihn in diesem Glauben.
Von Torro dagegen, der aufgeregt an der Leine hechelt und als letzter drankommt, nimmt Bernal offenbar an, er gehöre Tina. Dabei kann ich ihn nun nicht lassen, obwohl es bei weitem das einfachste wäre.

Während er Miß Lucie behutsam, als wäre sie aus Meißener Porzellan, auf den Beifahrersitz stellt, gestehe ich ihm die Wahrheit über Torro. Auf Einzelheiten darüber, wie es dazu kam, daß ich ihn ohne Vorankündigung mitgebracht habe, muß ich, leider verzichten. Für langatmige Erklärungen und subtilere Zusammenhänge reichen weder mein Spanisch noch Bernals Geduld aus.
»Momentito«, sagte er, als ich meine stammelnden Ausführungen beendet habe, »ist das deine Katze?« Und er zeigt auf Miß Lucies Tragetasche.
Ich sage ja.
»Und das ist dein Hund?« er zeigt auf Torro, der sich inzwischen mit beklommener Miene auf meine Schuhspitzen niedergelassen hat.
»So ist es.«
Bernal winkelt die Ellenbogen an, setzt sich in Bewegung und beginnt mit kleinen, raschen Schritten die Umgebung abzusuchen. Tina sitzt am Steuer ihres offenen Wagens und beobachtet ihn mit lächelndem Unverständnis.
Mir dämmert, worauf er hinauswill, und ich warte, Torro fest an der Leine haltend, bis er wieder aufkreuzt.
»Und wo hast du die Ponies?« fragt Bernal, offenbar völlig ratlos, und klopft sich die Trainingshosen ab.
»Hör auf, mich zu veralbern«, sage ich auf deutsch, was er zwar nicht wörtlich, wohl aber sinngemäß versteht, und er schwingt sich kichernd aufs Trittbrett des Landrovers. Ich verabschiede mich hastig von Tina, die aufatmend »ich seh dich später!« ruft und vorausfährt.
Bernal kann seine Heiterkeit nicht bezähmen. Kaum, daß er imstande ist, das Steuer zu halten. Er läßt den

Kopf vornüber sinken und seinen Lachtränen freien Lauf. Aus allem, was er vor sich hin sprudelt, kann ich unschwer schließen, daß er mich für verrückt hält, completo.
All das ficht mich nicht an.
Hauptsache, Torro ist in Gnaden aufgenommen.
Die Bucht kommt in Sicht, der blau und silbern schimmernde Atlantik, das steil aus den Fluten aufragende braune Gebirge – rechts die Bungalow-Siedlung mit ihren Rundbauten, links das Fischerdorf mit den würfelförmigen, strahlend weißen Häusern.
Tina vor uns biegt nach rechts ab.
Wir halten uns links, rütteln die letzte Strecke über eine sandige Piste und kommen vor dem Apartmenthaus am Eingang des Dorfes zum Stehen.
»Bienvenido«, sagt Bernal, was so viel wie »herzlich willkommen« heißt, und ich sammele noch einmal alle meine Kräfte, um mit ihm gemeinsam das Gepäck über die Außentreppe in den ersten Stock zu wuchten. Dann begibt er sich in sein Restaurant hinüber, und ich sinke aufs Bett.
Alles andere schiebe ich erst mal auf: Auspacken, Essen, Trinken, sogar das Duschen. Eine Disziplinlosigkeit, die meiner Katze nicht in den Sinn käme.
Vorsichtig steigt sie aus der offenen Tragetasche, bukkelt, streckt sich, streicht mit erhobenem Schwanz an den Wänden entlang, verschwindet im Kleiderschrank, kommt wieder zum Vorschein, inspiziert den Koffer und die achtlos über den Stuhl geworfenen Beutel und Jacken, hüpft lautlos über Torro hinweg, der sich auf den kühlen Fliesen vorm Bett ausgestreckt hat, und gesellt sich schließlich zu mir.

Ich fühle mich wie erschlagen, und Torro scheint es ähnlich zu gehen. Nur Miß Lucie ist quicklebendig.
Sie mustert uns mit einem nachsichtigen Blick, rückt ein Stückchen von mir ab und beginnt große Toilette zu machen. Energisch fährt sie sich mit der Pfote über Gesicht und Ohren – einmal – zweimal – dreimal – ich schlafe darüber ein.
Eine Stunde später öffne ich blinzelnd ein Auge und sehe, wie sie sich pedantisch über die letzten Quadratmillimeter ihres weißen Bauchfells hermacht.
Dann erst rollt sie sich zufrieden zusammen, dicht neben meiner Schulter, reibt ihre Stirn an meiner immer noch verschwitzten Schläfe, tröstlich und vertrauensvoll, und gibt sich der wohlverdienten Ruhe hin.
Ihr leises Schnurren an meinem Ohr berührt mich heimatlich.
Das beunruhigende Gefühl, in der Fremde zu sein, das mich nach langer Flugreise gelegentlich beschleicht, bleibt diesmal aus.
Wir sind zusammen, und wir sind zu Hause.

Miß Lucie hält sich bedeckt

Am Abend gehe ich hinüber ins Restaurant.
Ich habe Miß Lucie und Torro das mitgebrachte Trockenfutter serviert, den Napf mit Wasser gefüllt auf den Boden gestellt, mich selbst endlich geduscht und umgezogen und dazu gezwungen, wenigstens die herumliegenden Sachen in den Schrank zu räumen. Über das Bett habe ich die hübsche, buntgewebte Decke geworfen; die hölzernen Klappläden – innen angebracht, machen sie Textilien vor den Fenstern überflüssig – sind geschlossen.
Nur im Wohnraum, an den die Balkonterrasse anschließt, gibt es als Sonnenschutz einen bastfarbenen Vorhang.
Einen der beiden kleinen Schlafräume will ich als Büro benutzen, in den Kleiderschrank meine Papiere packen und auf das Fenstertischchen meine Schreibmaschine.
Meine Tiere haben inzwischen alle drei Zimmer erforscht, dazu Küche und Bad, die fast luxuriös eingerichtet sind. Miß Lucie zeigt sich besonders von der Küche angetan. Torro schätzt den zehn Meter langen Flur.
Die Terrasse habe ich fürs erste ausgespart. Die soll ihnen für morgen vorbehalten bleiben. Es genügt, wenn sie sich innerhalb der geschlossenen Räume zu orientieren beginnen.
Indessen – Torro muß mal raus.

Miß Lucie sieht uns unruhig nach, als wir durch die Eingangstür verschwinden, die übrigens vom Wohnzimmer aus direkt ins Außentreppenhaus führt.
Das neue Katzenkästchen – eine der von Simon gerügten Unvermeindlichkeiten – nehme ich mit. Kein Zweifel, es war ein sperriges Gepäckstück, aber dringend notwendig, wie man sieht, und zwar vom ersten Augenblick an.
Das Leben auf der Insel ist nicht in allen Punkten billiger als bei uns zu Hause. Aber Weintrinker, Raucher und Katzenhalter kommen allemal besser weg. Die Katzenstreu zumindest gibt es zum Nulltarif draußen vor der Haustür.
Wir hangeln uns die steile Treppe hinunter, überqueren den Fußweg und versinken unmittelbar im Dünensand. Ich führe Torro ein Stückchen in Richtung Meer. Er kommt kaum vorwärts, denn es gibt eine Menge aufregender Düfte, die auf ihn einstürmen. Nur zu sehen gibt es fast nichts mehr, denn die Dämmerung fällt mit der Geschwindigkeit eines Theatervorhangs.
Bei jedem Hügelchen hebt Torro sein Hinterbein, den Kopf grüblerisch vorgestreckt, und besprengt die dürftige Vegetation ebenso wie ein paar herumliegende Latten, erschrickt vor dem unvermuteten Gemecker einer Ziege und zerrt mich wie gejagt zurück.
Nun, ich lasse mich nicht hetzen, sondern fülle in Ruhe Miß Lucies neues Kästchen mit gelblich weißem Sand und balanciere es auf einer Hand die Treppe hinauf, indes mir Torro die andere, an der ich seine Leine halte, fast abreißt.
Ihm ist dieses riesige neue Umfeld voll unerfindlicher Gerüche und Geräusche absolut nicht geheuer. Mögli-

cherweise bereut er es bereits, die Reuters so schnöde abgewiesen zu haben, und damit der vertrauten Pfade, Zäune und Maulwurfshügel verlustig gegangen zu sein. Ich kraule ihm die schwarzen Zottelohren und verspreche ihm einen schönen langen Spaziergang am nächsten Tag, aber er hört mir überhaupt nicht zu. Alles, was er will, ist hinein, und drinnen drängt er nur ins Schlafzimmer, wo er sofort seinen Platz neben meinem Bett bezieht, diesmal allerdings nicht auf den blanken Fliesen, sondern auf dem schmalen Läufer, denn es ist abendlich kühl geworden.

Miß Lucie dagegen streicht wißbegierig durch den Flur und erweckt den Eindruck, als sei sie an seiner Stelle liebend gern hinausgegangen. Das Kästchen mit dem fremdartigen Inhalt ruft ihre Neugier hervor. Sie probiert es der Länge und der Breite nach aus, schüttelt sich verblüfft den Sand von den Pfoten, springt heraus und wieder hinein und könnte nicht munterer sein, wenn sie zehn Jahre jünger wäre.

Torro sieht ihr mißtrauisch und mürrisch zu, vergräbt den Kopf zwischen den Pfoten und wirkt so niedergeschlagen, daß ich ihn nur ungern allein lasse.

Aber es ist fast neun Uhr geworden, und selbst in Spanien, wo die Leute später essen als bei uns, wird es allmählich Zeit, zu Tisch zu gehen.

Im Restaurant begrüße ich Bernals Familie, soweit sie vorhanden ist, die beiden Kellner Fernando und Rafael, sowie ein paar englische Gäste, die ich bei Tina kennengelernt habe.

Dann setze ich mich in eine Fensterecke und bestelle mir das, was Bernals Frau Rosa empfohlen hat, denn auf sie ist immer Verlaß: gegrillter, frischer Fisch, dazu die kleinen, in Salzwasser gegarten Pellkartöffelchen, die man hierzulande mit der Schale ißt, eine Kräutersoße mit Öl und Knoblauch und einen Teller voll Tomaten-Gurken-Zwiebel-Scheiben, die man selbst zu Salat verarbeiten muß. Ich gieße die Kräutersoße darüber, presse eine Viertelzitrone über dem Fisch aus und trinke gemütlich schluckweise ein Glas Inselwein dazu.

Bernals jüngste Tochter Ana Belen, ein hinreißendes Kind von acht Jahren, mit bernsteinfarbigen Märchenaugen und schulterlangem Haar, das an den Spitzen noch blond, an den Wurzeln bereits tiefdunkel ist, stürzt auf mich zu und nimmt die mitgebrachten Farbstifte graziös dankend entgegen.

Sie drückt sich in ihrem weißen Frottier-Anzug – vermutlich ihr Schlafgewand – auf den Stuhl mir gegenüber, probiert erst ein helles, dann ein dunkles Blau auf einem Bierdeckel aus und läßt mich wissen, daß Onkel Ramon ein Glas mit mir zu trinken wünsche.

Ich kenne Onkel Ramon nur vom Sehen, und das hat mir immer vollauf genügt. Er hat einen enormen Bauchumfang, ein stereotypes Lächeln auf den Lippen und den professionellen Blick eines Fleischbeschauers.

Soviel ich weiß, hängt er an jeder Theke im Umkreis von dreißig Kilometern und an den Fersen einer jeden Touristin zwischen siebzehn und siebzig.

»Ich bin zu müde«, sage ich zu Ana Belen.

Sie malt inzwischen eine Prinzessin mit Krone und faltenreich fallendem, blauem Gewand auf eine Serviette.

»Ich sag's ihm«, murmelt sie und hüpft davon durchs große, kirchenhohe, luftige Restaurant ihrer Eltern, vorbei an einer riesigen Palme und etlichen Farnen, die in

Bastkörben schaukeln, bis zur muschelförmigen, aus schwarzem Lavagestein errichteten Bar.
Dort klebt, den Ellenbogen aufgestützt, den Blick erwartungsvoll schweifen lassend, Onkel Ramon.
Ana Belen hebt sich auf die Zehenspitzen, flüstert ihm etwas ins Ohr und kommt wieder zurückgelaufen.
Ich habe das Bild auf der Serviette mit einem rosaroten Rahmen versehen; der schien mir irgendwie angemessen.
»Eine Prinzessin«, sage ich und schiebe es über den Tisch. Ana Belen schüttelt entschieden ihr zweifarbiges Haar.
»Mein Karnevalskostüm.«
Aha! Termine dieser Art entgehen mir, wenn mich niemand ausdrücklich darauf aufmerksam macht.
»Es wird dir gut stehen«, überlege ich halblaut, »wo wirst du es tragen?«
»In der Schule.«
»Und hier im Dorf? Feiert ihr keinen Karneval?«
Sie zuckt abschätzig die Schultern, nimmt sich mein stets greifbares Deutsch-Spanisches Wörterbuch, genannt der Professor, und murmelt: »Nicht viel.»
Inzwischen hat sich Onkel Ramon gemächlich vom Bartresen gelöst. Er schnürt seinen Gürtel fester und kommt mit wiegendem Hüftschwung an der Palme und den Farnen entlang auf meinen Tisch zu.
»Was hast du ihm gesagt?« raune ich Ana Belen mißtrauisch zu.
»Daß du müde bist.«
Onkel Ramon placiert einen Cognac neben meinem Weinglas, macht eine artige Verbeugung und erklärt mit freundlicher Festigkeit, er habe verstanden. Ich sei

müde. Ich solle den Cognac auf sein Wohl trinken. Dann werde er mich nach Hause bringen.
Ich erwidere mit noch größerer Festigkeit, das sei nicht nötig. Gut. Er wirft einen schrägen Blick auf Ana Belens gesenkten Scheitel, so, als hindere ihn ihre kindliche Gegenwart an weiteren in der Luft liegenden Erläuterungen.
»Dann bis später«, murmelt er beiläufig, tätschelt Ana Belens Kopf und walzt, ein zufriedenes Lächeln auf den Lippen, zurück zur Bar.
»Onkel Ramon!« sagt Ana Belen und schlägt die goldenen Augen ernst zu mir auf, »kommt dich nachher bestimmt besuchen.« »Das wollen wir nicht hoffen«, gebe ich unbehaglich zurück und vergesse alsbald das Ganze, denn Ana Belen hat sich gerade dazu entschlossen, Deutsch zu lernen.
Ein löblicher Vorsatz, gewiß.
Ein Kind, das achtjährig aus eigenem, freiem Willen eine Fremdsprache zu erlernen begehrt, muß man mit allen Kräften unterstützen.
Aber außer dem eigenen freien Willen bringt Ana Belen auch die eigene freie Methode ein, und darin sehe ich ein gewisses Problem.
Sprachen – das wird mir jeder bestätigen, der sich durch zwei Generationen hindurch damit beschäftigen mußte – kann man auf diese oder jene Weise lernen, auf die gute alte, zum Beispiel, die ein Buch mit Lektionen, eine Grammatik und ein Vokabelheft erfordert. Jahrelang wurde sie als zu theoretisch verdammt, und ihren Schülern sagte man nach, sie könnten zwar alle regelmäßigen und unregelmäßigen Verben in allen Personen bis zum zweiten Futur herunterrasseln, brächten jedoch bei

einem Auslandsaufenthalt mit Mühe und Not das Wort ›hallo‹ hervor.
Ein bescheidenes Beispiel dafür, daß dies nicht stimmt, bin ich. Drei Sprachen habe ich auf die theoretische Art gelernt, und ich wende sie hemmungslos praktisch an.
Die akustische Methode dagegen, die während der Schulzeit meiner Kinder bevorzugt wurde, lehne ich heute noch ab.
Sie lernten, ohne den Inhalt auch nur andeutungsweise zu verstehen, ganze Sätze auswendig, und statt sich der einzelnen Worte anzunehmen, wurden sie angewiesen, sich den gleichen Text – immer noch verständnislos – von einem Tonband abspielen zu lassen.
Den Klang mag der Schüler im Ohr behalten, aber er bleibt, meiner unmaßgeblichen Meinung nach, ein fremdsprachlicher Analphabet.
Was Ana Belen vorschlägt, um Deutsch zu lernen, und womit sie ohne Zögern auf der Stelle anfängt, ist etwas ganz Neues. Sie greift sich eine weitere Serviette und beschriftet sie mit Wörtern aus dem Wörterbuch, und zwar in eben der Reihenfolge, wie sie aufgezeichnet sind.
Gründlich, wie sie ist, beginnt sie am Anfang des Alphabets. Aal schreibt sie sorgfältig nieder, daneben die spanische Übersetzung ›anguila‹.
Den Oberbegriff Fisch einzubringen wage ich nicht, denn der kommt, Ana Belens Methode entsprechend, erst unter F an die Reihe.
Mehrmals läßt sie sich Aal vorsprechen und spricht mir nach, dann schreiten wir zum nächsten Wort vor.
Aas steht im Diktionär.
Außer der deutschen Aussprache wünscht sie zu wissen, was das ist.

Ich weise auf die spanische Übersetzung hin und schlage vor, nur die Wörter herauszusuchen, mit denen sich etwas anfangen läßt.
Ana Belen versinkt in tiefes Nachdenken und schüttelt schließlich langsam den Kopf. Sie schenkt mir ihr gewinnendstes Lächeln und besteht auf jedem Wort, das der Diktionär aufzeigt. »Aber willst du denn nicht lieber wissen, was auf deutsch Bruder oder Schwester oder Schule oder Spielzeug heißt?« frage ich sie mit gelinder Verzweiflung.
Sie schlägt die Augen nieder und tippt unnachgiebig auf das, was ihrer Methode nach drankommt, und ich füge mich seufzend in Wörter wie Abart, Abbau und Abdachung.
Wir sind bei Aberglaube, als ihre Augen fast zuklappen und mir meine Tiere einfallen, die ich so lange ja gar nicht allein lassen wollte.
Ana Belen stopft die beschriebenen Servietten in die Tasche ihres Frottieranzugs, verspricht, morgen abend um die gleiche Zeit wieder hier zu sein, und schlüpft an der Bar und ihrem unwillig drohenden Vater vorbei durch die Seitentür.
Ich bezahle mein Essen, lobe Bernal gegenüber die Intelligenz und Lernfreude seiner jüngsten Tochter, sehe seine Augen aufleuchten und stelle erleichtert fest, daß Onkel Ramon verschwunden ist.
Draußen herrschen Wind und Dunkelheit.
Bis zum Apartment sind es vielleicht fünfzig Meter. Hier ist überall viel Platz, viel Luft, viel sandiger Boden.
Im Schein des Küchenfensters huscht etwas an mir vorbei – ein Schatten nur. Ich bleibe wie angenagelt stehen und könnte schwören, daß es Miß Lucie war.

Natürlich ist das Unsinn.
Sie kann es nicht gewesen sein.
Ich bin mir meiner überreizten Nerven bewußt. Der Tag war überlang und anstrengend. Kaum vorstellbar, daß ich heute morgen noch bei minus fünf Grad mit Simon den Wagen vollgepackt habe.
Über der Außentreppe brennt eine Lampe, Gott sei Dank.
Drinnen höre ich Torros zögerndes Tappen auf den Fliesen und ein fragendes »Wuff?«
Ich antworte mit »Ja, ich bin's, alter Räuber!« und schließe die Tür auf. Er bleibt brav drinnen, wirft sich auf den Boden, kringelt sich vor Wiedersehensfreude und schnappt sich das mitgebrachte Stückchen Fisch. Viel ist es nicht, ich war selbst gut bei Appetit. Aber ein Fetzchen habe ich auch für Miß Lucie in der Tasche.
Ich rufe sie.
Nichts rührt sich.
»Sie schläft«, denke ich, hänge meine Jacke auf, fülle den Wassernapf frisch, der schon wieder leer ist, und gehe ins Schlafzimmer. Überm Bett liegt die gewebte Decke, sonst nichts.
»Wo ist Miß Lucie?« frage ich meinen Hund. Er zuckt aufgeregt mit den Schultern, umspringt mich wie wild und rennt zur Tür.
Mir fällt ein, daß ich sie soeben gesehen zu haben glaubte. Ob sie es tatsächlich war?
Hoffentlich nicht!
Ich schicke ein Stoßgebet zum Himmel und rufe mir den Inhalt aller schlauen Bücher ins Gedächtnis, die ich über das Thema Katze und Umzug gelesen habe.

»Man sperre sie mindestens acht Tage lang in der neuen Wohnung ein«, heißt es da übereinstimmend in sämtlichen einschlägigen Werken; »besser noch sind zehn oder vierzehn Tage. So lange braucht die Katze, um sich anhand von Außengeräuschen die geographische Lage des neuen Standorts einzuprägen. Läßt man sie vorher hinaus, findet sie ihn nicht wieder.«
Mir bricht der Schweiß aus. Meine Hände zittern, und auch meine Stimme bebt, als ich »langsam, langsam« zu Torro sage, der sich denn auch sofort auf sein Hinterteil fallen läßt, weiterer Befehle ungeduldig harrend.
»Nur keine Panik«, predige ich ihm und mir, »wir suchen jetzt systematisch jeden Raum und jeden Winkel durch.«
Sorgsam gebe ich zu Werk, nichts lasse ich aus, auch nicht den offenen Koffer, in den sie sich so gern verkriecht, die Kleiderschränke, die Küchenschränke, das gesamte Badezimmer und schließlich den Wohnraum, den Vorhang, das Sofa.
Aber ich finde keine Spur von meiner Katze, und auf mein immer hektischer klingendes Rufen erhalte ich keine Antwort.
»Sie muß draußen sein«, sage ich zu Torro, der zustimmend am Kleiderhaken hochspringt, wo seine Leine hängt.
Vermutlich war er es, der den ganzen Wassernapf geleert hat, denn diesmal schafft er es kaum die Treppe hinunter über den Fußweg in die Dünen, um sein Bein zu heben und endlos dreibeinig zu verharren.
Ich strenge inzwischen meine Augen an, um in der mondumwölkten Finsternis einen Blick auf Miß Lucies huschenden Schatten zu erhaschen. Aber alles, was sich in mein Gesichtsfeld schiebt, ist die Geißenmutter.

Torro, im Bestreben, ihr eilig auszuweichen, verheddert seine Leine schier unauflöslich mit dem langen Strick, der die Geiß an ihren Stall bindet.
Torro quietscht vor Schreck. Die Ziege meckert ihn verächtlich an. Zwei muntere Geißenjunge, von unstillbarer Neugier aus ihrem Verschlag getrieben, hopsen über ihn hinweg.
Er steht regungslos, den flehenden Blick auf mich gerichtet.
Es bleibt mir nichts andres übrig, als die Leine von seinem Halsband loszuhaken und sie dann vom Strick abzuziehen.
Torro, der zu Hause noch nie freiwillig die Haustür gesucht hat, stürmt fluchtartig die Außentreppe hinauf und verschwindet in der offenen Tür unsers Apartments.
Ich folge ihm mit bleischwerem Herzen.
Es geht auf Mitternacht.
Was soll ich tun?
Ich habe lauter wertlose Dinge mitgebracht, so will es mir scheinen, angefangen von breiten Klebestreifen für Manuskriptsendungen bis zu Heftpflastern und Flohhalsbändern.
Aber was mir schmerzlich fehlt, zum Beispiel, ist eine Taschenlampe.
Warum, zum Teufel, habe ich keine?
Wahrscheinlich hat mich Simons Unkerei über die vielen Unvermeidlichkeiten davon abgehalten, ein paar wirklich vernünftige Gedanken zu verschwenden.
Torro liegt schon wieder im Schlafzimmer auf der Matte mit einer Miene, die deutlich besagt, keine Macht der Erde kann ihn dort mehr weglocken.
Nun gut.

Er kann mir ohnehin nicht helfen.
Ich habe die Wohnung auf den Kopf gestellt und mich laut und leise heisergerufen: umsonst.
Mir ist ähnlich zumute wie Torro. Am liebsten würde ich mich irgendwohin legen und mich tot stellen.
Aber die Frage nach Miß Lucies Verbleib kreist in meinem Kopf wie ein Karussell.
Vorsichtshalber lasse ich die Tür nach draußen spaltweit offen, wanke ins Bad, ziehe die verschwitzten Sachen aus und einen Bademantel über, schlucke ein Aspirin und frage mich zum hundertsten Mal, wie es passieren kann, daß meine Katze aus der geschlossenen Wohnung entweicht.
Mir ist, als höre ich ein Geräusch.
Torro, der sich normalerweise bereits beim Summen einer Fliege wie toll gebärdet, gibt keinen Mucks von sich.
Habe ich mich geirrt?
Aber nein, keineswegs.
Als ich barfuß, im Beademantel, die Aspirinschachtel in der Hand ins Wohnzimmer eile, falle ich fast über Onkel Ramon.
Sein Gesicht ist ein einziges triumphierendes Lächeln, beide Daumen stecken im Gürtel. Ola. Er sei nicht sicher gewesen, ob er willkommen sei, bis er die offene Tür gesehen und die Klarheit ihn überwältigt habe. Danke. Vielen herzlichen Dank. Er packt meine Hand mitsamt der Aspirinschachtel und schüttelt sie minutenlang kräftig hin und her. Wie denn das Wetter in Deutschland gewesen sei, schlecht? Und in welchem der beiden Schlafzimmer ich schlafe, im ersten oder im rückwärtig liegenden?
Kein Zweifel: Onkel Ramon verschwendet keine unnütze Zeit, um zur Sache zu kommen.

Ich befreie meine Hand und das Aspirin aus seinem Klammergriff und versuche, ihm die Situation zu erklären.
Die Tür sei offen für meine Katze, die ich aus Deutschland mitgebracht habe und die verschwunden sei – Onkel Ramon lächelt über mein Gestammel hinweg und dirigiert mich mit seinem Bauch zurück in den Flur.
»Welche Farbe hat die Katze?« fragt er scherzhaft, so, als ginge es um ein albernes Quiz zwischen ihm und mir.
»Schwarzweiß.«
»O lala –« er lacht wie über einen guten Witz.
»Außerdem habe ich einen Hund, der keinen Fremden einläßt«, füge ich hinzu, und werde von Torro Lügen gestraft, der sich unwillig von seinem Schlafplatz erhebt und ein schwächliches »Wuffwuff« von sich gibt.
Immerhin klemmt er sich nicht haltsuchend an Onkel Ramons Schienbein, sondern beäugt ihn voll müden Mißtrauens.
Onkel Ramon erklärt das umständliche Vorspiel als beendet, indem er alle Einwände mit seinem Bauch beiseite schiebt, ins Schlafzimmer vordringt, sich wohlgefällig umsieht, die gewebte Decke mit geübtem Griff abzieht und seinen Augen ebenso wenig traut wie meinen unzureichenden Ausführungen.
Denn unter der Decke kommt gähnend, sich die verschlafen blinzelnden Augen mit der Pfote reibend, Miß Lucie zum Vorschein.
Früher hat sie das oft gemacht, sich unter den Tagesdekken auf den Betten der Kinder zur Ruhe gelegt. Bis Friederike sich einmal ahnungslos draufgesetzt hat, um ihre Schuhe auszuziehen.
Der Schreck ist beiden so nachhaltig in die Glieder ge-

fahren, daß sich Friederike die Schuhe noch jahrelang auf dem Boden sitzend auszog, und Miß Lucie unter keine Tagesdecke jemals mehr kroch. Bis zur Stunde jedenfalls nicht.

Mit der unbeschreiblichen Erleicheterung, die mich erfüllt, kehren all meine Lebensgeister zurück. Wer bin ich eigentlich, daß ich mich mit langatmigen Erklärungen abquälen muß, um einen lüsternen Fettwanst aus meinem Schlafzimmer zu entfernen? Gibt es da nicht probatere Mittel? Und ob!

Ich fege in den Flur, reiße Torros Leine vom Haken und lasse sie unmißverständlich schwingen.

»Raus jetzt«, herrsche ich Onkel Ramon an, »ich will meine Ruhe und sonst nichts!«

Torro, dem die Leine als Fanal gilt, sich wild aufzuführen, tobt mit ohrenbetäubendem Kläffen hin und her.

Onkel Ramon flieht.

Aber bevor er die Tür hinter sich schließt, bedenkt er mich mit einem listigen Blick und der sich in der Tat aufdrängenden Frage: »Für wen hast du die Tür denn offengelassen? Für die schwarzweiße Katze, die da drinnen friedlich schläft? Hahaha –«

Wir hören ihn immer noch ärgerlich lachen, während sich seine Schritte auf dem Fußweg entfernen.

Miß Lucie nimmt erfreut ihr Fischstückchen entgegen.

Auch sie ist ungläubig. Habe ich wirklich nur diesen einen winzigen Appetithappen mitgebracht?

Torro begreift, daß der Wink mit der Leine nicht das hält, was er normalerweise verspricht, nämlich einen Ausgang.

Aber diesmal hat er nichts dagegen.

Er ist der Aktivitäten müde bis zum Überdruß.

»Mir reicht's«, läßt er mich wissen und wirft sich mit einem Ausdruck von Endgültigkeit auf die Matte.
»Mir auch«, antworte ich, lege mich aufs Bett und kraule ihm mitfühlend den schwarzen Lockenkopf. Miß Lucie sieht es ohne Groll.
Sie wäscht sich hingebungsvoll die nach Fisch duftende Pfote und streicht, ausgeschlafen wie sie ist, den Flur entlang, irgendwohin.
Soll sie nur.
Nichts kann passieren, dafür habe ich gesorgt.
Die Haustür ist zweimal abgesperrt, alle Fenster einschließlich der Klappläden sind hermetisch geschlossen.
Man merkt's.
Die Finsternis, als ich die Lampe ausknipse, ist undurchdringlich. Die Luft ist stickig. Na und?
Wir sind in Sicherheit.
Endlich.

Die andere Katze

Wir haben uns ein paar Tage lang ausgeruht, akklimatisiert, entspannt.
Am entspanntesten ist Miß Lucie.
Während Torro und ich einige Verkrampfungen überwinden müssen – er beim Anblick der Geißenmutter, ich beim unvermeidlichen Wiedersehen mit Onkel Ramon – räkelt sich meine Katze voll sichtlichen Behagens in der südlichen Sonne, die von morgens halb zehn bis nachmittags halb vier unsere Balkonterrasse bescheint. Die wärmenden Strahlen wirken verjüngend auf Miß Lucie.
Sie wälzt und kugelt sich wie ein zu groß geratenes Katzenbaby, greift spielerisch nach den lose baumelnden Enden der Wäscheleine und vergnügt sich mit einem Tennisball vom Vormieter.
Wie lange ist es her, seit sie kein Spielzeug mehr angerührt hat? Jahre …
Torro und ich lassen ihr den Spaß.
Während Miß Lucie auf dem warmen Terracotta-Boden der Terrasse in Rückenlage den Tennisball auf allen vier Pfoten balanciert, sitzen er und ich auf zwei Stühlen nebeneinander und betrachten ein Stilleben aus rostigen Fässern, Obstkistchen und Latten, von einer zerschlissenen Plane bedeckt, das die Geißenfamilie beherbergt.
Torro kaut nachdenklich an den Enden seines schwarzen Bartes, die sich inzwischen rötlich färben. Offenbar

heischt er meine Zustimmung dafür, daß die Geißenmutter ein Faktor ist, mit dem er ernsthaft zu rechnen hat. Sie ist ein großes kräftiges Tier mit einer Aura von Autorität.
Sobald sie ihre Meckerstimme erhebt, trollen sich ihre beiden Kinder herbei, um gehorsam an den Sträuchern zu nagen, die sie ihnen zeigt.
Aber lange währt das nie.
Die Kleinen, possierlich, unwiderstehlich, mit dunkelbraunen, flauschigen Fellmäntelchen, riesigen Lauscherohren und weißen Vorderbeinen, die wie bestrumpft aussehen, bersten vor Übermut. Sie machen sich an den Obstkistchen zu schaffen, klettern aufs Dach und versetzen ihre Mutter in Alarmstufe zwei.
Dort bohren sie weitere Löcher in die ohnehin brüchige Plane und laufen Gefahr – Alarmstufe eins! – hindurchzufallen.
Die ganze Zeit sorgt sich die alte Geiß, zetert, schimpft und stampft mit den harten Hufen in den Sandboden.
Torro, aus sicherer Höhe und Entfernung, sieht aufmerksam zu und macht sich seine eigenen Gedanken.

Das Gelände, weiträumig und nur auf den ersten Blick flach wie ein Teller, erweist sich bei näherem Hinsehen als leicht gewellt, von kleinen, struppigen Hügeln durchsetzt und mit Gruppen von Sträuchern bewachsen, die herrliche Verstecke abgeben.
Rechter Hand dösen ein paar ineinander geschachtelte Flachbauten in der Sonne von der gleichen hier üblichen Art, die auch ein Stück weiter scheinbar zufällig in die Landschaft geworfen wurden. Sie wirken provisorisch und unfertig, da meist unverputzt. Umrahmt von schma-

len Beton-Rampen, lassen sie einen europäisch orientierten Menschen an Lagerhäuser denken.
Aber das ist ein Fehlschluß, wie so vieles.
Auf der Rampe vor den Flachbauten, die uns am nächsten liegen, kleben zwei Fellbündel – ein schwarzes und ein hellbraunes –, beides Pekinesen.
Durch einen schmalen Pfad, der am Ziegenverschlag vorbei in die Wildnis führt, sehen wir drei Katzen schleichen. Ihnen folgt in respektvollem Abstand ein hochbeiniger, sandfarbener Außenseiter, dünn und ausgemergelt, mit dem schmalen Kopf eines Windhunds.
Hinter unserem Apartmenthaus, wo mit dem Restaurant das eigentliche Dorf beginnt, tummelt sich vermutlich noch viel, viel mehr.
Aber das tangiert uns nicht.
Es interessiert uns nicht einmal.
Uns reichen, und zwar vollauf, die von der Terrasse aus einsehbaren Gefilde mitsamt allem, was da kreucht und fleucht. Zumindest ist dies Torros Ansicht, die er mir mit sorgenvoll umwölktem Blick aus schwarz verzottelten Augen mitteilt.
Ich kenne das.
Es sind die Blicke, die meine Kinder über die Balkongitter unserer Ferienwohnungen auf fremde Kinder warfen, um sie dann mürrisch und voller Argwohn auf mich zu richten mit der Frage: warum sind wir nicht da, wo wir hingehören, wo wir uns mit eben dieser Selbstsicherheit bewegen und wo die anderen die Fremden sind?
Torro springt vom Stuhl, wirft sich seufzend auf den Boden und vergräbt den Kopf zwischen den Pfoten.
Miß Lucie, unbeeindruckt von seiner Frustration, jagt den Tennisball.

Unten geht Bernal vorbei, unser Hauswirt.
Nach ein paar Schritten bückt er sich, hebt etwas auf und kommt zurück, die Außentreppe hinauf und zur Tür herein.
Auf dem Arm trägt er eine kleine Katze, weißgrundig mit buntem Patchworkmuster überm Rücken.
Er hält sie mir triumphierend vor die Nase und sagt:
»Das ist *meine* Katze. Sympathisch, nicht?«
In der Tat, das ist sie. Aber angesichts meines Hundes, der vor Erschütterung nicht weiß, was er sagen soll, wage ich es nicht, sie zu streicheln.
Miß Lucie, in glücklicher Unbefangenheit, spielt Tennis auf der Terrasse und merkt nichts.
Leise und vorsichtig schließe ich die Glastür und setze mich Bernal gegenüber an den runden Tisch im kleinen Wohnraum. Torro preßt sich in den Vorhang und verfolgt mißtrauisch jede meiner Bewegungen. Werde ich das fremde Tier hätscheln, loben oder etwa aufnehmen?
»Wage es nicht!« warnt sein im voraus beleidigter Blick.
Ich biete Bernal einen Kaffee an, den er ablehnt mit der lächelnden Begründung, es sei ihm zuviel Wasser darin.
Er ist ein Mann, der sich bis zur Erschöpfung mit universellen Problemen beschäftigt, denen der Personalpolitik, der Gesellschaftspolitik, der Weltpolitik, in eben dieser Reihenfolge. Zuerst beklagt er laut die sinkende Arbeitsmoral seiner Kellner, dann die ihn zutiefst beunruhigende, ständig fortschreitende Emanzipation der Frauen, um schließlich in den großen, äußeren Problemkreis vorzustoßen.
»Was hältst du vom Faschismus?« fragt er herausfordernd.
»Nichts.«

»Erkläre mir das näher. Was verstehst du überhaupt darunter?«
Ich muß gestehen: nicht allzuviel; nicht genug jedenfalls, um darüber zu debattieren.
Das nimmt er mir nicht ab.
»Du schreibst Bücher –« Er deutet mit einer Hand auf die Schreibmaschine, die zwischen uns steht, und krault mit der anderen heftig seine Katze, die reglos stillhält. »Du bist eine intelligente Frau, lebst in einem fortschrittlichen Land, in einer aufgeschlossenen Gesellschaft! Du wirst dir doch irgendwelche Gedanken zum Faschismus gemacht haben!«
Gewiß, das habe ich.
Aber erstens sind es sehr persönliche Gedanken, zweitens ist mein Spanisch denkbar unvollkommen.
»Egal!« Er wischt mit einer brüsken Handbewegung alle meine Einwände vom Tisch und fast auch meine Schreibmaschine. Seine Katze zieht vorsichtshalber den Kopf ein.
Torro knurrt leise.
»Mein Temperament! seufzt Bernal niedergeschlagen, aber es dauert nicht lange, bis er sich wieder aufrichtet. »Also?«
Ich sehe, es bleibt mir nichts anderes übrig, als mich zu erklären, so simpel, so eindrücklich, so bildhaft wie möglich. »Es ist wohl eine Sache der Auffassung«, sage ich, mich an einem Kugelschreiber festhaltend. »Zum Beispiel, wenn einer behauptet, Männer seien besser als Frauen, dann ist das in meinen Augen eine faschistische Auffassung –«
»Aaah!« Er kratzt sich seinen Drei-Tage-Bart und schleudert eine ausgetretene Sandale vom nackten Fuß.

»Wie muß es heißen deiner Ansicht nach?« fragt er mit kaum unterdrücktem Groll. »Daß Männer genauso sind wie Frauen?«
»Nein. Sie sind anders.«
»Anders als Frauen?« wiederholt er wie betäubt.
»Anders, muß es heißen, anders statt besser.«
»Das ist deine Überzeugung?«
»Ja.«
»In allen Dingen?«
»So ziemlich.«
»Ha –« er springt auf, hangelt mit dem bloßen Fuß nach seiner verlorenen Sandale, gleitet um ein Haar auf dem Fliesenboden aus und tippt zu meiner verständnislosen Verblüffung ans Terrassenfenster, dahinter sich Miß Lucie zu einer dicken Schlafkugel zusammengerollt hat.
»Und was ist mit deiner Katze, he? Die hältst du doch für besser als alle andern!«
Mir fällt der Kugelschreiber aus der Hand.
»Du redest lauter Unsinn, Bernal!«
Ohne mir zuzuhören, sinkt er wieder auf den Stuhl. Das weißgrundige Wesen reibt den Kopf an seiner Brust und gähnt.
»Wahrscheinlich hast du einen Haufen Geld für deine Katze bezahlt und hältst sie deshalb für besser!«
»Bernal«, sage ich ärgerlich, »du bist verrückt.«
Eine Weile bleibt es still. Nicht einmal eine Fliege summt, denn auf der Insel gibt es kaum Insekten.
»Aber irgend etwas ist doch mit deiner Katze«, murmelt er leise und ratlos und schlägt dabei ein paar Tasten der Schreibmaschine an. »Du bringst sie mit im Flugzeug, du läßt sie nicht hinaus, du sorgst dich halbtot ihretwe-

gen – Onkel Ramon hat's mir erzählt –, das ist doch nicht normal –«
»Ich habe auch meinen Hund mitgebracht.«
»Das ist etwas anderes. Das tun viele Touristen. Das tun auch die Kanarier, die zum Wochenende hierher kommen. Aber eine Katze hat noch keiner mitgebracht. Ich will ja nichts dagegen sagen, ich finde deine Katze wunderschön – aber eigentlich auch nicht schöner als meine –«
Ich muß ihm recht geben.
Das kleine Kuscheltier auf seinen Knien mit dem bunten Patchworkfellchen und dem süßen, weißen Gesicht ist eine Katzenschönheit. Außerdem scheint es gelehrig zu sein und anpassungsfähig, es läßt sich handhaben, wie Miß Lucie es niemals täte. Sie kann man nicht einmal auf den Arm nehmen, ohne mit lautem Protest rechnen zu müssen.
»Bernal«, sage ich, die Hand auf dem Tisch spreizend, um Verständnis werbend, »meine Katze ist weder schöner noch besser als deine, und ganz bestimmt ist sie zehnmal so alt. Auch hat es mich keinen Pfennig gekostet, sie zu bekommen vor langer, langer Zeit.«
»Du meinst, sie hat einen anderen Wert, einen, den nur du erkennst?«
»So ist es. Sie gehört zu mir. Sie teilt mein Leben. Wenn sie nicht bei mir ist, fehlt mir etwas. Kannst du das verstehen?«
Er rollt die schwarzen Augen zur Decke, seufzt tief und hebt die Schultern unterm wildbedruckten T-Shirt.
»Ich könnte es eher verstehen, wenn ich mal eine Katze länger als ein oder zwei Jahre gehabt hätte. Aber das war nie der Fall. Sie bleiben nicht –«

Mit nachdenklich gefurchter Stirn steht er auf und geht hinaus.
Ich folge ihm.
Draußen auf der Treppe, ohne den strafenden Blick meiner Lieben fürchten zu müssen, wage ich es endlich, das Patchworkfellchen zu streicheln. Es ist weich wie Flaum.
»Wie heißt sie?« frage ich halblaut.
»Sie hat einen deutschen Namen«, antwortet Bernal mit verhaltenem Stolz, »Missie.«
»Das ist englisch«, gebe ich zu bedenken.
Aber er beharrt darauf, daß der Name deutsch sei, und zwar typisch deutsch.
»Warte mal –« er kratzt sich den Bart, »bayrisch ist er!«
Ich drehe und wende das Wort im Geiste hin und her, und endlich kommt mir die Erleuchtung: Mietzi heißt die Katze.
Er setzt sie auf der Rampe nieder, die auch dieses Haus umrahmt, und schlurft eilends davon.
Mietzi folgt ihm, im Zickzack hüpfend.
Ich bleibe zurück und denke über vieles nach. Gespräche mit Bernal sind so eine Sache. Sie erscheinen immer kraus, oft sogar sinnlos, aber sie hinterlassen Denkanstöße. Außerdem kann ich sicher sein, daß auch er sie nicht vergißt.
Gegen Abend kommt er mit Ana Belen, die alle Wörter von der Serviette in ein Heft eingetragen hat, von Aal bis Abscheu, denn soweit sind wir inzwischen gekommen.
»Was ist los?« fragt Bernal mich indigniert. »Warum bist du nicht im Restaurant?«
»Ausnahmsweise habe ich mir selbst etwas gekocht.«
»Nicht möglich!« Er traut meinen Kochkünsten so we-

nig wie meinen anderen praktischen Erfahrungen. Eine Frau, die Bücher liest und Bücher schreibt, hat nichts anderes zu können.
»Was hast du denn gekocht?« fragt er gönnerhaft, mit Mühe und Not seine Heiterkeit zurückhaltend.
»Tomatensuppe. Wollt ihr sie probieren?«
Ana Belen lehnt dankend ab.
Bernal steht bereits in der Küche.
Natürlich will er probieren, aber schnell, zackzack, er muß zurück, das Lokal ist voller Gäste – wo ist ein Löffel? Aaah, hier. Gut. Und die Suppe – wo? In diesem Topf? Fantastico!
»Tomatensuppe«, sagte er langsam und taucht den Löffel ein, »ist meine Spezialität!«
Ich weiß. Aber warum soll ich mir nicht ab und zu selbst eine kochen, hier, wo die Tomaten fast nichts kosten -
Er hebt den Löffel zum Munde, schnuppert skeptisch daran, schlürft ihn aus und hält ihn unter die Wasserleitung.
»Schmeckt sie dir nicht?« frage ich angelegentlich.
»Doch, doch –«
»Machst du dir vielleicht nichts aus Tomatensuppe?«
»Doch, doch –«
»Ist deine etwa so viel besser?«
Er läßt die Augen kreisen und die Stimme beben vor verhaltenem Vergnügen.
»Nicht *besser*!« Er legt beide Hände auf die Brust und senkt den dunklen Kopf mit dem sanft sich lichtenden Haar in tiefer Demut. »Nur anders, verstehst du? *Anders*!«
Er wischt sich die Hände an den Jeans ab und zieht ein Plastiktütchen mit Fisch aus der Tasche.

»Für deine Tiere«, sagt er großmütig, winkelt die Ellenbogen an wie ein Marathonläufer, und weg ist er.
Ana Belen nimmt kopfschütteld am Tisch Platz, murmelt »mi Papa!«, legt Heft und Stift ordentlich vor sich hin und stützt die Ellenbogen auf. Sie kann kaum über die Platte sehen.
Alle Tische hier sind zu hoch, alle Stühle zu niedrig. Ich schiebe ihr zwei Sofakissen unter, was sie sehr verwundert, und schlage das Wörterbuch auf.
Miß Lucie draußen auf der Terrasse macht sich wie wild über den Fisch her. Torro beäugt sein Stückchen mißtrauisch, placiert es genau zwischen seine Vorderpfoten und läßt es dort liegen.
Nach einer Weile riecht es penetrant nach Fisch im ganzen Raum.
Ich ermahne Torro, es endlich aufzufressen, und öffne die Terrassentür weit.
Miß Lucie schwingt sich sofort herein.
Torro knurrt abweisend.
Der Fisch liegt nach wie vor zwischen seinen Pfoten.
Miß Lucie bezieht Stellung auf dem Tisch.
Ana Belen nimmt mir das Wörterbuch aus der Hand und zeigt mir, wie weit sie gern käme.
Miß Lucies Schnurrhaare zittern vor Begierde.
Torro hebt den Kopf und blafft sie kurz und zurechtweisend an.
Die Spannung steigt ins unerträgliche.
Endlich, als schon niemand mehr dran glaubt, schnappt er den Fisch und schlingt ihn hinunter.
Miß Lucie sinkt resigniert auf die Schreibmaschine.
Ana Belen heftet die goldenen Augen aufs Heft.
»Abschlag«, sagt und schreibt sie, und wir üben minu-

tenlang die Aussprache, insbesondere das Sch.
»Schschsch« – mache ich.
»Schschsch« – macht Ana Belen.
Miß Lucie wirft mir einen gekränkten Blick zu, steigt vom Tisch und verschwindet im Flur.
Torro bleibt gelangweilt liegen.
Ana Belen möchte binnen einer Woche bis Brustbild kommen, sie hofft es jedenfalls, und ich hoffe mit ihr. Der Weg durchs A ist lang und steinig. Aber das B bietet, wie ich blätternd feststelle, eine Menge Lichtblicke in Form von Bach, Bäckerei und Bär, um nur einige zu nennen. Im übrigen lerne ich, nolens volens, das meiste mit. Vielleicht ist die von Ana Belen erfundene alphabetische Methode gar nicht so schlecht, vielleicht sogar besser.
Besser als was?
Besser als gar keine auf jeden Fall.
Und anders.

Die Nachbarschaft

Neben uns, auf der anderen Seite der Außentreppe, sind Leute eingezogen, Deutsche, wie ich ihrem Zungenschlag unschwer entnehme; ein Paar. Sie nennt ihn »Friedhelm«, er nennt sie »Schätzchen«. Ihre Ankunft ist mir entgangen. Nur Miß Lucie muß im Blumenkasten der Terrasse sitzend Zeuge gewesen sein, zumindest schließe ich das aus einer Äußerung der Dame Schätzchen, als sie abends schwungvoll die Außentür zuschlägt und Herrn Friedhelm so laut zu verstehen gibt, daß auch ich es an meiner Schreibmaschine höre:
»Es braucht nur *eine* Katze im Haus zu sein, und schon stinkt alles!«
Wie gesagt, am Nachmittag war ich nicht da.
Die ganze Zeit hatte ich das Gefühl, Torro etwas schuldig zu sein. Nicht Miß Lucie, die sich vor Behagen kaum zu lassen weiß, aber ihm. Sein Lebensraum war immer die Erde, seine Tätigkeit bestand aus Graben, Bohren, Rupfen, Zupfen, Wegfegen und Laufen. Im Gelände vorm Apartmenthaus, so weitläufig es auch ist, traut er sich nichts.
Nach längerer, eingehender Beobachtung wird auch einem menschlichen Ignoranten klar, daß da jeder Quadratmeter in festem Besitz ist und es einer Meute bedürfte, um neue Rechte anzumelden. Ein einzelner Fremdling ist da hoffnungslos im Hintertreffen.
Den vorderen Teil beherrscht die Geiß, den rechten bestreichen die beiden Pekinesen Yosso und Beckie, weiter

hinten streunt der magere Windhund, den ich seiner Farbe wegen Sandy nenne, und dazwischen huschen ein paar Katzen, die überall geduldet werden, an besonders windigen Tagen auch im Geißenstall.
Offenbar besteht ein Abkommen zwischen den Hunden dahingehend, daß Sandy das Revier der Pekinesen zwar durchqueren, sich jedoch nicht dort aufhalten darf und umgekehrt.
Freien Zugang gestatten sich alle gegenseitig auf dem schmalen Pfad durchs Gebüsch, der, wie ich endlich festgestellt habe, zu ein paar ausgedienten Töpfen führt, die eine mitleidige Seele täglich mit Abfall füllt. Auch ein Wassernapf steht daneben.
Wie Torro in dieser geschlossenen Gesellschaft Einlaß finden soll, ist uns beiden unklar.
Aus diesem Grund, und weil er schon trübselig die Ohren hängenließ, haben wir beide einen ausgedehnten Spaziergang unternommen, zuerst landeinwärts, wo er sich glücklich einbuddelte, ein paar Eidechsen jagte, durch die niederwüchsige Flora rannte und sich den Sand aus dem Fell und mir in die Augen schüttelte.
Anschließend gingen wir am Meer entlang, platschten zu seinem und meinem Vergnügen durchs flache Wasser und landeten im Bungalowdorf, wo Tina und ihr Mann Bob uns mit einem Drink erwarteten. Wasser pur für Torro, Gin mit Tonic für mich.
Es war ein günstiger Tag für Torro, denn Tinas einziger Rüde, ein Findling namens Kim, vom Format eines ausgewachsenen Kalbes, befand sich in der Obhut seiner Leih-Eltern.
Anwesend auf ihrer großen, gefliesten Terrasse mit den zum Wohnraum hin weit geöffneten Schiebetüren, wa-

ren nur Tina und Bob, die beiden kleinen Hündinnen Bonnie und Tessie sowie ein halbes Dutzend ihrer riesigen, wohlgenährten, trägen Katzen, angefangen bei Sue Ellen bis zu Frankie und Guy-Guy, die schon nicht mehr wie Katzen aussehen, sondern eher wie verschmuste Tiger-Babies.

Es wird mir und vielen anderen staunenden Betrachtern immer ein Rätsel bleiben, wie Tina es angestellt hat, aus den mickrigen, armseligen Inselkatzen diese überdimensionalen Prachtexemplare zu zaubern.

Torro, an Katzen und Kummer jeder Art gewöhnt, schlürfte ungerührt sein Wasser und nahm dankbar wedelnd einen harten Hundekuchen von Bob entgegen, den ihm im übrigen niemand streitig machte.

Tinas Tiere kennen keinen Futterneid.

Sie kennen ihn deswegen nicht, weil sie keinen Hunger kennen. Torro hätte sich mit dem Zermalmen des Kuchens und dem Auftupfen der schmackhaften Krümel gar nicht so zu beeilen brauchen.

Wir sprachen über dies und das, über Wurmkuren und Wassermangel, Tierarzthonorare und Mietpreise, an Themen herrscht zwischen uns nie ein Mangel. Ich überreichte mein Gastgeschenk: die Flohhalsbänder; empfing einen weiteren Drink und machte mich beschwingt auf den Heimweg.

Tina brach ebenfalls auf, denn es war sechs Uhr, Zeit für die Fütterung weiterer rund vierzig Katzen, die in der Bungalow-Siedlung leben. Normalerweise helfe ich ihr dabei, wenn ich gerade da bin, aber heute, mit Torro an meinen Fersen, sahen wir davon ab. Manche der Katzen sind sehr scheu, er würde sie vielleicht erschrecken.

Aber ein Stück Weges unterm klarblauen Himmel gingen wir zusammen, Tina mit raschelnder Futtertüte, ich mit lässig um den Hals gelegter Leine.
Torro, da brauche ich nichts zu befürchten, hielt sich dicht neben mir.
Die Bungalow-Siedlung hier oben im vergleichsweise rauhen Norden dieser kanarischen Insel, die auch insgesamt eher herb als lieblich zu nennen ist, entbehrt nicht nur der anderswo in Feriengebieten üblichen Animation. Das heißt, man wird nicht zum Boccia-Spiel aufgefordert, wenn man lieber seine Ruhe hätte, und man kommt sich nicht vor wie ein verklemmter Psychopath, weil man die Theatergruppe meidet. Es gibt nämlich keine. Es gibt auch keinen Frisör, keine Disko und keine Pommes-Bude.
Aber es gibt eine ansprechende Reception mit Post- und Bank-Service, Safe und Telefon sowie eine Autovermietung und zwei Läden.
Einer enthält Krimskram, vom Wasserball bis zur Handarbeitsdecke, der andere Lebensmittel, die so geordnet sind, daß man findet, was man sucht.
In Caleta, unweit meines Domizils, gibt es auch einen Laden, vergleichbar Aladins Wunderhöhle, in deren dunklen Tiefen es eines gewissen Studiums und unendlicher Geduld bedarf, um herauszufinden, daß die Streichhölzer unter Bergen von Trockenfisch ruhen und sich sämtliche Brotwaren wohlverborgen im Inneren der hölzernen Theke befinden und man die Butter weder neben dem Käse noch hinter den Waschmitteln zu suchen braucht, weil nämlich keine vorhanden ist. Die Unsitte, sich Butter aufs Brot zu schmieren, ruft beim kanarischen Menschen nur freundliches Unverständnis hervor.

Nun komme ich aber von der Gewohnheit Brot mit Butter einfach nicht los, weshalb ich mich vorm Lebensmittelladen von Tina trennen wollte, aber sie hielt mich an der Leine fest und flüsterte: »Kennst du das Mädchen in der roten Bluse?«
Kannte ich es?
Ich kniff die Augen zusammen.
Weiße Shorts, leuchtend rote Bluse, Einkaufsbeutel über der Schulter, brauner Ponyschnitt, runde Brillengläser im runden Gesicht –
»Maxi!«
Sie trennte sich gerade von einem Postkartenständer, sah mich und kam strahlend auf mich zu.
»Hallo! Ist das nicht ein traumhaftes Wetter! Wieso haben wir uns bis jetzt nicht getroffen?«
»Weil ich nicht hier wohne.«
»Nicht? Wo denn?«
»Drüben im Fischerdorf Caleta.«
»Ich wußte gar nicht, daß es da Ferienwohnungen gibt!«
»Es sind auch nicht viele, Gott sei Dank.«
Sie lächelte auf Torro nieder.
»Ist das der Hund, um den Sie sich im Flugzeug Sorgen machten?«
»Ja. Und wie geht's Jorinde?«
»Hervorragend. Sie genießt die Wärme. Ihre Katze sicher auch. Sehen wir uns mal auf einen Kaffee oder irgendwas?«
»Gern. Besuchen Sie mich, wenn Sie Lust haben. Ich wohne im Apartmenthaus eingangs des Dorfes. Sie können es nicht verfehlen. Es gibt nur dieses eine.«
Maxi nickte uns zu, Tina, Torro und mir, schulterte ihren

Beutel, bestieg ein kleines Auto und brauste davon.
»Sie hält Schlangen«, teilte mir Tina halblaut mit, während wir uns voneinander verabschiedeten.
»Ich weiß.«
Wir verabredeten uns fürs demnächst im Zuge des Karnevals stattfindende Strandfest, und ich ging meine Butter kaufen.
Auf dem Rückweg trafen wir den Ziegenhirt mit seiner Herde.
An die zwanzig Tiere führt er täglich in die Berge: braune, graue, schwarze, weiße und gescheckte, eine bunte Schar, von groß und majestätisch bis klein und verspielt. Das Futter ist spärlich, aber die Euter sind schwer und prall gefüllt. Sie erinnern in Farbe und Form an die ledernen Wasserbeutel der Beduinen.
Sein Hund, sagt der Ziegenhirt, ist schon vorausgelaufen, nach Hause. Das beruhigt mich, Torros wegen.
»Hast ja deine Tiere mitgebracht diesmal«, bemerkt der Hirt, bleibt stehen und krault mit knorriger Hand Torros Ohren.
»Ein guter Hund.«
Torro, der jedes Wort versteht, hechelt freudig bewegt in seiner Kniekehle.
»Doch, doch«, versichert der Hirt, »von Hunden verstehe ich was.«
Gemächlich ziehen wir weiter.
Torro, ohne daß er sich's versieht, ist plötzlich mitten in der Ziegenherde. Aber keine der gefürchteten Kreaturen nimmt Notiz von ihm. Meckernd trotten sie an ihm vorbei, mümmeln hier ein bißchen, zupfen dort etwas ab, zerstreuen sich, sammeln sich wieder und gehen das letzte Stück brav vor ihm her.

Zwei der Tiere tragen Glocken, ein großes, kräftiges, schwarzes und ein winziges weißes.
Bei der großen Geiß leuchtet mir das ein. Sie ist offenbar die Leitziege. Aber das Kleine?
Ich frage den Hirten.
In dem Kleinen, so erfahre ich, hat er die geborene Führernatur und Besonnenheit erkannt. Nicht jedes Tier eignet sich als Glockenträger, ganz im Gegenteil. Die meisten sind hoffnungslos unzuverlässig, ohne Gemeinschaftssinn und Orientierungsvermögen. Sie neigen zum Streunen, achten nicht aufs Gelände, fallen in Felsspalten.
Das Kleine aber, so der Hirt, wird bald imstande sein, zusammen mit der Großen die Herde zu führen. Seit einer Woche trägt es tagsüber die Glocke, damit es sich daran gewöhnt.
Torro, zuerst verblüfft, dann zunehmend selbstbewußt und unbekümmert, bewegt sich in glücklichem Einvernehmen unter den Ziegen. Unweit unserer Behausung biegen sie ab zu ihrem Pferch.
Torro sieht es mit Bedauern.
Miß Lucie, in ihrem Ausguck, dem Blumenkasten, sitzend, schreit uns ihren Unwillen über vier ungesellige Stunden bereits entgegen.
Wir eilen die Treppe hinauf und stimmen sie gnädig mit einer Handvoll Breckies, die mir Tina für sie mitgegeben hat. Kurz danach schlägt die Nachbartür zu, und nicht nur Friedhelm, sondern auch ich werde davon in Kenntnis gesetzt, das Katzen stinken.
Es wurmt mich, es ärgert mich, es nagt an mir.
Ich frage mich, wieso mir dergleichen während all der Jahre, in denen ich mich mit Katzen umgebe, nie passiert ist.

Warum nicht?
Ganz einfach: wir haben immer abgeschieden gewohnt, meist im eigenen Haus, mit viel Grün drum herum, viel Luft, viel Abstand zu den Mitmenschen.
Katzen stinken, sagt die Person.
Was wird sie dann erst von Pferden sagen oder von alten Hunden, wenn sie mit nassem Fell nach Hause kommen und Mist gefressen haben, wie's der selige Torro für sein Leben gern tat!
Nun, vermutlich ahnt die Dame nichts von alledem, lebt im Herzen einer Großstadt und inhaliert gewohnheitsgemäß nur Autoabgase.
Ich beschließe, ihr zu verzeihen.
Aber mein frommer Vorsatz dauert nur so lange, bis ich die beiden heimkommen und folgenden Dialog führen höre:
»Sag, was du willst, Friedhelm, Katzengeruch ist so ein Armeleutegeruch, irgendwie bäbä.«
»Bäbä«, wiederholt Friedhelm glucksend, »was ist das denn für ein Wort!«
»Ein anderes für asozial!« Jetzt glucksen sie beide und helfen sich unter albernem Gekicher gegenseitig die Treppe herauf. Offenbar haben sie Bekanntschaft mit dem Inselwein gemacht, dessen Wirkung man nicht unterschätzen sollte.
Ich widerstehe nur mühsam dem Impuls, hinauszutreten und mir mit ein paar der nicht druckreifen Vokabeln Luft zu machen, in denen mein Sohn Simon Meister ist. Aber ich halte mich zurück und lasse nur in einem Brief an die Kinder meinem Ärger freien Lauf.
Danach fühle ich mich etwas besser.
Ich kippe Miß Lucies Kästchen in der freien Natur hinterm Geißenverschlag aus, fülle es frisch, sehe, daß

Torro erstmals ohne Beklemmung das Terrain betritt, um in aller Ruhe seine sämtlichen Geschäfte zu erledigen, und mache mir Gedanken über meine Toleranzfähigkeit.

Man muß die Menschen nehmen, wie sie sind, predige ich mir und rufe mir Tina ins Gedächnis, die bei jedem Gästewechsel durch die verschlungenen Pfade des Bungalow-Dorfes rennt und mit der Stimme eines Wasserverkäufers in der Wüste ruft:

»Hallo – do you like cats?«

Ist die Antwort der erstaunten Erstbesucher (alle anderen wissen längst Bescheid) ein unbefangenes »Ja«, setzt Tina in aller Herzlichkeit hinzu: »Fein! Würde es Ihnen etwas ausmachen, Tabby, Joker, Alice und Klein-Schneeflocke zu füttern, solange Sie hier sind?«

Womit bereits erwähnt ist, daß alle rund vierzig Katzen eigene Namen haben, und damit nicht genug. Sie tragen ihn mitsamt der Adresse auf einem niedlichen Medaillon an einem Spezialhalsband mit sich herum.

Ist die Antwort »nein« – und auch dann, wenn Entsetzen oder Abscheu mitschwingen –, ist Tinas einzige Reaktion ein freundliches Abwinken mit der Hand und ein tröstliches »never mind!«, was soviel heißt wie »macht durchaus nichts!«; und nie vergißt sie, einen schönen Tag zu wünschen und »byebye« zu sagen.

Sie ist und bleibt mein großes Vorbild.

Miß Lucie hinterläßt einen Pfotenabdruck als Gruß auf dem Brief an die Kinder und spuckt einen Teil der Brekkies wieder aus. Das tut sie zwar auch zu Hause manchmal, und nur dann, wenn sie Trockenfutter gefressen hat, das sie besonders liebt und deshalb wahrscheinlich zu schnell herunterschlingt.

Trotzdem sorge ich mich.
Der Grassamen, in einem Tontopf ausgesät, am Fenster im rückwärtigen Zimmer stehend und täglich frisch gegossen, rührt sich nicht.
Alternativen sind keine vorhanden. In den Blumenkästen auf der Terrasse, eigens eingemauert, damit der Wind sie nicht davonweht, befindet sich nichts außer einer rostigen Sandschaufel. Bernals Energie hat sich mit dem Bau des Hauses und der aufwendigen Inneneinrichtung erschöpft. Ich kann es ihm nicht verdenken. Er selbst und seine Frau arbeiten von morgens bis in die Nacht hinein hart. Wann hätte einer von ihnen beiden auch noch die Blumenkästen füllen sollen?
Und wer, selbst wenn sie gefüllt wären, sollte sich darum kümmern?
Wie auch immer: ich brauche etwas Grünes.
Nicht so sehr für Torro, der, ähnlich wie die Ziegen, ganz bestimmte Pflanzen draußen knabbert.
Aber Miß Lucie ist auf das angewiesen, was ich ihr biete, denn keinesfalls habe ich vor, sie hinauszulassen.
Am nächsten Tag mische ich etwas grünen Salat unter ihr Futter, und da Bernal bereits in aller Herrgottsfrühe zum Markt gefahren ist, will ich die nächste Gelegenheit benutzen, um in eine Gärtnerei zu kommen. Da klopft es: Maxi.
Sie ist in mintfarbenen Jeans und langem Hänge-T-Shirt und wollte nur mal sehen, wo ich wohne.
Ihr eigentliches Ziel ist die nächste Kleinstadt, wo sie sich Kohletabletten kaufen möchte.
Sie kommt herein, streckt die Hand aus, ruhig und abwartend, bis sich Miß Lucie aus eigenem neugierigem Antrieb nähert und streicheln läßt.

»Ihr Fell ist ein bißchen stumpf«, stellt Maxi beiläufig fest. »Kann sein, daß ihr tatsächlich das Gras fehlt. Was machen Sie im Winter, wenn draußen nichts wächst?«
»Sie bedient sich drinnen am Blumenfenster und an den Kräutertöpfen.«
»Na schön. Selbst wenn wir kein Gras auftreiben, tun es notfalls sicher auch ein paar Grünpflanzen. Wollen Sie gleich mitkommen?«
Und ob ich will!
Torro hat bereits begriffen, daß er nicht mit von der Partie sein wird und sich auf den Bettvorleger geworfen.
Miß Lucie sieht uns vom leeren Blumenkasten aus nach und hebt eine Pfote, als winke sie. Aber dann reibt sie sich doch nur die Nase.
»Sie ist sehr alt, nicht wahr?« fragt Maxi, als wir uns anschnallen.
»Stimmt. Fast dreizehn Jahre. Woraus schließen Sie es?«
»Aus der Art, wie sie sich bewegt, und irgendwie sitzt bei alten Tieren das Fell lose auf den Knochen, finden Sie nicht?«
Ich denke darüber nach.
»Möglich. Woher wissen Sie so was? Haben Sie viel mit Tieren zu tun?«
Sie lacht und läßt den Kleinwagen an.
»Ständig! Schließlich arbeite ich –« sie unterbricht sich, tastet nach ihrer Brille und starrt ungläubig auf den Restauranteingang.
Da stehen Friedhelm und Schätzchen und studieren die Speisekarte. Ihrer beider Sommerkleidung wirkt maßgeschneidert, und Schätzchens Haar leuchtet kupferrot. Ein bißchen ungewöhnlich vielleicht, aber kein Grund, den Atem anzuhalten, oder?

»Im Zirkus?« hake ich nach.
»Nein, im Zoo.«
Maxis Stimme klingt belegt, der Motor hustet, wir bewegen uns immer noch nicht vom Fleck.
»Kennen Sie die Typen?«
Ich brauche nicht zu fragen, wen sie meint. Ihre Kinnbewegung ist unmißverständlich.
»Nur vom Sehen und vom Hören. Sie wohnen neben mir und behaupten, Miß Lucie verbreite asoziale Gerüche.«
»Ha –« Maxis Stimme vibriert vor Grimm und Groll, »das sieht ihnen ähnlich!«
Damit läßt sie dem Motor endlich freien Lauf. Wir preschen am Restaurant vorbei, so dicht, daß Friedhelm und Schätzchen in eine Sandwolke gehüllt sich die Augen zuhalten müssen.
Das war nun nicht gerade die feine, faire Fahrweise.
Etliche Fragen liegen in der Luft, aber ich greife schließlich nur die auf, die mich am meisten interessieren.
Das Stichwort ist Zoo.
Maxi, so erfahre ich, ist ausgebildete Tierpflegerin.
Den Beruf streben viele an, aber die Arbeitsplätze sind begrenzt, ganz einfach deswegen, weil die Zahl der Zoologischen Gärten oder finanzkräftigen Tierheime wesentlich kleiner ist als die der Behörden, Industriefirmen, Kliniken oder anderen Arbeitsstätten.
»Da hatten Sie Glück«, sage ich, »gefällt's Ihnen?«
Sie nickt heftig.
»Es ist viel Dreckarbeit dabei, aber das stört mich nicht.«
Wir fahren die einsam sich schlängelnde Straße an bizarren Opuntienfeldern entlang bis zum Eingang des Ortes.

Dort steige ich aus, denn ich habe die Gärtnerei gefunden.
Maxi rollt weiter hinein auf der Suche nach einer Apotheke. Zwanzig Minuten später holt sie mich und einen Zentner Erde und Pflanzen wieder ab.
Das Wägelchen schwankt unter der Last, die ich Maxi nur abzuladen bitte, als wir wieder in Caleta einlaufen. Hinaufschleppen will ich sie alleine.
Erstens habe ich schon eine Menge von ihr verlangt, zweitens ist es vielleicht nicht ratsam, ein Zusammentreffen zwischen ihr und meinen Nachbarn zu riskieren.
Tatsächlich schlägt Maxi die angebotene Erfrischung aus, mit der Begründung, Jorinde warte auf ihre Hauptmahlzeit.
»Was frißt sie denn?«
»Fisch«, erwidert Maxi und ist nicht davon abzuhalten, mir meine Einkäufe wenigstens bis auf die Rampe wuchten zu helfen.
Drinnen bellt sich Torro bereits heiser vor Freude.
Miß Lucie hebt verschlafen den Kopf aus dem Blumenkasten.
Es ist mittäglich heiß.
Aber das tut meinem Eifer keinen Abbruch.
Ich habe nämlich das Ei des Columbus gefunden.
»Der Sandboden, den Sie genommen haben, eignet sich nicht für Gras«, hat mir der Gärtner erklärt, »säen Sie es in diese Erde hier, dann wird es sofort wachsen.«
Ich habe einen ganzen Sack gekauft.
Bis ich ihn die Treppe hinaufgezerrt habe, dauert es eine geraume Weile, und dann muß ich noch die sechs üppig grünen Farne, die vier Hibiskuspflanzen und die Bougainvillea holen.

Macht nichts.
Ich schwitze mir die Seele aus dem Leib und nehme mindestens zwei Pfund ab, was nicht schaden kann.
Gegen Abend erst bin ich soweit.
Die Vier-Meter-Front meiner Balkon-Terrasse erblüht im Schmuck der harmonisch eingepflanzten grünen Pracht. Ich habe mir viele Gedanken über den richtigen Abstand und die Wirkung der einzelnen Exemplare gemacht. Das Ergebnis begeistert mich. Die Mühe hat sich gelohnt. Ich sinke mit einem Glas Orangensaft aufs Sofa und weide mich durch die weit offene Tür am wohltuenden Anblick.
Miß Lucie, die sich während der ganzen Aktion als sehr lebhaft und hinderlich erwiesen hat, steigt über den Hibiskus, hebt die frisch eingehüllte Erde zur Hälfte wieder aus, wirft sie energisch auf den Fliesenboden der Terrasse und verrichtet in der so geschaffenen Mulde mit träumerischem Gesicht ihre sämtlichen Geschäfte.
Dann scharrt sie das Ganze notdürftig wieder zu, begibt sich einen Kasten weiter, kippt den dort befindlichen Farn zur Seite und legt sich statt seiner in die weiche Kuhle.
Ich sehe ihr tatenlos zu.
Schon der bloße Gedanke, noch einmal zur Kehrschaufel greifen zu müssen, treibt mir den gerade getrockneten Schweiß wieder auf die Stirn.
Miß Lucie blinzelt mir dankbar zu.
Ihre Zufriedenheit kennt keine Grenzen.
Ein so weitläufiges, phantasievoll gestaltetes Klo hatte sie noch nie.

Miß Lucie und das Karnevalskostüm

Die kleine Welt in der nördlichen Bucht der kanarischen Insel ist in freudiger Erregung.
Höher noch als die Wogen des Atlantiks schlagen die des Karnevals.
Ana Belens Studien stagnieren seit Tagen.
Bei dem schrecklichen, zungenbrecherischen Wort Ausfuhrzoll sind wir stehengeblieben. Schier unerreichbar fern liegen die glücklichen Gefilde des weichen B – mit Bach, Bäckerei und Bär.
Ana Belen ist dabei, sich in eine Prinzessin zu verwandeln mittels weißen Tülls überm zartrosa Unterkleidchen, fußlang natürlich, und eines zwei Meter langen, ungesäumten Seidenstreifens, den sie mit beiden Händen über den Schultern festhält, während das lange Ende hinter ihr her flattert.
Kein Zweifel: es ist die Schleppe.
All dies – der Tüll, das Unterkleid und vor allem die Seide fegen den sandigen Grund draußen und erhalten eine gelbliche Tönung, noch bevor sie offiziell eingeweiht sind.
Das wichtigste Signum, die Krone, ein glizerndes Ding aus gestanztem Blech, legt Ana Belen ratlos auf meinen Tisch.
Ist sie nicht wunderschön?
Tatsächlich, das ist sie.
Nur: wie befestigt man sie auf dem Kopf?
Das Problem ist nicht neu.

Jahr für Jahr habe ich es mit Friederike gewälzt.
Es gab damals wie heute nur zwei Möglichkeiten: entweder man nimmt die Pein etlicher piekender Haarnadeln und Klämmerchen auf sich, oder man zieht kurzerhand Schnüre durch die blütenförmig gestanzten Löcher im blechernen Muster, setzt sich die Krone auf wie eine Mütze und bindet sie unterm Kinn fest. In beiden Fällen ist es eine wacklige Angelegenheit.
Ana Belen lehnt die Schnürenlösung kategorisch ab.
Leider.
Die Haarnadeln und Klämmerchen halten in ihrem feinen Haar noch viel weniger als in Friederikes Krauskopf früher.
Kaum hat sie sich vorsichtig meine Außentreppe hinuntergetastet, schwankt die Krone bereits verdächtig, obwohl sich Ana Belen so steif und kerzengerade hält, als balancierte sie ein kostbares Gefäß auf ihrem Kopf.
Eine halbe Stunde später ist sie wieder da, eine Rolle mit Schnur im fettigen Händchen, denn sie hat inzwischen bei ihrer Mutter ein Stück Lachs gegessen.
Der Duft umschwebt sie besonders dort, wo sie sich selbstvergessen die Hände abgewischt hat: am Tüllröckchen.
Leider denke ich mir nichts dabei.
Anders Miß Lucie.
Innerhalb weniger Minuten gibt sie ihre vornehme Zurückhaltung entschieden auf.
Erstens kennt sie Ana Belen durch die täglichen Übungsstunden am runden Tisch, zweitens ist da dieser betörende Duft –
Miß Lucies dezentes Wesen erfährt immer eine grundlegende Veränderung, sobald sie Fisch wahrnimmt.

Aber dieser hier – Lachs, den sie nie zuvor zu kosten das Vergnügen hatte – bringt sie vollends um den Verstand.

Sie streicht an mir vorbei, reibt vertrauenerweckend ihren Kopf am Tischbein, wo Ana Belen Aufstellung genommen und mir bekümmert die Krone überreicht hat, und wirft alle Hemmungen über Bord.

Ana Belen erklärt mir, was ich ohnehin erwartet habe, nämlich daß sie sich für die andere Lösung entschieden hat, die mit den Schnüren.

Miß Lucie atmet den kulinarischen Duft tief ein und geht ihm mit erhobenen Pfoten nach.

Ich, mit der Brille auf der Nase, die mich nur Nahes erkennen läßt, fädele gerade ein Stück Schnur in eines der gestanzten Kronenlöcher, als meine Katze ihre Begierde nicht mehr zügeln und ihre Ungeduld nicht mehr zähmen kann und – ritsch-ratsch – den Tüllrock fetzt, so nachhaltig, daß Ana Belen weh aufschreit und ich Miß Lucies ausgefahrene Krallen eine nach der andern aus der ruinierten Robe ziehen muß.

Ana Belen schreit immer noch.

Miß Lucie, ebenfalls zutiefst erschreckt, gebärdet sich wie eine Raubkatze und retiriert, endlich losgelöst, mit fauchendem Kschksch und erbost hin und her schwingendem schwarzem Schwanz in die hinteren Räume.

Ruhe, sage ich mir, ist das Gebot der Stunde.

Als erstes führe ich Ana Belen ins Bad und wasche ihr die Lachshände und das Tränengesicht sauber.

Dann sehen wir uns den Schaden an, der beträchtlich ist. Ihn zu beheben bedürfte einer Fingerfertigkeit, die mir nicht gegeben ist. Einen Riß dieser Größe in einem normalen Stoff zu flicken, würde mir bereits große Mühe

machen. Dieses Gespinst zusammenzufügen, traue ich mir nicht zu.
Die Krone, die wir ohne viel Hoffnung aufsetzen und unter Ana Belens Kinn zusammenbinden, kippt schon bei der ersten Kopfbewegung.
Ihre Niedergeschlagenheit läßt mich um so munterer werden.
»Weißt du was?« sage ich hochgemut, »wir machen etwas ganz anderes, viel Schöneres als Prinzessin –«
Sie schnupft und wirft mir einen umflorten Blick zu, teils resigniert, teils erwartungsvoll.
»Komm, zieh dich um«, raune ich verschwörerisch, »wir nehmen den Zwei-Uhr-Bus in die Stadt!«
Ana Belen tut, was ich sage, aber sie tut es ohne Begeisterung. Sie ist ein Kind mit festen Vorstellungen, Zielen und Grundsätzen.
Sie wollte an diesem Karneval eine Prinzessin sein.
Wird sie sich umstimmen lassen?
Viel Hoffnung habe ich nicht.
Aber Miß Lucies rabiates Vorgehen zwingt mich zum Handeln, ganz gleich, was dabei herauskommt. Ich bin Ana Belen ein neues Kostüm schuldig.
Und jahrelange, einschlägige Erfahrung hat mich gelehrt, daß unmittelbar vor den tollen Tagen alle Prinzessinnenkleider ausverkauft sind.
In der Stadt betrachten wir auf meinen Wunsch hin aufmerksam die schwungvoll gerahmten Ablichtungen in sämtlichen Fotogeschäften.
Sie beeindrucken uns beide gleichermaßen.
Dann erwerben wir nacheinander ein Diadem aus zarten, weißen Stoff-Rosenknospen, einen schimmernden, weißen Damenunterrock, einen silbern durch-

wirkten Kordelgürtel und ein paar weiße Spitzenhandschuhe.
Anschließend essen wir hochgestimmt jeder eine große Portion Eis in einer offenen Eisdiele und winken, als wir Bernal mit einem riesigen Karton Würfelzucker vorbeiwanken sehen, so heftig, daß er ruckartig den Schritt verhält.
Auf seine eindringlichen Fragen, was wir denn hier tun, hüllen wir uns in geheimnisvolles Schweigen, aber seiner Aufforderung, sofort mit ihm nach Hause zu fahren, kommen wir gern nach.
Am späten Nachmittag sind wir wieder im Apartment.
Miß Lucie hat sich ins Schlafzimmer zurückgezogen, dessen Tür ich vorsichtshalber schließe.
Unverzüglich machen wir uns ans Werk.
Der schimmernde weiße Damenunterrock mit einem drunter angelegten weißen T-Shirt, in der Taille gerafft vom Kordelgürtel, wird zum eleganten Brautkleid.
Der Tüll wird an der zerfetzten Stelle sauber auseinander geschnitten und ergibt einen duftigen Schleier.
Das Diadem mit den weißen Stoff-Rosenknospen sitzt wie angegossen vermittels einer praktischen, biegsamen, dem Hinterkopf angepaßten Drahtrundung.
So also, im schönsten Schmuck, den es für ein Mädchen geben kann, wie es das Spruchband unter den schwungvoll gerahmten Bildern im Fotogeschäft verkündet, tritt Ana Belen vor den Spiegel im Badezimmer.
Eine perfekte kleine Braut.
Sie zieht sich die Spitzenhandschuhe bis zu den braunen Ellenbogen hinauf und lächelt selbstvergessen.
Ich atme auf.

Am Abend, im Restaurant, esse ich Lachs mit einem pikanten Zubehör, das Ana Belens Mutter aus saurer Sahne und fein gehackten Zwiebeln bereitet.
Es ist ein Genuß.
Ich trinke ein Glas Inselwein dazu und nicke Onkel Ramon, der beklommen an mir vorbeistreicht und einen guten Abend wünscht, versöhnlich zu.
An einem entfernten Tisch sehe ich Friedhelm und Schätzchen miteinander schäkern, und ich nehme mir vor, Maxi zum Essen einzuladen, wenn auch nicht gerade hierher, um mich für die selbstlose Fuhre aus der Gärtnerei zu bedanken.
Später, zu Hause, reißt mir Miß Lucie faßt das Päckchen aus der Hand, das ich mitgebracht habe.
So kenne ich sie gar nicht.
Mir bleibt weder die Zeit noch die Möglichkeit, die mitgebrachte Delikatesse auf die beiden Näpfe zu verteilen. Miß Lucie schnappt sich das ihre, noch während ich es auswickele. Das andere rette ich für Torro, der es lustlos beschnuppert und liegenläßt.
Miß Lucie funkelt ihn mit grünen Augen fassungslos an.
Er mag keinen Lachs?
Nicht möglich!
Sie stürzt sich Hals über Kopf auf seine Portion, verschlingt sie und säubert noch lange und gewissenhaft die darunter befindliche Bodenfliese.
Offenbar verbindet Miß Lucie den Genuß von Lachs jedoch nicht mit mir, sondern mit Ana Belen, der sie am nächsten Tag entgegeneilt, kaum daß das Kind eingetreten ist.
Ana Belen, ganz Braut, erstarrt in ihrer weißen Pracht und stößt einen kleinen Angstschrei aus.

Ich fange Miß Lucie auf, ignoriere ihr lebhaftes Widerstreben, trage sie ins Schlafzimmer und schließe die Tür.
Ich gehe kein Risiko ein.
Ein weiteres Kostüm fällt mir bestimmt nicht ein, und selbst wenn, würde sich Ana Belen zu keinem anderen mehr überreden lassen.
Der Erfolg, so höre ich, ist nämlich berauschend.
Etliche kleine Jungen sind bereits auf der Suche nach den Hochzeitszylindern und feierlichen Knöpfwesten ihrer Väter, um sich Ana Belen zur Verfügung zu stellen; und ebenso viele kleine Mädchen zerbrechen sich heimlich die Köpfe, wie sie Ana Belens geniale Idee ganz unauffällig kopieren können.
Aber das ist natürlich nicht möglich.

Das Strandfest

Bis gegen zehn Uhr morgens ist um diese Jahreszeit der Himmel über der Insel oft bewölkt.
Der Berg schickt weiße Schleier zu Tal und hüllt das Bungalow-Dorf zu seinen Füßen völlig ein.
Von Caleta aus kann man das Naturschauspiel in allen Phasen verfolgen und bemerkt gar nicht, daß man mit einbezogen wird. Denn mit den Schleiern kommt die rare, lebensspendende Feuchtigkeit, durchdringt den Sandboden und tränkt das versteppte Gelände ebenso wie meine Pflanzen in den Terrassenkästen. Das geht so weit, daß sie sich immer feucht anfühlen und ich sie kaum zu gießen brauche.
Nur den kostbaren Grassamentopf an der rückwärtigen Fensterbank besprühe ich täglich und harre der Dinge, die da immer noch nicht kommen wollen.
Miß Lucie knabbert indessen die Farne an.
Ana Belen feiert triumphale Erfolge beim Schulkarneval.
Ich schlendere in Gesellschaft meines sich immer mehr zu mir bekennenden Hundes hinaus, vorbei an der Geißenmutter mit ihren kecken Jungen und freue mich, daß Torro seine Angst vor ihnen endgültig überwunden hat.
Überhaupt ist es hier eine Lust, mit ihm spazierenzugehen. Er bewegt sich frei und unbekümmert, aber er hält einen passablen Abstand zu mir, bleibt immer in Sicht und kommt, wenn ich ihn rufe, unverzüglich. Brav sitzend mit gerecktem Hals, läßt er sich anleinen, wann immer dies notwendig erscheint.

Und auch an der Leine benimmt er sich ordentlich und zieht mir keine Striemen in die Hand.
Die beiden Pekinesen ruhen auf ihren ausgestreckten Vorder- und Hinterbeinen und folgen Torro lediglich mit aufmerksamen Blicken aus blanken, schwarzen Knopf-Augen.
Auf der Rampe des Hauses, dessen offene Winkel und unfertige Patios er von montags bis freitags bewohnt, um sie wochenends für die eigentlichen Besitzer freizumachen, liegt Sandy. Auch er rührt sich nicht und gibt keinen Laut des Unmuts von sich.
Trotzdem schlägt Torro einen höflichen Bogen, und wir nehmen Kurs aufs Bungalowdorf.
Der Nebel hat sich zwar größtenteils aufgelöst, aber es ist immer noch kühl.
Wir machen einen Abstecher an den Strand, lassen uns die Füße umspülen von der allmählich nahenden Flut und schauen ein paar jungen Leuten zu, die lange Tische und Bänke unter einem Baldachin aus knatterndem Segeltuch abladen.
Heute abend, so erfahre ich, soll hier ein großes Kostümfest stattfinden.
Tina und Bob, die ich darauf anspreche, sind sich nicht sicher, ob sie hingehen. Sie sind Angelsachsen. Karneval ist für sie kein faßbarer Begriff. Sie zögern.
»Gehst du?« wollen sie wissen.
»Mal sehen, vielleicht mit den Kindern.«
Und ich erzähle ihnen von Ana Belens Kostüm-Debakel und Miß Lucies hemmungsloser Leidenschaft für Lachs.
Dann lasse ich mir Maxis Bungalow-Nummer geben, denn das ist das eigentliche Ziel meines Ausflugs, und

verabschiede mich mit einer vagen Verabredung fürs abendliche Fest.
Maxi wohnt in Nummer achtundvierzig.
Sie steht in Shorts draußen auf der kleinen Terrasse, die mit einem brusthohen Steinwall eingefaßt, nur grob gefliest und streifenweise mit Hibiskus bewachsen ist.
Torro hält sich dicht neben mir.
Maxi ist gerade dabei, mittels Speiseöls den Teer von ihren Schuhen zu reiben. Der Tip stammt von mir, weshalb sie schon von weitem die Ölflasche zur Begrüßung schwingt.
Was das Kostümfest angeht, so findet sie, wir sollten alle hingehen. Es nicht zu tun, hieße die Selbstgenügsamkeit auf die Spitze treiben und die rührigen Initiatoren vor den Kopf stoßen.
So unrecht hat sie damit nicht, aber in meiner Garderobe findet sich kein einziges Karnevalskostüm, und meine Ideen habe ich an Ana Belen verschwendet.
»Man muß nur improvisieren«, sagt Maxi unbekümmert, »sehen Sie: so –«
Sie wickelt sich in eine der bunten, handgewebten, heimischen Decken der Art, die auf meinem Bett liegt, zieht sie hoch über ihren Kopf und stülpt ein geflochtenes Stirnband drüber.
»Na, wie sehe ich aus?«
»Wie eine Wüstentochter«, sage ich beeindruckt, »phantastisch!«
Sie streift die Decke wieder ab, schüttelt die braunen Ponyhaare und rückt ihre Brille zurecht.
»So was können Sie sich doch auch einfallen lassen –« sie lächelt mich zuversichtlich an und fügt hinzu: »Wie geht's denn Friedhelm?«

»Gut, soviel ich weiß. Kennen Sie ihn?«
»Ha-ha-ha«, sagt sie, wobei sie die einzelnen Silben zerhackt, »ich lebe mit ihm!«
Mein Blick ruht zufällig auf einem Stock, der wohl vom Hibiskus abgefallen ist, und da lasse ich ihn auch weiterhin ruhen, denn Maxis Gesicht sieht so zerquält aus, daß ich ihr und mir ein bißchen Zeit lassen will.
Eine Menge Fragen treiben sich in meinem Kopf herum, aber nur die vordergründigste stelle ich schließlich.
»Warum ist er dann mit Schätzchen unterwegs?«
»Das müßten Sie ihn fragen«, versetzt Maxi bitter und setzt sich zu mir auf den Liegestuhl. »Aber eine klare Antwort bekämen Sie nicht. Er hält sich immer alles offen, will keinem weh tun, sich selbst am allerwenigsten. Lieber lügt er das Blaue vom Himmel herunter, zum Beispiel, daß er im Februar, also in diesen Tagen, auf Exkursion ist –«
»Was für eine Exkursion?«
»Vom geographischen Institut aus. Friedhelm ist Assistent an der Uni. Mir hat er erzählt, er müsse in den Hohen Atlas fahren, leider, seinem Professor zuliebe, der ohne ihn verloren sei, hilflos, nicht mal imstande, sich die Schuhe zu schnüren –«
Wieder läßt Maxi das abgehackte »Ha-ha-ha« hören, und ich kraule stumm Torros Ohren und halte die abgegriffene Lebensweisheit zurück, nämlich daß dergleichen eben öfter vorkommt, als man gemeinhin denkt, wohl wissend, daß ihr damit im Moment nicht geholfen ist.
»Sie hatten demnach wirklich keine Ahnung, daß er hier ist?«
»Nicht die geringste!«

»Und er? Weiß er inzwischen, daß Sie hier hier sind?«
»Kaum. Ich glaub's jedenfalls nicht.«
Ist es denn die Möglichkeit!
Was ist da am Werk gewesen? Schicksalshafte Kräfte vielleicht? Denn daß die Welt ein Dorf ist, habe ich immer für einen besonders dummen Spruch gehalten.
»Man hätte ihn und besonders seinen Rotkopf eher in einem größeren und mondäneren Badeort vermuten können«, gibt auch Maxi stirnrunzelnd zu, »aber da wäre er vielleicht irgendwelchen Bekannten in die Arme gelaufen, zumindest hätte er damit rechnen müssen –«
Nun ja. Vielleicht hat auch Schätzchen allen Grund, sich bedeckt zu halten.
Aber wie viele einsame Strände gibt es in dieser Hemisphäre, wie viele abseits gelegene Bergdörfer!
Wieso hat es die beiden ausgerechnet hierher verschlagen oder andersherum – warum ist Maxi nicht nach Djerba gereist oder nach La Gomera?
Nun, es ist müßig, sich darüber Gedanken zu machen.
Viel wichtiger ist das Naheliegende, zum Beispiel das Fest heute abend.
»Werden Sie trotzdem hingehen?« erkundige ich mich überflüssigerweise.
»Warum nicht?«
»Weil Sie Friedhelm begegnen können –«
»Das«, erwiderte Maxi entschieden, »muß ich in Kauf nehmen.«
Ich gewahre ein ungutes Funkeln in ihren Augen, weshalb ich mich wieder auf den Stock konzentriere, aber nur so lange, bis mein Herzschlag aussetzt, denn das leblose Ding bewegt sich plötzlich, kringelt sich, richtet sich auf und züngelt mir entgegen.

Mit einem Schrei, der nichts Menschliches mehr an sich hat, springe ich auf und flüchte mich auf den Steinwall. Torro bricht in ohrenbetäubendes Gekläff aus.
Zwei jugendliche, blonde, braun gebrannte Wikingertypen lassen das Boot fallen, das sie gerade zum Wasser tragen, und jagen herbei.
Maxi brüllt etwas Beruhigendes zu mir hinauf, während Torro mit ungewohnter Schärfe mich und die Mauer bewacht, und die Bootsträger atemlos die Schritte verhalten.
Ein vorbeifahrendes Auto verlangsamt seine Fahrt, und von irgendwoher weht Tinas Stimme.
Maxi hat inzwischen Jorinde ergriffen, denn sie ist es natürlich, und trägt sie unter zärtlichem Gemurmel ins Haus.
Ich zittere am ganzen Leibe, schäme mich halbtot und kann es nicht ändern. Der Schock sitzt mir in den Gliedern. Kaum daß ich imstande bin, an Maxis Hand wieder von der Mauer zu steigen, mich ununterbrochen entschuldigend, der wachsenden Menschenansammlung mit schwacher Stimme und abwehrenden Gesten versichernd, alles sei in Ordnung. Wirklich. Kein Grund zur Aufregung.
Die Wikinger nehmen ihr Boot wieder auf, das Auto fährt langsam weiter, ein paar Frauen mit Einkaufsbeuteln zerstreuen sich kopfschüttelnd. Nur Tina, die ohne große Umstände die Terrasse betritt, erfährt die Geschichte meiner feigen Flucht vor einem harmlosen Tier.
Maxi tut ihr Bestes, unsere tief eingewurzelten Ängste abzubauen, unser Weltbild geradezurücken, die jahrtausendelang verfälschte Schöpfungsgeschichte richtigzustellen und – bildlich gesprochen – die Schlange vom

Baum der Erkenntnis zu lösen und sie anderswo anzusiedeln, in einem neutralen Gebiet wenigstens, wenn schon nicht dort, wo sich die Lieblinge der Menschen tummeln, die Fohlen, die Lämmchen, die Kätzchen, die Welpen, die Küken und andere weiche, warme, flauschige Hätscheltiere.
Ich folge ihr willig und nicke beifällig zu diesem und jenem Punkt ihrer Ausführungen. Ich bin ja nicht dumm. Ich bin nicht vernagelt und verbohrt. Ich *weiß*, daß zusammen mit den Schlangen auch die Frauen verdammt und verketzert und in einen großen Topf geworfen worden sind, versehen mit dem Etikett giftig, sündig, gefährlich, und daß wir darin seit zweitausend Jahren gemeinsam weichgekocht werden.
Ich *weiß* es, aber meine Hand, mit der ich ein Glas Orangensaft zum Munde führe, zittert unverändert nach wie vor.
Und da heißt es immer »Wissen ist Macht« ...
Immerhin bin ich endlich bereit, an die geschlossene verglaste Tür zu treten und mir Jorinde anzuschauen, die drinnen ihre gymnastischen Übungen macht, indem sie sich kopfüber aus dem Bücherbord hängen läßt und mit ihrem Körper Wellenlinien schlägt, um die sie jeder menschliche Turner nur beneiden könnte.
»Wollen wir reingehen?« fragt Maxi sanft und hoffnungsvoll.
Ich zucke sofort zurück.
Nein, das denn doch nicht.
Wissen allein genügt nicht. Wahrscheinlich bedarf es in meinem Falle psychiatrischer Sitzungen und autogener Trainingsstunden, bis ich arglos und freudig die Hand nach Jorinde auszustrecken imstande bin.

Tina scheint auch nicht viel weiter zu sein als ich, aber sie hat zweifellos die besseren Nerven.
Der Einzige, der sich weder ängstlich windet noch mühsam beherrscht, sondern ausschließlich langweilt, ist Torro.
Wir gehen denn auch alsbald, erholen uns noch ein wenig am Strand und sind mittags wieder zu Hause.
»Ist das alles?« fragt Miß Lucie ungläubig, als ich ihr profanes Dosenfutter serviere.
»Es kann nicht jeden Tag Lachs geben«, erkläre ich ihr mit Festigkeit, woraufhin sie mich zum Kühlschrank führt, die Pfote auf den gummierten Türspalt legt und mir bedeutet, dort mal nachzusehen.
Kann doch sein – sie klappt erwartungsvoll die Augen auf und zu –, daß da noch was Besseres drin ist.
Ich muß sie enttäuschen.
Arme Miß Lucie.
Gegen Abend wird sie noch einmal enttäuscht durch Ana Belen, die hereinwirbelt ohne den geringsten Lachsduft zu verströmen. Auch läßt sie sich nicht zur ruhigen, gemütlichen Deutschstunde am runden Tisch nieder.
Miß Lucie wendet ihr resigniert das Hinterteil zu und trollt sich auf die Terrasse.
Sie schätzt Berechenbarkeit, Gleichklang und vertrauten Rhythmus immer wiederkehrender Gewohnheiten.
Aber im Moment ist auf nichts Verlaß.
Ana Belen hat das Käppi eines als Grenzsoldat in den Pyrenäen dienenden Vetters mitgebracht, einen schauerlichen Patronengürtel sowie ein Paar schwarze, gewichste Stiefel, die im Deutschen Knobelbecher heißen.
Die Sachen sind für mich.

Was soll ich damit?
Sie anziehen, natürlich.
Oder will ich etwa nicht mit ihr zum Fest gehen heute?
Ana Belens Lider senken sich scheu über ihre goldenen Augen. Die kleinen, braunen Hände nesteln verlegen am Brautschleier. Sie hat getan, was sie konnte, um mir ihrerseits behilflich zu sein.
Schließlich muß ich auch ein Kostüm haben.
Vielleicht ist's ja nicht ganz das Richtige, aber etwas anderes hat sie nicht auftreiben können –
Ich drücke mir das Käppi aufs Haar und trete vor den Spiegel.
Heute morgen habe ich Maxi und Jorinde enttäuscht, heute mittag meine Katze. Jetzt auch noch Ana Belen zu enttäuschen, würde das Maß nicht nur vollmachen, sondern überlaufen lassen.
Sei's drum.
Die Stiefel, mit etwas Watte ausgepolstert, sind tragbar, wenn auch drückend.
Ich ziehe sie über schwarze Jeans, sehe Ana Belens Augen aufleuchten, gürte mir das Koppel um die Hüften und setze das Käppi schräg.
Im Restaurant, das wir kurz danach betreten, hallen die Fliesen unter meinen schweren Schritten.
Onkel Ramon tritt salutierend aus dem Schatten der großen Palme.
An der Bar erstehe ich zwei Packungen Bonbons, die ich zu Ana Belens kichernder Begeisterung einzeln in die für Patronen vorgesehenen Koppelschlitze stopfe.
Onkel Ramons Blick läßt deutlich erkennen, daß er die Uniform sehr passend findet.
Dann gehen wir hinaus in die sternklare Nacht, ich mit

knarrenden Stiefeln hinter Ana Belen, die wie ein weißer Falter vorausflattert.
Draußen vor der Eingangstür treffen wir Bernal, dessen Begeisterung sich in Grenzen hält.
Er macht sich nichts aus Karneval, er macht sich nichts aus dem Strand, und wenn er etwas zutiefst verabscheut, dann ist es Karneval am Strand.
Er mißt mich vom Käppi bis zu den Stiefeln mit abschätzigem Lächeln.
»Du siehst sehr komisch aus«, bemerkt er grämlich.
Damit sagt er mir nichts Neues.
»Es ist acht Uhr«, fährt er anklagend fort, »es ist stockfinster und eiskalt. Was wollt ihr überhaupt da drüben?«
»Leute sehen«, zwitschert Ana Belen.
»Musik hören«, füge ich munter hinzu. »Komm doch mit!«
»Niemals!« stößt er entsetzt hervor und hebt in Abwehr beide Hände, als sei ihm ein unsittliches Angebot gemacht worden.
»Ana Belen, in einer Stunde bist du zu Hause!«
»Ja Papa«, summt seine Tochter und flattert weiter.
Ich folge ihr.
An einem prasselnden Lagerfeuer wird Gitarre gespielt und gesungen. Man sitzt im Sand.
Der Eindruck, daß wir Touristen so ziemlich unter uns sind, verstärkt sich noch angesichts des Publikums unterm Segeltuch-Baldachin, wo die langen Tische und Bänke aufgestellt sind und ein Bärtiger mit grüner Küferschürze Bier vom Faß zapft.
In seiner Nähe gewahre ich Friedhelm, ein Glas in der Hand, der zur Tennishose ein wildgeblümtes Hawaii-Hemd trägt.

Na, immerhin.
Schätzchen dagegen hat keine Konzession an den Karneval gemacht. In etwas sehr Zivilem, Seegrünem gehüllt, das zum Kastanienrot der Haare paßt, sitzt sie unweit von Friedhelm und kaut lustlos eine Bratwurst.
Unterm Tisch, von ihr völlig unbemerkt, liegt Sandy und wartet geduldig auf eventuell herabfallende Reste.
Ana Belen tummelt sich mit zwei leicht zerrupften Prinzessinen und einem höchstens fünfjährigen Jung-Matrosen zwischen den spärlich besetzten Bänken. Ich winke ihr und schlendere langsam weiter, an zwei geparkten Camping-Wagen vorbei, aus denen lautstarke Rock-Musik ertönt.
Die Szene belebt sich erst gegen neun Uhr.
Am Straßenrand spucken Dutzende von Autos wunderliche Gestalten aus. Kleine Stände werden herbeigezaubert, Oliviensteine auf Taschentüchern ausgebreitet, unterm Baldachin wird getanzt, unter einem blumenüberladenen, weißen Hut in Form eines Wagenrads lacht mir Tina entgegen. Bob hatte keine Lust. Also ist sie allein gekommen.
Wir schicken Ana Belen um Bratwurst, die wir hauptsächlich an Sandy verfüttern und machen uns gegenseitig auf die originellsten Kostüme aufmerksam.
Da gibt es den klassischen Seeräuber mit der schwarzen Binde überm linken Auge und den bunten Fetzen um Kopf und Hals, ein herrliches, zwei Zentner schweres Rotkäppchen mit schwarzem Schnürmieder und dem Körbchen am Arm mit Kuchen und Wein, eine Bauchtänzerin mit wehenden Schleiern und glitzerndem Nabelstein, einen Cowboy auf selbstgebasteltem Steckenpferd.

Der Rest sind simple Abendroben, aufgemöbelte Bademoden und natürlich die Kinder in ihren meist prächtigen Gewändern.
Von Maxi ist keine Spur zu sehen.
Gegen halb zehn fällt mir Bernal ein, und ich springe auf, um Ana Belen zu suchen.
Friedhelm, ein frisches Glas in der Hand und nicht mehr ganz sicher auf den Beinen, kreuzt meinen Weg, um sich am Rand der hölzernen Plattform plumpsend niederzulassen, wo der Seeräuber mit dröhnender Stimme den Beginn atemberaubender Darbietungen ankündigt.
Ana Belen schlüpft in meine Arme und beschwört mich, noch zu bleiben, und auch Tina meint, ich sei im Begriff, das Beste zu versäumen. Ich schwinge daraufhin meinen Stiefel noch einmal über die Bank und lasse mich nieder, halte jedoch Ana Belen vorsichtshalber fest, damit sie mir nicht entwischen kann.
Der erste Auftritt gehört Rotkäppchen, das einen perfekten Jodler trällert und den orkanartigen Beifall mit artigem Knicks quittiert.
Danach kommt, was kommen muß, nämlich die Bauchtänzerin.
Sie läßt den Nabelstein kreisen und die Männer schwitzen und sich im Triumphzug von der Bühne tragen.
Anschließend jongliert der Cowboy mit einem halben Dutzend Stoffbällen, die er zum Schluß beim Klang eines heißen Trommelwirbels unters jubelnde Volk wirft. Einen davon fängt Ana Belen mühelos auf. Sie ist sprachlos vor Verblüffung.
Die ganze Zeit über hat Friedhelm gesüffelt, gelacht, sich auf die Schenkel geklopft und Schätzchen mit versöhnlichen Kußhänden bedacht, die ihn gern dort weg-

gelotst hätte, wo er dem Seeräuber bei jeder Ansage im Weg sitzt und den auftretenden Künstlerinnen unter die Röcke späht.
Er ist, wie man so sagt, gut drauf. Aber das sind viele.
Der Seeräuber läßt einen Tusch schlagen und verkündet den absoluten Höhepunkt des Programms:
Eine Schlangenbeschwörerin.
Tina und ich wechseln einen einverständlichen Blick.
Friedhelm, der überhaupt nicht zugehört hat, schwingt jetzt auch noch die Füße auf die hölzerne Plattform, indes der Seeräuber abspringt und eine exotische Gestalt auftritt.
Die Musik läßt eine arabisch anmutende Tonfolge erklingen, die Gestalt im bunten Burnus – auf dem Kopf mit einem geflochtenen Stirnband zusammengefaßt – hebt eine Flöte an die Lippen.
Friedhelm johlt falsch und fröhlich mit.
Sein Glas in der Hand, robbt er einen halben Meter weiter, betrachtet voll angesäuseltem Interesse das zierliche Körbchen, das ihm mitten im Weg steht – und die Musik spielt, die Flöte hebt und senkt sich, der Deckel wird wie von Geisterhand gelüftet, und heraus windet sich Jorinde in ihrer ganzen eleganten Schlangenschönheit. –
Ein »Aaah« geht durch die versammelten Zuschauer.
Friedhelms Gesicht verändert sich im Zeitlupentempo.
Wir alle sehen, wie das trunkene Lächeln austrocknet, sein Blick voll Unbehagen und Unsicherheit hin und her wandert, eine Verbindung sucht zwischen der Schlange und dem Gesicht unterm bunten Burnus. Sein Glas fällt klirrend zu Boden, die Schlange erschrickt, der Rest ist Panik.
Friedhelm stößt einen grauenhaften Schrei aus, umfaßt

mit der rechten Hand seinen linken Oberarm, wälzt sich wimmernd am Boden.
Mit ihm schreien alle Anwesenden um Hilfe, Polizei, Krankenwagen, Rettungswache –
Noch bevor der Seeräuber und ein paar andere nüchterne Männer die Situation erfaßt, sich eine Gasse gebahnt und ein Auto flott gemacht haben, ist Friedhelm bleich, schlaff, mit bläulichen Schatten um die Augen, ins Koma gesunken.
»Ein giftiger Schlangenbiß wirkt schnell«, murmelt neben uns der Cowboy.
»Guter Gott!« flüstert Tina.
»Ist er denn wirklich gebissen worden?«
Der Cowboy ist sich ganz sicher.
In diesem Moment wird Friedhelm an uns vorbeigetragen.
Ein Blick auf ihn genügt, um meine Zweifel im Keim zu ersticken. Ich muß dem Cowboy recht geben.
Vorne auf der verlassenen hölzernen Plattform packt Maxi ohne Hast ihre Flöte ein und schließt den Korbdeckel.
Ein Teil der Zuschauer läuft den Männern nach, die Friedhelm ans Auto schleppen. Die andern, unter ihnen das weinende Schätzchen, machen ihrer Angst und Empörung ungehindert Luft.
Ana Belen drängt sich schreckensbleich an mich.
Ich drücke sie Tina in den Arm und schiebe mich in die Bannmeile, die um Maxi und Jorinde entstanden ist.
Schließlich kennen wir uns. Ein gewisses Vertrauen herrscht zwischen uns. Wir haben nebeneinander im Flugzeug gesessen und uns unsere Tiere gezeigt. Sie hat mir ihre Beziehung zu Friedhelm anvertraut. Heute morgen noch habe ich ihren Orangensaft getrunken. Wenn

das, was ich soeben gesehen habe, keine Halluzination war, dann habe ich ja schon im Flugzeug in Lebensgefahr geschwebt.
»Was zum Teufel«, raune ich ihr zu, »hat das zu bedeuten?«
Ihre kurzsichtigen runden Augen hinter runden Brillengläsern funkeln auf unerklärliche Weise. Sie hebt den Zeigefinger und tippt sich damit an die Schläfe.
Mehr kann sie nicht mehr sagen oder tun, denn zwei Mann von der Guardia Civil der – Inselpolizei – fordern sie auf, mitzukommen.
Den Korb mit beiden Armen fest umschlingend, läßt sie sich abführen.
Das ist das letzte, was ich von ihr sehe.
Mir tun plötzlich die Füße unerträglich weh.
Ana Belen zittert am ganzen Leib vor Aufregung.
Tina und ich nehmen sie in die Mitte.
Im Restaurant wanke ich auf schmerzenden Sohlen direkt an die Bar, wo Bernal mit vorwurfsvollem Gesicht auf seine Armbanduhr tippt, die siebzehn Minuten nach zehn zeigt, und seinen Ohren nicht traut, als ich einen Whisky ohne Wasser nur mit Eis für meine Freundin Tina bestelle und noch einmal dasselbe für mich.
»Da stimmt doch was nicht«, vermutet er ganz richtig, »da ist doch was passiert! Aber ihr mußtet ja unbedingt gehen! Strand! Karneval!«
Er wirft die Hände hoch, läßt sie wieder sinken und durchbohrt mich mit einem langen Blick.
Ich nehme das Käppi vom Kopf, Tina legt das Wagenrad ab, wir trinken stumm.
Bernals Stimme schlägt bereits die bekannten hohen Töne an, wie immer, wenn er die Geduld verliert.

Ana Belen, zwischenzeitlich in der Küche und der tröstlichen Nähe ihrer Mutter untergetaucht, erscheint wieder.
Bernal hämmert sofort mit seinen Fragen auf sie ein.
Seine Tochter spielt mit ihren Spitzenhandschuhen und gibt ihm zögernd und nachdenklich Bescheid.
Alle anwesenden Männer, einschließlich der Kellner und Onkel Ramon, spitzen die Ohren.
Der Deutsche, der im Apartment wohnt?
Der mit der schicken Frau?
Ein tödlicher Schlangenbiß?
Nun, nun –
Bernal spricht aus, was allen durch den Kopf geht.
»Das war ein Racheakt«, murmelt er düster. »Das Mädchen mit der Schlange hat ihn gekannt und bestraft, den armen Teufel!«
»Wie kommst du denn darauf?« frage ich verstört.
Er fixiert Tina und mich abwechselnd scharf, lehnt sich mit verschränkten Armen ans Flaschenregal und meditiert eine Weile laut über Frauen im allgemeinen, über die Emanzipation und andere drohende Gefahren, die über der westlichen Welt hängen wie Damoklesschwerter.
Dann reißt er die Augen weit auf, beugt sich vor, tätschelt mir dankbar die Wange und raunt: »Ich bin froh, daß du deine Katze mitgebracht hast!«
Aufatmend fügt er hinzu: »Und deinen Hund!«
»Bist du sicher«, fragt Tina augenzwinkernd, »daß das alles ist?«
Bernal starrt sie sekundenlang durchdringend an, wirbelt herum und richtet das Wort an Onkel Ramon, der sich hinter der Palme verkriecht.

»Nimm dich in acht, Bruder! Vipern, Vampire, Geschmeiß!
Diese Ausländerinnen haben den Tod im Gepäck!«

Von Freunden
und solchen, die keine werden sollen

Nach diesen eindrucksvollen Ausführungen unseres Freundes Bernal fährt Tina nach Hause, und ich wandere sicher und unbehelligt durch die Nacht zum Apartment hinüber.

In der Nebenwohnung ist alles dunkel.

Ich schließe auf und falle fast über Torro, der dicht vor der Tür gelegen haben muß.

Miß Lucie begrüßt mich liebevoll. Sie erhebt sich von der Schreibmaschine, streckt sich und reibt ihre Stirn an meiner.

Torro schiebt mir den Kopf unter die Hand.

Beide haben offensichtlich sehnsüchtig auf mich gewartet.

Ich beschließe, wieder häuslicher zu werden, mich meinen Tieren und meinen Pflichten zu widmen.

Was gehen mich die privaten Dramen anderer Leute an?

Mein Arbeitssoll beträgt vier Seiten pro Tag, wahrlich nicht die Welt, aber selbst damit bin ich im Rückstand.

Ab morgen wird wieder strikt nach Zeiteinteilung gelebt.

Wir werfen uns zu dritt aufs Sofa, wo ich den beiden meinc löbliche Absicht mitteile.

Torro schenkt mir einen seelenvollen Blick.

Miß Lucie putzt sich emsig ihren Rücken. Meine Hand, die drauf liegt, wird gleich mitgewaschen.

So brav sind sie beide.

Und schläfrig sind wir alle.

Nebenan wird die Eingangstür geöffnet und wieder geschlossen.
Armes Schätzchen.
Was wird sie tun? Abreisen? Mit oder ohne Friedhelm?
Wie, falls er verblichen ist, was ich annehmen muß, transportiert sie ihn? Im Zinksarg? oder in einer Urne?
Und was wird aus Jorinde?
Die Frage nach Maxi wage ich mir erst später zu stellen, als ich endlich im Bett liege, Torro auf der Matte daneben, Miß Lucie auf meinem Magen.
Spanische Gefängnisse genießen keinen guten Ruf.
Vielleicht wird sie nach Deutschland übergeführt?
In jedem Fall braucht sie einen Anwalt!
Von der Nebenwohnung her dringt Wasserrauschen und Fensteröffnen.
Ich wälze mich so lange schlaflos hin und her, bis meine Katze mich beleidigt verläßt.
Torro wimmert im Schlaf und zuckt mit allen vier Beinen.
Entweder er jagt jemanden oder er wird gejagt.
So ist das Leben.
Jagen und gejagt werden.
Über diesem philosophischen Gedanken muß ich eingeschlafen sein, denn irgendwann in der Nacht wache ich auf in Rückenlage und im Gefühl, gefesselt zu sein.
Ich kriege kaum Luft, und das ist kein Wunder, denn auf meinen Atemorganen liegt gemütlich ausgestreckt Miß Lucie in ihrer ganzen schwarz-weißen Fülle, schnurrend, ihren Kopf an meinem Kinn reibend, zufrieden mit mir wie seit Tagen nicht mehr.
Es ist halb vier Uhr morgens.

Zwei Stunden später – ich bin gerade nach endlosem Schafezählen und anderen erprobten Tricks ein wenig eingedämmert – bleibt mir fast das Herz stehen, denn Torro springt aus dem Stand einen Meter hoch und bellt sich fast die Seele aus dem Leib.
Den Flur auf und ab rennend, als sei ihm jemand auf den Fersen, zitiert er mich auf die Terrasse.
Dort, im Morgengrauen, zerrt die Geiß an ihrem Strick, zetert und meckert.
Am Straßenrand, hinterm umgekippten Mülleimer, verstecken sich in einmütigem Schweigen ihre beiden Kinder, die Köpfe zusammengesteckt – kichernd, wie es scheint –, sich auf die weißen Vorderbeine stützend.
Die Alte scharrt aufgeregt mit den harten Hufen und schickt Rufe in alle Himmelsrichtungen.
Die kleinen Rüpel senken die Köpfe und geben keinen Laut von sich.
Aber von der Rampe nebenan fetzen jetzt Yosso und Beckie herbei, aus dem Gebüsch schlängeln sich die drei Katzen.
Torro, von Neugier gebeutelt, hat sich an den Blumenkästen aufgerichtet und äugt zwischen zwei Farnen hindurch nach unten.
Offenbar hat auch Sandy Wind bekommen, nähert sich in langen Sprüngen bis auf etwa drei Meter, bleibt stehen, verständigt sich mit den bereits Anwesenden und wird von links her zugelassen.
Sodann machen sie sich gemeinsam daran, den Mülleimer zu plündern.
Im Vorhof ihres Hauses protestiert laut und energisch die Geiß.
An meiner Tür klingelt Schätzchen.

Ich öffne, und an ihr vorbei fegt wie ein geölter Blitz Torro.
Was soll ich tun? Hinter ihm her stürmen und mich auf ein Handgemenge mit Yosso, Beckie und Sandy einlassen?
Der frühe Morgen ist ohnehin nicht meine beste Zeit. Außerdem steht Schätzchen im Raum.
Ihre Blicke wandern unstet herum. Ihre Augen flackern. Ihre rechte Hand knetet die linke. Sie macht den Eindruck eines Menschen, dessen Nervenkostüm in völliger Auflösung begriffen und dessen Wertvorstellungen aufs geringste Maß zusammengeschrumpft sind, nämlich auf die Frage: wer und was nützt mir etwas.
Unten wird scheppernd die Mülltonne bewegt.
Miß Lucies Interesse am Geschehen ist geteilt. Sie verrichtet mit weltfernem Blick ihr Geschäft in der Bougainvillea, scharrt es sorgsam zu und läßt etwas Erde auf die Plünderer regnen.
Das verweinte Gesicht meiner Besucherin zeigt nun doch eine gewisse Irritation.
Ich gehe nicht darauf ein.
Wer um diese Stunde etwas von mir will, muß mich und meine Umgebung nehmen, wie sie ist. Schlimm genug, daß mir beim Öffnen der Tür mein Hund entwischt ist.
Schätzchen, von der ich nicht weiß, wie sie sonst noch heißt, knetet weiterhin ihre Finger.
Sie müsse dringend telefonieren, und zwar mit dem Krankenhaus in der Hauptstadt. Ich wisse doch sicher, was gestern abend beim Strandfest passiert sei.
»Mitfahren durfte ich nicht«, stößt Schätzchen kurzatmig hervor, »aber heute morgen soll ich anrufen.«
Aha.

»Und Sie können kein Spanisch?«
»Kein Wort, leider –«
Woraus schließt sie wohl, daß ich es kann? Etwa aus der Tatsache, daß ich eine stinkende Katze und einen streunenden Hund mein eigen nenne?
Nun, nun, wir wollen nicht polemisieren.
Ich hänge mir die Tasche mit dem Kleingeld über die Schulter und die Hundeleine dazu, für alle Fälle.
Aber Torro geht eigene Wege.
Er hat eine Melonenschale zwischen den Zähnen und schleppt sie Schulter an Schulter mit Sandy, der seinerseits eine Plastiktüte trägt, den schmalen Pfad durchs hügelige Gelände.
Ihn jetzt zu rufen wäre sinnlos. Es würde nur die Leute in den Flachbauten aufwecken.
»Na denn mal los«, sage ich zu Schätzchen, die, das muß ihr der Neid lassen, selbst um diese Zeit in dieser bejammernswerten Situation korrekt und hübsch in einen zartgelben Jogginganzug und passende ockerfarbige Turnschuhe gekleidet ist.
Ich, im hastig über mein schmuckloses Nachtgewand geworfenen Trenchcoat, sehe bei weitem nicht so dekorativ aus.
»Wohin?« fragt sie verwirrt.
»Ins Dorf. In der Mitte liegt die eine Telefonzelle, am anderen Ende die zweite.«
»Ich dachte, wir brauchen nur hinüber ins Restaurant zu gehen –«
»Es hat kein Telefon, außerdem ist es um diese Zeit geschlossen.«
Schätzchen kann es nicht fassen.
Das Dorf liegt still, wie ausgestorben.

Nur ein paar Hunde erheben sich aus dem Sand vor ihren Haustüren und blaffen uns unfreundlich an.
Unter einer Wölbung aus Plexiglas sieht uns trostlos ein arg ramponiertes Fernsprechgerät entgegen. Im Münzeinwurf bleiben die Peseten stecken.
Wen wundert's?
Beide Telefonzellen mit den einladenden Überdachungen sind die Lieblingsspielplätze aller Kinder zwischen zwei und zwölf Jahren.
Von morgens um neun bis abends um neun hängen sie in dichten Trauben um die eigens niedrig installierten Geräte, bearbeiten den Münzeinwurf mit kleinen, harten Fäusten und hoffen zuversichtlich, daß er ein paar Geldstücke ausspuckt.
Manchmal klappt's ja auch.
Ich brauche nur an meinen Sohn Simon zu denken, der jahrelang keinen einzigen Automaten ausließ, gleichgültig, ob er Zigaretten, Kaugummikugeln oder Sanitäres enthielt; und ganz gewiß wäre er an keinem sich derart offen präsentierenden Münzfernsprecher vorbeigegangen, ohne ihm nicht einen aufmunternden Schlag mit der flachen Hand zu verpassen. Es war eine solche Selbstverständlichkeit, daß er deshalb nicht einmal den munter plätschernden Fluß seiner Rede unterbrach.
Schätzchen, so scheint es mir, gehört nicht zu den Leuten, deren Stimmung man mit solchen und ähnlichen Erzählungen heben kann, im Gegenteil.
Schlamperei bleibt Schlamperei.
Was, wenn der zweite Apparat auch nicht funktioniert?
»Dann müssen wir hinüber ins Bungalowdorf. Aber die Reception, die den Telefonservice bietet, öffnet erst in anderthalb Stunden.«

Schätzchen antwortet mit einem unterdrückten Stöhnen.
Indessen, unterm nächsten Plexiglasdach haben wir Glück.
Die Münze, die ich probehalber einwerfe, rutscht.
Im zerfledderten Buch suche ich die Nummer der einzigen in Frage kommenden Klinik heraus, wähle sie langsam und mit Bedacht und füttere reichlich Peseten in den Schlitz.
Schätzchen hält sich am Plexiglas fest, um nicht umzukippen, und mir ist beklommen zumute.
Wie soll ich, ohne einen stärkenden Schluck Kaffee im Magen, eine Hiobsbotschaft übernehmen und weitergeben? Wenn nicht gar, womit zu rechnen ist, eine Todesnachricht?
Aber das ist nicht die einzige Frage, die sich mir plötzlich aufdrängt.
»Wie heißt er überhaupt?« raune ich hinter vorgehaltener Hand, denn ich kann mich schließlich nicht nach Friedhelm erkundigen.
»Doktor Spengler –« haucht Schätzchen.
Ich werde von einer unwirschen Stimme an die andere verwiesen, reiße offenbar eine ganze Reihe wahnsinnig beschäftigter Personen aus irgendeiner lebenswichtigen Tätigkeit, bleibe freundlich, aber beharrlich und höre endlich einen angenehmen Bariton.
»Spengler –«
»Herr Doktor Spengler?«
»Ja, hier spricht Friedhelm Spengler –«
»Da«, sage ich und drücke Schätzchen den Hörer in die willenlos geöffnete Hand, »Sie brauchen kein Spanisch –«

Dezenterweise müßte ich mich jetzt entfernen und auf der Straße außer Hörweite auf und ab patrouillieren.
Aber ich denke nicht daran.
Hier bin ich in meinem Nachtgewand mit dem Trenchcoat drüber, hier bleibe ich, nachdem ich nüchtern und schlaftrunken aus meiner Wohnung genötigt worden und meines Hundes fürs erste verlustig gegangen bin.
Nein, von diesem Dialog lasse ich mir kein Wort entgehen, wobei ich natürlich nur Schätzchens Part ablausche, und der, nachdem sie »Friedhelm!« geschluchzt hat, bleibt fragmentarisch. Kein einziger Satz wird beendet.
»Aber das ist ja – haben sie dir denn nicht – nein? – oh, gut – und wann –«
Hier bricht das Gespräch ab.
Schätzchen schüttelt verzweifelt den Hörer, umsonst, umsonst, denn die letzte Pesete ist soeben, Klick, in den Schlitz gefallen.
»Haben Sie denn überhaupt keine mehr?«
»Nein.«
In Anbetracht dessen, daß sie selbst keine einzige passende Münze, sondern nur ein paar gefaltete Scheine bei sich trägt, erscheint mir Schätzchens unwilliges Stirnrunzeln fehl am Platze.
Auch muß ich mich wundern, daß sie den Automaten minutenlang in der vorher strenggerügten Simon-Manier bearbeitet, ohne eine einzige Pesete herauszuholen übrigens.
»Das wichtigste wissen Sie ja nun«, bemerkte ich auf dem Rückweg, »nämlich daß Herr Doktor Spengler lebt und wohlauf ist.«
»Das schon, aber mehr auch nicht. Er wollte mir gerade sagen, wann er kommt –«

»Warten Sie's in Ruhe ab«, rate ich ihr, »und seien Sie dankbar für die glückliche Fügung.«
Sie hakt nicht nach, fragt nicht, was ich damit meine.
Fest steht doch aber folgendes: für einen Mann, der, vor rund zehn Stunden von einer Giftschlange gebissen, vor unser aller Augen weggetreten ist, hat sich Friedhelm überraschend gut und schnell wieder erholt.
»Darf ich Sie vielleicht auf einen Kaffee hereinbitten?« erkundigt sich Schätzchen mit einer Stimme, die nur ein »Ach nein, danke« zu erwarten scheint.
Ich tue ihr den Gefallen und lehne höflich ab.
Auf Sandys weit entfernter Rampe habe ich nämlich einen schwarzen Fleck wahrgenommen, dem ich unbedingt nachgehen muß.
Schätzchen zieht sich erleichtert am Geländer unserer gemeinsamen Außentreppe hoch, und ich marschiere durchs Gelände.
Torro sieht mir trotzig entgegen.
Zwar bequemt er sich zu einem Wedeln, aber das ist auch alles.
Nur Sandy erhebt sich und bewegt seinen erbarmungswürdig mageren Körper auf hohen Beinen unschlüssig hin und her.
Torro bettet den Kopf zwischen die Pfoten und signalisiert mir seinen festen Entschluß, hier zu bleiben, bei seinem Freund.
»Versteh das doch«, fleht sein Blick.
Natürlich.
Ich sehe es ein. Ich kann gar nicht anders.
Alle hier draußen sind zu zweit, wenn nicht gar zu dritt: die Ziegen, die Pekinesen, die Katzen – nur er nicht und Sandy nicht.

Das heißt, dieser unerträgliche Zustand ist soeben beendet worden. Die Plünderung des Mülleimers, den die Ziegenjungen dankenswerterweise kippten, hat diese beiden einsamen Außenseiter zusammengeführt.
»Ohne ihn gehe ich keinen Schritt«, erklärt mir Torro mit störrisch gesenktem Kopf.
Meinen Kompromißvorschlag, sie sollen beide mitkommen, wenigstens bis vor unser Apartment, lehnt Sandy verlegen tänzelnd ab.
Dies ist sein Territorium.
Er ist bereit, es mit Torro zu teilen.
Aber keinesfalls kann er hinüberwechseln auf unsere Rampe.
Das hieße, ungeschriebene Gesetze zu brechen.
Hier oder nirgends können sie zusammen sein.
Anderswo, läßt mich Sandy wissen, Trauer im gelben Blick, genießt er kein Hausrecht.
Es leuchtet mir ein.
»Bleib hier«, sag' ich zu Torro, »in Gottes Namen.«
Zwei Freunde, die sich gerade erst gefunden haben, soll der Mensch nicht trennen.
Zurückstolpernd über die stachelig bewachsenen Hügelchen, grübelnd über diese neue Komplikation meines Lebens, wird mir unerwartete Hilfe zuteil.
Mir entgegen kommt die kleine, alte Frau, die täglich Wasser und Futter in die mitten in der Landschaft befindlichen Tröge füllt.
Sie trägt ein schwarzes Kleid, eine schwarz und grau gemusterte Schürze und einen hohen Hut aus Stroh geflochten, mit einer kleinen Krempe.
Erstmals unterhalten wir uns, während sie Fischsud, Fischreste, Brot und Gemüseabfall austeilt.

Ein Teil der Tiere gehört ihr.
Die andern, sofern genügend Reste vorhanden sind, versorgt sie mit. Aus diesem Grund hat sie diese für alle zugänglichen Futterstellen angelegt.
Nur die Ziegen werden von ihrem Mann gefüttert, der in der Restaurantküche arbeitet und jede Menge Grünzeug abzweigen kann.
Ich bin beeindruckt.
Sie heißt Josefina.
Ich frage nach Sandy.
Nein, er gehört niemand.
Eines Tages sei er aufgetaucht und habe sich auf der Rampe drüben niedergelassen.
Manchmal würden die streunenden Hunde am Strand mit Netzen gefangen und weggebracht.
Sie glaube, meint Josefina nachdenklich, daß Sandy das wisse und daher den Strand meide.
»Er wird eine Menge Flöhe haben«, fügt sie seufzend hinzu.
Dann, als wolle sie ihn in Schutz nehmen, sagt sie achselzuckend: »Yosso und Beckie haben auch welche. Das ist nun mal nicht anders.«
Im gleichen Augenblick, da wir uns zum Gehen wenden, streichen die drei Katzen heran, und zwei Schatten fegen durch die Steppe, ein sandfarbener und ein schwarzer.
»Siehst du«, lächelt Josefina, »da hast du deinen Hund schon wieder.«
Es stimmt.
Entweder ist Torro zu ritterlich, um dem armen Sandy seine Ration zu schmälern, oder aber Fischsud und Gemüseabfälle locken ihn nicht.
Jedenfalls senkt Sandy seinen schmalen Kopf in einen

der Tröge und schlürft genießerisch, während mich Torro widerspruchslos nach Hause begleitet.
Josefina stellt den ramponierten Mülleimer wieder auf, und ich schlage vor, mich an der Fütterung im Gelände von nun an zu beteiligen.
Es ist immer noch früh am Tag.
Miß Lucie hat sich bereits eine Packung Trockenfutter quergelegt und eine Pfote in die Öffnung gezwängt.
Torro, als er es sieht, bellt ungehalten.
Ich hänge den Trenchcoat an den Haken und ziehe mich endlich an. Dann gieße ich den Grastopf und traue meinen Augen nicht: er zeigt grüne Spitzen.
Wir frühstücken lange, ausgiebig und gemütlich.
Das Rätsel um Friedhelm, Jorinde und den tödlichen Biß bleibt ungelöst.
Von Schätzchen sehe und höre ich nichts mehr, und auch meine Telefonmünzen bekommen ich nicht zurück.
Irgendwie erleichtert mich das.
Sie in meiner Schuld zu wissen, zieht mir den asozialen Stachel aus dem Gemüt.
Natürlich ist das albern, und es währt auch nicht lange, nur bis zum frühen Nachmittag.
Da nämlich erhebt sich Miß Lucie gähnend zwischen den Farnen, stakst vorsichtig hinüber zur Bougainvillea, gräbt ordentlich ein kleines Latrinenloch aus und füllt es gedankenverloren minutenlang.
Unten ist inzwischen ein Taxi vorgefahren.
Heraus steigt Friedhelm in Tennishose und wildgeblümtem Hawaii-Hemd.
Schätzchen flattert die Außentreppe hinunter, direkt in seine ausgebreiteten Arme. Beide verharren tief bewegt genau eine Minute zu lang, denn Miß Lucie schräg über

ihnen schüttelt mit Vehemenz die Grube wieder zu, indem sie sich vorne abstützt und mit den Hinterbeinen heftig strampelnd alles mögliche in Bewegung setzt.
Auf Friedhelms leicht sich lichtendes Haar geht ein brauner Regen nieder, und was er, bebend vor Zorn und Ekel hervorstößt, läßt mich beschämt von der Brüstung zurücktreten.
Zu Schätzchens Ehre muß ich gestehen, daß sie nicht lauthals zustimmt, sondern beruhigend auf ihn einzuwirken versucht.
Miß Lucie wirft einen strengen Blick nach unten.
Unbeherrschte, laute Stimmen sind ihr zuwider.
Wir tauchen beide im Liegestuhl unter und verschließen unsere Ohren.
Friedhelms letztes »Pfui Teufel!« erreicht uns fast gar nicht mehr.

Des Rätsels Lösung

Seit ein paar Tagen läuft unser Leben wieder so geregelt ab, wie wir es lieben, meine Katze und ich.
Ein Ausspruch meiner Schwester geht dahin, daß die langweiligen Zeiten, in denen überhaupt nichts passiert, die besten sind.
Miß Lucie und ich, je älter wir werden, teilen diese Auffassung immer mehr.
Torro dagegen – es mag seiner Jugend zuzuschreiben sein – denkt anders darüber.
Hier muß vermerkt werden, daß nicht der Fortpflanzungstrieb ihn treibt, denn um ihn die Leiden seines Vorgängers zu ersparen und meine Nerven zu schonen, ließ ich ihn kastrieren.
Der selige Torro nahm Signale von läufigen Hündinnen über eine Entfernung von zehn Kilometern auf.
Ließ man ihn laufen und sich ausleben, rannte er quer durch den Wald, über Stock und Stein und riskierte in den Dörfern, die er alsbald erreichte, wiederum beides, nämlich Stöcke und Steine, achtete nicht der Autos, Motorräder, Fahrräder und setzte sich der handfesten Erbitterung der sich bedrängt und belagert fühlenden Hündinnen-Besitzer aus.
Nach acht Tagen, in denen Friederike in Tränen aufgelöst und ich heiser war vom hoffnungslosen Rufen, sank er schließlich – halb verdurstet, halb verhungert, mehr oder weniger schwer verletzt – wieder in unsere Arme.
Ließ man ihn nicht, wälzte er sich hechelnd und jaulend auf

den Fliesen des Waldhofs, fraß nicht, schlief nicht und sorgte dafür, daß auch wir nicht schliefen.
Diese Tortur wiederholte sich mehrmals jährlich und war mir in denkbar schlechter Erinnerung, als Torro der Zweite ins Haus kam.
Im Gegensatz zum Ersten, der wenigstens häuslich veranlagt und dem Hof verbunden war, solange ihn die Liebe nicht umtrieb, hätte ich diesen hier mit seinem eigensinnigen Freiheitsdrang überhaupt nicht halten können.
»So«, sagte der Tierarzt, nachdem der den kleinen, entscheidenden Eingriff vorgenommen hatte, »jetzt wird er keine großen Kreise mehr ziehen und sich ausschließlich an Sie halten.«
Solches hatte ich auch in den einschlägigen Büchern gelesen, ebenfalls war es mir von anderen Hundebesitzern glaubhaft versichert worden.
Torro der Zweite strafte sie alle Lügen.
Die einzige Zeit, zu der er keine großen Kreise zog und sich ausschließlich an mich hielt, beschränkte sich auf die ersten Wochen Insel-Dasein, als er sich unsicher fühlte und fremdelte.
Das hat sich inzwischen gelegt.
Morgens zwischen halb und acht reibt Miß Lucie liebreich ihre feuchte, kühle, kleine Nase an meiner und läßt ihre Schurrhaare gleich Schmetterlingsflügeln über mich hinweggleiten. Niesend wache ich auf.
Im Flur hechtet Torro mit allen Zeichen von »Mein Hut! Mein Stock! Mein Frühstück!« hin und her in bester Machtmanier.
Draußen, in respektvoller Entfernung, die sich jeden Tag um ein winziges Stück verringert, wedelt wartend Freund Sandy. Torro gibt mir derweil unmißverständlich zu verste-

hen, daß er zu allem andern auch seine Notdurft nicht länger zügeln kann. Er tut dies, indem er, symbolisch sozusagen, zum Schein, sein Bein am Kleiderschrank hebt.
Das bringt mich, wie er weiß, sofort auf Trab.
Ich werfe mir den Trenchcoat über die Schultern und stürze hinter ihm her hinaus.
Er begrüßt mit freundlichem Nasenstüber die beiden Ziegenjungen, die holterdipolter auf uns losstürmen, ignoriert Yosso und Beckie und das schwach protestierende »Wuff«, zu dem sie sicher immer noch gezwungen fühlen, trifft Sandy in der Mitte des Geländes und eilt Seite an Seite mit ihm zur Rampe hinüber – seiner natürlich.
Dort, so sehe ich, während ich oben den Frühstückstisch decke, bleiben die beiden dicht nebeneinander liegen und erzählen sich Wissenswertes aus ihrem Leben.
Miß Lucie hat indessen voll freudiger Erwartung auf der Schreibmaschine Platz genommen, nicht weit von Brot, Butter und anderen Herrlichkeiten entfernt, die sie noch höher schätzt als Trockenfutter.
Die erste Brotscheibe streiche ich für sie, die es kaum abwarten kann und bereits mit begehrlich ausgestreckter Pfote danach angelt. Im Gefühl, tätig gewesen zu sein, schleppt sie ihre Beute stolz zum Fensterplatz und läßt sie dort enttäuscht fallen.
Kein Käse? Sie kommt zurück und langt ungeniert nach einem Stückchen Ziegenkäse, einer Insel-Spezialität, für die wir beide die gleiche Vorliebe hegen.
So frühstücken wir gemächlich gemeinsam, Miß Lucie stark aufs Kauen konzentriert, während ich Torro im Auge behalte.
Gegen halb neun trabt Josefina mit zwei Plastikbeuteln zu den Futtertrögen.

Sandy hebt den schmalen Kopf, wittert, wartet, bis Josefina sich wieder entfernt hat und setzt sich in Bewegung.
Das ist der Augenblick des Abschieds für Torro.
Wenig später klopft er an meine Tür und bedeutet mir, indem er seinen gelben Plastiknapf mit einem nervenfetzenden Geräusch auf den Fliesen hin und her schiebt, daß er zu speisen wünscht.
Für eine Weile sind wir nun wieder alle vereint.
Ich räume den Tisch ab, schiebe die Schreibmaschine zu Miß Lucies Bedauern in den Vordergrund und beginne zu arbeiten. Nichts ist meinem Eintauchen ins Reich der Phantasie, der Historie und der Sprache so förderlich wie Ruhe, optisch und akustisch. Aus diesem Grund, weil mich die Ideenvielfalt der Ziegenjungen ebenso ablenkt wie der Blick auf den ständig sich bewegenden Atlantik, ziehe ich immer ein Stück Vorhang vor die verglaste Fensterfront.
Wenn mich nichts und niemand stört, arbeite ich bis gegen zwei Uhr mittags, was oft der Fall ist, denn kein Telefon reißt mich heraus, kein Postbote winkt mit Rechnungen – Vorzüge der Insel, die ich zu schätzen weiß.
Indessen –
Gegen elf hält mit quietschenden Bremsen ein Auto unter der Balkonterrasse.
Torro gebärdet sich wie toll, Miß Lucie ergreift vorsichtshalber die Flucht ins Schlafzimmer.
Ich trenne mich schweren Herzens von einem unvollendeten Satz, öffne die Tür und stehe Maxi gegenüber.
Sie trägt einen fußlangen Zigeunerrock mit passender Stickereibluse, ihr Haar ist vom Winde verweht, im Arm hält sie den zierlichen, runden Korb.
»Kommen Sie rein«, sage ich und lausche unwillkürlich zur Nachbartür hinüber, hinter der sich jedoch nichts rührt.

Maxi stellt den Korb aufs Sofa, nimmt sich einen Stuhl, blinzelt mich aus runden, kurzsichtigen Augen an und stößt einen Seufzer aus.
»Das war vielleicht ein Schlauch!«
»Wo denn? Auf dem Polizeirevier? Hat man Sie jetzt erst entlassen?«
»Nein, gestern schon. Aber ich habe mich immer noch nicht davon erholt.«
Miß Lucies Kopf erscheint dort, wo das Zimmer in den Flur übergeht.
Torro liegt unterm Tisch und brütet.
Ich gieße den Rest aus der Kaffeekanne in eine frische Tasse, schiebe sie Maxi über den Tisch zu und schichte meine Papiere neben der Schreibmaschine.
»Wollten Sie nicht das hintere zweite Schlafzimmer zum Arbeiten nehmen?« erkundigt sich Maxi und beweist damit ein bemerkenswertes Gedächtnis.
»Stimmt, das wollte ich. Aber ich bin hier vorne hängengeblieben, weil Miß Lucie meistens auf der Terrasse sitzt und Torro manchmal im Gelände streunt. Von hier aus kann ich sie beide sehen.«
Maxi nickt verstehend, nippt am Kaffee, zeigt mit dem Kinn zum Korb hinüber und sagt: »Mir geht's genauso. Ich lasse Jorinde nicht mehr aus den Augen. Nach allem, was wir erlebt haben –«
Ich kann mir die Schlüsselfrage nicht versagen.
»Hat sie denn nun Giftzähne oder hat sie keine?«
»Sie hat keine!«
Ich strapaziere mein ebenfalls gut funktionierendes Gedächtnis und rufe mir das Bild zurück, das Friedhelm nach der Berührung mit der offensichtlich erschreckten Schlange zeigt: einen Arm um den anderen geschlungen,

sich schreiend auf den Boden wälzend – und anschließend bleich, reglos, mit geschlossenen, dunkel umrandeten Augen an mir vorbeigetragen; das alles hat sich schließlich in der Realität abgespielt. Ich habe es nicht geträumt. Irgend etwas *muß* da doch passiert sein.

»Nein, nein«, sagt Maxi und schwenkt die Tasse, damit sich der Zucker löst, »er hat es sich eingebildet. Er dachte doch, ich sitze in Berlin, gieße seine Zimmerlinde und glaube ihm die Story vom Professor, dem er im Hohen Atlas die Bergschuhe schnüren oder die Steigbügel halten muß oder sonstwas Lebenswichtiges –«

Richtig. Allmählich klärt sich mir die Sache.

»Statt dessen gönnt er sich hier mit einer selten dummen Pute einen verstohlenen Strandurlaub«, fährt Maxi geharnischt fort, »den ersten Schock bekam er, als er mich unter meiner schönen, bunten Verkleidung erkannte. Den zweiten verpaßte ihm Jorinde. Er war der felsenfesten Überzeugung, ich sei gekommen, um mich blutig zu rächen –« sie rollt die Augen zur Decke, » oder etwas in dieser Richtung.«

Sie greift in den Obstkorb und führt eine Aprikose zum Mund, die noch ziemlich grün ist.

»Er kannte Jorinde nicht?«

Maxi schüttelt den zerzausten braunen Ponykopf.

»Er kennt keines meiner Tiere. Ich nehme sie nie mit nach Hause. Er weiß nur, daß ich mit Schlangen zu tun habe und auch mit Echsen. Als ihm Jorinde zu nahe kam, sah er sich bereits tödlich vergiftet und um die Ecke gebracht. Er war sich dessen immerhin so sicher, daß er tatsächlich alle Symptome zeigte – Wahnsinn, was? Und wieviel Scherereien wir dadurch hatten, Jorinde und ich, einfach unglaublich!« Sie holt tief Luft, verzieht schmerzlich das Gesicht und murmelt: »Diese Aprikose ist noch längst nicht reif!«

Das weiß ich.

Und die Schwierigkeiten, in die sie geraten ist, habe ich mir die ganze Zeit ausgemalt.

Mir ist auch die Gerigschätzung begreiflich, mit der sie Friedhelm einen ins Bockshorn gejagten, verlogenen Feigling nennt, der nicht von Jorinde, sondern von seinem schlechten Gewissen gebissen worden ist.

Trotzdem halte ich mich mit schadenfroher Zustimmung zurück.

Ist es doch noch nicht einmal eine Woche her, seitdem ich meinerseits schreiend auf eine Mauer geklettert bin –

»Was haben die Leute in der Klinik gesagt?«

»Soviel ich weiß, gab es zwei Parteien. Die eine hielt Friedhelm schlicht für einen Simulanten und war stinksauer darüber, daß sie seinetwegen Nachtschicht einlegen mußte. Die andere lebt bis heute in der dunklen Gewißheit, daß irgendwas an der Geschichte dran gewesen ist. Diese Leute liegen natürlich richtig.«

»Ist Jorinde auch untersucht worden?«

»Und ob! Zwei Veterinäre wurden bemüht. Beide erklärten sich außerstande, Jorinde lebend zu untersuchen. Ich habe ihnen daraufhin geraten –« Maxi schwingt den Aprikosenrest in heiliger Empörung, »sich ihr Lehrgeld zurückgeben zu lassen. Wenn meiner Schlange auch nur die Haut geritzt würde, weil hier ein labiler Typ einen hysterischen Anfall gekriegt hat, dann gäbe das ein teures Nachspiel –«

»Die Drohung hat gewirkt?« vermute ich gespannt.

»Ich glaub's nicht.« Maxi läßt den Aprikosenkern in den Aschenbecher fallen und schickt ein verträumtes Lächeln

zur Decke hinauf. »Gewirkt hat die Diagnose eines Schlangenspezialisten, der im Nobelhotel unten an der Südküste urlaubt und rein zufällig an der Bar von dem Debakel hörte. Der war unsere Rettung. Er kam sofort, konnte sich ausweisen als Fachmann, sprach mit mir wie ein Mensch, wickelte sich Jorinde ums Handgelenk und untersuchte sie ohne große Umstände. Anschließend legte er in einem schriftlichen Protokoll nieder, daß sie so ungefährlich ist wie ein Kaninchen.
Damit waren wir dann endlich aus dem Schneider.«
Maxi wendet den Blick wieder auf mich, aber das Lächeln spielt immer noch um ihre Lippen.
Ein paar Fragen liegen in der Luft.
Eine davon greife ich auf.
»Wie heißt er denn?«
Es ist, als habe ich eine Quelle angebohrt, die sofort munter zu sprudeln beginnt.
»Jonas Erikson, und er ist Däne. In Fachkreisen kennt ihn einfach jeder. Er hat etliche Bücher über Giftschlangen geschrieben, zwei davon kenne ich. Stellen Sie sich das mal vor! Ich sitze in diesem Abstellraum, umgeben von Untermenschen, die mich behandeln wie eine Hexe zur Zeit der Inquisition, da spaziert er herein – Jonas Erikson – persönlich! eine Kapazität auf seinem Gebiet – ganz locker und flockig und kein bißchen aufgeblasen! Und wie er Jorinde anfaßte – so ruhig und behutsam –, also das war absolut einmalig!«
Ich glaube es ihr aufs Wort.
Denn wie aufgeklärt unsere Zeit auch sein mag, ein Mensch, der sich arglos, furchtlos oder gar liebevoll einer Schlange nähert, ist immer noch eine Rarität.
Wenn er dazu auch noch blond, blauäugig und hünenhaft

gewachsen ist – all dies erfahre ich im nächsten Atemzug –, dann grenzt das schon an ein Wunder.
Immerhin weiß ich jetzt mit Sicherheit, warum Maxi gekommen ist: um mir von der Begegnung mit diesem unvergleichlichen Menschen zu berichten, die im übrigen nicht die letzte bleiben wird, denn für morgen abend hat er sie zum Essen ins Nobelhotel geladen.
Ist das nicht toll?
Es klopft an meiner Tür.
Ich halte Torro am Halsband fest und bitte Maxi, zu öffnen.
Schätzchen, denn sie ist es, läßt fast die Handvoll Kleingeld fallen, das sie mir zurückbringt: für den Telefonautomaten gestern – oder vorgestern – ich erinnere mich?
Ja, natürlich –
Sie ist inzwischen so nahe an die Treppe zurückgewichen, daß ich befürchten muß, sie im nächsten Moment hinunterstürzen zu sehen.
»O Gott –« stößt sie stimmlos hervor, um gleich darauf unerwartet schrill nach Friedhelm zu rufen.
Schon lehnt er hinter ihr im offenen Türrahmen, das Gesicht von plötzlichem Unbehagen verzerrt.
Mir wäre es am liebsten, beide Türen würden wortlos wieder geschlossen.
Aber Maxi tut mir den Gefallen nicht, im Gegenteil.
Hier und jetzt nimmt sie die Gelegenheit wahr –
»Na, Friedhelm?« sagt sie gedehnt, indessen ich mich tief zu Torro hinunter beuge, der es nicht leiden kann, am Halsband festgehalten zu werden und nach Luft ringt, als sei er am Ersticken. »Du lebst ja noch!«
Fast tut er mir leid, aber nur fast.
»Kennst du die Person?« fragt Schätzchen in einem Ton,

der viele, viele weitere Erkundigungen in dieser Richtung verspricht.
Friedhelm, der viel darum gäbe, sich aus der Affaire ziehen zu können, gibt sich steif und vornehm.
»In einem offenen Treppenhaus«, erklärt er mit hochgezogener linker Braue, »führe ich grundsätzlich keine Unterhaltungen.«
»Soll ich zu dir reinkommen?« erbietet sich Maxi so bereitwillig, daß Schätzchen beide Hände flach auf die Türfüllung legt mit einem Gesicht, das »nur über meine Leiche« sagt.
»Ich wüßte nicht, wozu das gut sein sollte«, erwidert Friedhelm kühl, während ich zum Sofa retiriere, Torro zu meinen Füßen hechelnd, Miß Lucie unter meiner Linken schnurrend. Im Korb bewegt sich leise knisternd Jorinde.
»Um deine zoologischen Kenntnisse zu vertiefen, zum Beispiel«, sagt Maxi mit ätzender Freundlichkeit, »das da –« sie weist mit ausgestreckter Hand auf Miß Lucie, »ist eine Katze und kein Stinktier. Im Korb daneben sitzt ein Wesen, harmloser als ein Wellensittich und so zahnlos wie deine Großmutter väterlicherseits. Das, falls du mir nicht glaubst, kannst du in einem Expertenprotokoll nachlesen. Na ja, Friedhelm –« sie lächelt maliziös und wiegt das Kleingeld in der Hand, »ein jeder blamiert sich eben so gut er kann!«
Schätzchen stößt einen Zischlaut aus, und Doktor Friedhelm Spengler tut das einzige, was ihm übrig bleibt: er macht einen Schritt zurück, zieht Schätzchen mit sich und schließt wortlos die Tür.
Maxi knurrt »haaa!« und legt die Münzen auf meinen runden Tisch.
»Jonas Erikson hat Ihnen aber mächtig das Rückgrat gestärkt«, bemerke ich.

Maxis Antwort entgeht mir, denn Miß Lucie hat die Pfote aufs Korbgeflecht gelegt. Der knisternde Inhalt interessiert sie von Sekunde zu Sekunde mehr.
Bevor ich es verhindern kann, fährt sie die Krallen aus und lüpft den Deckel.
Einen Atemzug lang verharrt sie Aug in Auge mit Jorinde, die ihrerseits – Gott segne sie! – verwundert in der ihr eigenen verschlungenen Haltung bleibt.
Miß Lucie läßt den Deckel wieder fallen.
Widerstrebend rücke ich ihn sorgfältig zurecht.
Innerlich erleichtert bin ich erst, als Maxi den Korb in die Arme schließt und sich verabschiedet. Gemischt sind und bleiben meine Gefühle für ihren Liebling.
»Wie lange sind Sie noch hier?« frage ich aus luftiger Treppenhöhe.
»Ungefähr eine Woche.«
»Sehen wir uns noch mal?«
»Klar!«
Leichtfüßig eilt sie die Stufen hinunter, während ich auf die Terrasse trete, um ihr nachzuwinken.
Miß Lucie sitzt bereits in der Bougainvillea.
Maxi deponiert den Korb mit Jorinde im Rücksitz des Wagens, taucht wieder auf, streicht sich den Zigeunerrock glatt, schneidet eine Grimasse zur Nebenwohnung hinauf und kriegt im selben Augenblick eine volle Ladung gut gedüngten Humus ab.
Sie schnappt nach Luft und flucht wie ein Matrose.
Miß Lucie schreitet gelassen über den kleinen, stachligen Hibiskus hinweg zu den Farnen hinüber, die sie besonders liebt und niemals beschmutzt.
Im übrigen hält sie es mit ihrem Schöpfer:
Gleich ihm läßt sie es regnen auf Gerechte und Ungerechte.

Die Kunst des Schnurrens

Ana Belen hat das B erreicht.

Zugegeben, wir sind etwas hastig vorgedrungen.

Die letzten A-Wörter haben wir im Eiltempo absolviert, lasch, ohne die sonst üblichen Wiederholungen.

Aus der schrecklichen verbalen Ödnis von Auswurf und Auszehrung hat es uns fortgetrieben, weiter, vorwärts ins liebliche Tal des weichen B, mit Bach, Bäckerei, Blumen und anderen Köstlichkeiten, die ich erklären und Ana Belen sich vorstellen kann – eine Oase, fürwahr –

»Bach?« murmelt Ana Belen fragend und reißt die Märchenaugen auf.

»Der Bach«, plätschere ich fröhlich, »ein Bach –«

Ana Belens Blick bleibt unsicher an mir hängen.

»Ein Bach«, wiederholt sie gehorsam und klappert mit den betörend langen, schwarzen Wimpern, »was ist das – ein Bach?«

Mein Gott, was soll es schon sein?

Ein Bach ist ein Bach!

Arroyo auf Spanisch.

Ich werde ein bißchen ungeduldig.

»Ja«, flüstert Ana Belen, aber die Frage schwingt immer noch mit.

Mein selbstgefälliges Lachen verstummt.

Woher soll das Kind wissen, was ein Bach ist?

Es hat in seinem ganzen Leben noch keinen Bach gesehen.

Auf der Insel gibt's keine Bäche, und woanders war Ana Belen nie.

Das weiche B hält offenbar nicht, was es verspricht.
Es ist keine Oase, es ist eine Fata Morgana.
Ana Belen nimmt es gelassener als ich.
Wir nehmen den mitgebrachten Kalender von der Wand, der deutsche Landschaften zeigt, je eine andere von Januar bis Dezember.
»Das«, Ana Belen tippt mit dem Finger auf den Rhein bei Sankt Goarshausen, »ist ein Bach, nicht wahr?«
»Etwas Ähnliches«, sage ich, um das Thema abzuschließen, das Wort Fluß vermeidend, denn es beginnt mit F, und soweit sind wir noch lange nicht.
Ana Belen ist zufrieden.
Im übrigen hat sie Mietzi mitgebracht.
Dies nicht etwa, um Miß Lucie zu ärgern, ganz im Gegenteil, um ihr einen Gefallen zu tun, und, wie ich erfahre, noch aus einem anderen Grund.
»Mietzi«, erklärt Ana Belen, »soll auch etwas lernen.«
»Was denn? Deutsch vielleicht, weil sie einen deutschen Namen hat?«
Ana Belen kichert und schüttelt den Kopf.
»Sie soll schnurren lernen wie deine Katze.«
Ich bin verblüfft.
»Kann sie es denn nicht?«
»Ich weiß nicht. Sie tut es nie. Die Katzen hier tun es alle nicht. Ich habe nie eine Katze schnurren gehört, nur deine.«
»Moment mal –« ich hebe Mietzi vom Boden auf, wo sie mit meinen Schürriemen spielt, setze sie mir aufs Knie und streichele sie sanft, kraule sie unterm Kinn und zwischen den Ohren und lausche mit angehaltenem Atem.
Nichts.
Mietzi stampft zwar vor Behagen, schließt genießerisch die

Augen, reibt den Kopf unter meiner Hand und fordert sichtlich mehr, mehr, aber dabei bleibt es.

»Siehst du«, sagt Ana Belen und stützt mühsam beide Unterarme auf, denn wir haben vergessen, die Kissen auf den Stuhl zu packen, und der Tisch ist wieder mal viel zu hoch, »sie tut's nicht. Sag deiner Katze, sie soll es ihr vormachen!«

Nun ist ja nichts so wenig dazu geeignet, Miß Lucie schnurren zu lassen, wie der Anblick, den ich gerade biete: eine fremde Katze auf den Knien hätschelnd und tätschelnd.

Wir müssen schon froh und dankbar sein, daß Miß Lucie nicht Gift und Galle spuckt.

Mietzi dagegen, die zwar nicht schnurren kann, ist das argloseste Katzenkind, das mir je begegnet ist. Außerdem läßt sie sich handhaben wie eine Perserkatze: wo man sie hinsetzt, bleibt sie willig und ruhig sitzen.

Kraß ist der Gegensatz zu Miß Lucie, die, auch wenn man sie noch so vorsichtig aufhebt, mit allen vier Pfoten strampelt und sich anstellt, als stecke sie am Spieß.

Wo auch immer man sie hinsetzt, ist man schlecht beraten.

Sofort springt sie herunter, ab, weg, vielleicht nicht weit, und, sofern es sich um einen ihrer Lieblingsplätze handelt, nähert sie sich auch gleich wieder.

Aber in jedem Fall erfolgt zuerst ihre Gegendemonstration.

Die Basis unseres Zusammenlebens ist gegenseitiger Respekt, wobei ich sehr aufpassen muß, daß ich nicht ins Hintertreffen gerate, besonders in letzter Zeit.

Seitdem wir auf der Insel weilen – sei's die belebende Kraft der Sonne oder die eiweißhaltige Fischkost –, haben sich Miß Lucies Lebensgeister sichtlich gestärkt. Sie scheint immer jünger, selbstbewußter und vitaler zu werden.

Mit sanfter Duldung der liebenswürdigen jungen Konkurrenz in ihrem hübschen Patchworkfellchen ist nicht zu rechnen.

Und gänzlich unvorstellbar ist es, daß sie in jene Seiten greift, die sie irgendwo in den Tiefen ihres fülligen, kleinen Körpers mit sich trägt, um sie klingen zu lassen, solange Mietzi im Raum ist.

Mit anderen Worten: Miß Lucie wird nicht schnurren.

»Laß ihr Zeit«, sage ich zu Ana Belen, die ich nicht rundweg enttäuschen will, »sie muß sich erst an Mietzi gewöhnen, weißt du –«

Entgegen ihrer sonstigen konzentrierten Aufmerksamkeit scheint Ana Belen mir nur mit halbem Ohr zuzuhören. Ihr Blick schweift zur weit geöffneten Terrassentür hinaus. Sie gleitet vom Stuhl und huscht glänzenden Auges an die Brüstung.

Am Abendhimmel schweben seltsame Gebilde, ein bißchen vergleichbar riesigen fliegenden Ameisen.

»Aber nein!« ruft Ana Belen und will sich ausschütten vor Lachen. »Das sind die Drachenflieger! Sie kommen oben vom Gebirge, fliegen übers Wasser und landen irgendwo im Gelände.«

Sie hat recht.

Es ist ein zauberhaftes Schauspiel vor der grandiosen Kulisse der braunen Gipfel, dem transparanten Blau des weiten Himmels, dem Graugrün der Frühlingssteppe und den weißen Schaumkronen des Antlantik.

Jetzt kann ich sie auch besser erkennen.

Sie hängen an Fallschirmen und machen mit Armen und Beinen Flugbewegungen wie Vögel.

Ein Hauch von Freiheit schwebt mit ihnen durch die Lüfte, lautlos. Und der Dramatik, wenn einer von ihnen übers Meer ausschert, kann sich wohl kein Zuschauer entziehen.

Der Fallwind vom Gebirge weht kräftig und frisch. Er treibt die Schirmchen vor sich her wie Spielzeuge.

»Wie bringen sie es nur fertig, immer wieder überm Wasser abzudrehen und im Gelände zu landen? So viel Kraft können sie in Armen und Beinen doch gar nicht haben«, überlege ich halblaut.

Ana Belen schüttelt den Kopf.

»Die Bewegung machen sie nur zum Spaß. Zum Steuern haben sie ein Gerät.«

Das beruhigt mich.

Aber es wundert mich, daß sie das weiß.

»Nachher«, sagt Ana Belen, »wenn alle heruntergekommen sind, fährt einer im Jeep herum und sammelt sie ein. Dann essen sie bei uns im Restaurant, und sie reden darüber, und ich höre ihnen zu. Deshalb weiß ich es.«

Den ersten Teil der Vorstellung haben wir offenbar versäumt, denn schon sehen wir den Jeep über die einsame Straße ziehen und hier und da anhalten.

Ana Belen hat es plötzlich eilig.

Sie lächelt mich entschuldigend an und ist im Handumdrehen entschlüpft.

Zurück bleiben ihre Hefte, Stifte und Mietzi.

Nun gut. Es ist ja nicht für lange.

Ich packe ein paar schmackhafte Abfälle zusammen und trage sie hinüber zu Josefina, die sich herzlich bedankt und mir einen Kaffee einschenkt.

Der alterslahme Großvater wird mitsamt seinem Stuhl von der Rampe draußen hineinbefördert, gefolgt von Yosso und Beckie.

Sie bekommen jeder einen Keks und wieseln wieder hinaus.

Der Großvater schlürft mit Bedacht seinen Kaffee und will wissen, wie ich das aushalte, mit Torro und Miß Lucie.

»Im Haus«, fügt er hinzu.
»Er hätte die Hunde auch gern immer um sich«, erklärt Josefina, bevor ich antworten kann, »aber es geht eben nur draußen, wegen der Flöhe.«
Ein Rundgang im Eilschritt zeigt mir: das ganze Haus ist eine Ansammlung von Betten, Bettzeug und Trennvorhängen.
Hier nächtigen offenbar ganze Heerscharen.
All ihre Kinder und Kindeskinder, so setzt mir Josefina lebhaft auseinander, kommen jedes Wochenende zu Besuch. Aus allen Winkeln der Insel strömen sie herbei, um zwei Tage lang hier zu sein, bei ihr, ihrem Mann und dem Alten, den Hunden, den Katzen, dem Strand.
»Wenn ich einmal Ungeziefer in all diesen Decken und Matratzen und Leintüchern habe«, sagt Josefina, »kriege ich das nie mehr raus, egal wie sehr ich mich plage und wasche.«
Der Großvater mümmelt zahnlos ein Stück in Kaffee eingeweichtes Brot.
Früher hatten sie einen Bauernhof landeinwärts.
Mensch und Tier leben dicht beieinander.
»Es hat uns nicht umgebracht«, brummt er mit einem schrägen Blick auf seine Tochter.
Aber Josefina bleibt unerbittlich.
Hunde, Katzen und Ziegen werden reichlich und regelmäßig gefüttert – draußen, und draußen bleiben sie auch.
Es ist immer warm, Regen fällt nur selten, und schließlich verbringt auch der Großvater den größten Teil seiner Zeit im Freien.
In Nordeuropa, wo ein ganz anderes Klima herrscht, da braucht natürlich ein jedes ein Dach überm Kopf, und deshalb, so meint sie folgerichtig, sind meine Tiere ans Haus gewöhnt.

»Aber jetzt, wo dein Hund mit den anderen umgeht, mußt du aufpassen, daß er dir nicht alles mögliche einschleppt«, raunt sie warnend. Der Großvater zwinkert mir zu und murmelt etwas im Sinne von »papperlapapp«. Dann wendet er die Nase schnuppernd in Richtung Herd, wo ein Eintopf aus Kichererbsen und Bohnen schmurgelt.
Bevor mir auch noch eine Einladung zum Abendessen zuteil wird, stehe ich auf, bedanke mich für den Kaffee und gehe.
Torro streift mit Sandy durchs Gesträuch.
Auf mein Rufen hin bleibt er zwar stehen, spitzt die Ohren, wedelt erfreut und fährt dann mit Feuereifer in seiner Tätigkeit fort.
Offenbar heben sie gmeinsam irgendwelche Gruben aus.
Lange kann ich ihm das Vergnügen nicht gönnen.
Bald wird es stockdunkel sein.
Um diese Jahreszeit ist der Tag auf der Insel noch kurz.
Vor dem Restaurant parkt der Jeep mit den Drachenflieger-Ausrüstungen.
Ich gebe der Versuchung nach, hineinzugehen und mir die Menschen anzusehen, die kurz vorher wie Vögel am Himmel geschwebt sind.
Es ist ein Dutzend verwegen wirkender, dunkelbraun gebrannter Franzosen aus dem Midi. Offenbar fürchten sie weder Tod noch Teufel, klopfen sich gegenseitig krachend auf die Schultern und halten Bernal hinter der Theke auf Trab.
»Ist meine Katze bei dir?« fragt er mit streng gerunzelten Brauen.
»Ja. Sie nimmt gerade ihre erste Lektion.«
»So? Was lernt sie denn?«
»Schnurren –«
»Von dir?« Er amüsiert sich köstlich.

»Sei nicht albern«, sage ich ärgerlich und nehme ein Viertel Wein mit.
»Schick sie mir nur ja zurück«, ruft Bernal mir nach, »sie fehlt hier im Lokal! Alle vermissen sie schon!«
Tatsächlich lebt Mietzi meistens unter den Tischen im Restaurant, und zwar nicht schlecht.
Aber als ich heimkomme, Torro mit mir führend, der wider Erwarten willig herbeigetrottet ist, schläft Mietzi tief und fest in der Sofaecke, und ich habe nicht das Herz, sie zu wekken, zumal Miß Lucie keine feindseligen Gefühle zeigt.
Sie sitzt auf der Schreibmaschine, hat zwei Manuskriptblätter an den Seiten perforiert und folgt mir mit erwartungsvoll erhobenem Schwanz in die Küche.
Ich mache mir einen kleinen Imbiß zurecht und verzehre ihn am Küchen-Klapptisch. Miß Lucie und Torro kriegen jeder ein Käsestückchen.
Mietzi rührt sich nicht.
Im Lauf der Nacht benutzt sie das von Miß Lucie zugunsten der Bougainvillea vernachlässigte Sandkästchen und tut sich an den grünen Spitzen im Grastopf gütlich.
Als ich Torro früh hinauslasse, verabschiedet sie sich mit freundlich-dankbarem Kopfnicken und schlängelt sich graziös davon.
Eine Stunde später, als Tina routinemäßig vorbeikommt, um zu fragen, ob ich mit in die Stadt fahren will, stehe ich ausnahmsweise bereits gestiefelt und gespornt auf der Außentreppe.
Punkt eins auf der Tagesordnung sind Flohhalsbänder.
»Natürlich kannst du welche kaufen«, sagt Tina, » aber sie sind doppelt so teuer wie bei euch zu Hause.«
Egal. Egal. Mögen sie kosten, was sie wollen.
Ich brauche sie. Torros Freundschaft mit Sandy hat sich

spürbar niedergeschlagen. Seit dieser Nacht weiß ich es. Punkt zwei ist eine neue Reiseschreibmaschine.
Die mitgebrachte streikt auf der gesamten Tastatur, was man ihr nicht übelnehmen kann bei all den Katzenhaaren, die Miß Lucie gleichmäßig darüber verteilt hat.
Die ganze Zeit sah sie es höchst ungern, wenn ich die Maschine für meine eigennützigen Zwecke benutzte. Nun hat sie das Ding endlich seiner wahren Bestimmung zugeführt, nämlich als ausschließlichen Sitzplatz für ihre Person.
»Tina«, frage ich, während wir unterm Bergmassiv dahinrollen, »können deine Katzen schnurren? Es ist eine dumme Frage, ich weiß –«
»Es ist eine sehr gute Frage«, verbessert mich Tina, die außer etlichen Bier- und Sprudelwasserkisten einen Kater namens Roy und eine Katze namens Belinda – letztere halte ich in einem Korb auf den Knien – zum Sterilisieren im Wagen hat.
»In der Tat, die Inselkatzen schnurren nicht.«
Ich kann es kaum glauben.
Das Schnurren, so dachte ich immer, gehört zur Katze wie das Krähen zum Hahn.
Und was ist mit den verwöhnten Prachtexemplaren, die sich auf Tinas Terrasse räkeln und allen Grund dazu hätten?
Sie schüttelt nachdrücklich den Kopf.
Sie schnurren nicht.
»Hältst du es für möglich, daß sie es lernen können?«
»Wie meinst du das?«
»Nun, zum Beispiel von Miß Lucie, einer der begabtesten und größten Schnurrerinnen ihrer Zeit!«
Tina lacht herzlich.
»Versuchen kann man's immerhin«, meint sie kopfwiegend, aber sie sieht nicht so aus, als glaube sie daran.

Miß Lucie und ihre Schülerin

Wir haben eine preiswerte Reiseschreibmaschine gefunden sowie, was fast wichtiger ist, eine Haube zum Abdecken.

Den Deckel, das weiß ich aus Erfahrung, stelle ich irgendwo in die Ecke und vergesse ihn dort.

Die Haube hängt am Kleiderhaken und wird übergestülpt, sobald ich vom Tisch aufstehe.

Die Flohhalsbänder kaufe ich beim Tierarzt, zwei große für Torro und Sandy, zwei kleine für Miß Lucie und Mietzi.

Begeistert von dieser Anschaffung ist niemand außer mir.

Das Gras im Topf wächst rasch.

Miß Lucie berührt es nicht. Ich sehe sie nur gelegentlich an den Farnen herumkauen.

Dafür meldet sich täglich Mietzi mit zarter Stimme, läßt sich die Tür öffnen, begrüßt mit artig gesenktem Kopf Torro, Miß Lucie und mich und hat es sichtlich eilig, den Flur entlang ins Sandkästchen zu kommen. Man fragt sich unwillkürlich, was mit den etlichen Quadratkilometern Erdboden draußen los ist, denen sie das Katzenklo in meiner Wohnung vorzieht.

Anschließend hüpft sie auf die Fensterbank und nimmt etwas Gras zu sich.

Beides, das Kätzchen und das Gras, befinden sich im rückwärtigen Schlafzimmer, einem ruhigen, schattigen, selten benutzten Raum, der Mietzi zusehends besser gefällt.

Sie hat mit kundiger Pfote bereits die Beschaffenheit der

Matratzen geprüft sowie den Schrank, in welchem sich nichts weiter als eine Lage weicher Staubtücher befindet.
Wenn mich meine Kenntnis weiblicher Tiere nicht trügt, hat sich Mietzi bereits in glücklicher Umsicht ihr Wochenbett gewählt.
Sicherlich hat's noch Zeit, aber die kluge Katze sorgt vor.
Tina, mit der ich einen Lunch im Restaurant nehme, brauche ich gar nichts zu sagen.
Mietzi sitzt zu unseren Füßen unterm Tisch.
Tina beugt sich hinunter, krault sie ein bißchen, ohne dabei den Blick von mir zu lassen, und murmelt: »Sie ist ein ausnehmend hübsches Mädchen. Wetten, das hat sich auch schon unter den Katern herumgesprochen.«
Sie richtet sich wieder auf und faßt mich noch fester und ernster ins Auge.
»Hör zu, Jill, wir beide wissen doch Bescheid! Denk an das Poster!«
Natürlich. Wie könnte ich es je vergessen!
Das Poster ist eine grafische Darstellung der Katzenvermehrung.
Zuunterst sitzt ein Paar, zuoberst sitzen, nur noch punktförmig aufgezeichnet – zweihundert. Der Zeitraum, wenn ich mich richtig erinnere, beträgt nicht einmal zwei Jahre.
In Tinas Bungalow hängt dieses aufschlußreiche Bildnis über dem kleinen Tisch, auf dem sie ihre Abrechnung zu machen pflegt.
»Gut«, ihre Stimme sinkt zu flüsternder Eindringlichkeit, »das erste Mal kannst du es nicht verhindern, passiert ist passiert. Aber danach, ich bitte dich! – sorg dafür, daß Mietzi sterilisiert wird, und die Kleinen, wenn sie in der Nähe bleiben, auch. Du weißt, wieviel Elend damit verhin-

dert wird – du weißt, wie ich es drüben im Feriendorf halte – mehr als vierzig Katzen und sieben Kater habe ich operieren lassen! Gewiß –« sie streicht die grün und weiß gemusterte Papierunterlage glatt, »ohne die vielen Touristenspenden hätte ich das finanziell nie geschafft, und wie oft hast gerade du mir geholfen, auch beim Einfangen und Transportieren und Gesundpflegen! Sieh mal –« ihr Blick aus warmen, haselnußbraunen Augen wird geradezu hypnotisch, »es ist doch *unser* Projekt! Wir dürfen uns doch nicht selbst in den Rücken fallen!«

Nein, nein, das nicht. Keinesfalls.

Wir tragen eine Verantwortung, wir, die wir uns mit der einschlägigen Problematik vertraut gemacht haben, wir, die mit offenen Augen durchs Leben gehen.

Das leuchtendste Beispiel ist Tina. Sie ist meine Freundin. Ihre Meriten zu schmälern, käme mir nie in den Sinn.

Aber: sie hatte es im Bungalowdorf stets nur mit herrenlosen Tieren zu tun.

Ich, jedoch, im Falle Mietzi, habe es mit Bernal zu tun, und das erschwert die Sache ungeheuer, denn Bernal ist gegen alles, was ihm von nordeuropäischer Seite oktroyiert wird. Bernal, der sich gerade mit eilfertigen Schrittchen unserem Tisch nähert, um seine Tomatensuppe zu empfehlen, die anders ist als meine, *anders* – mehr will er nicht sagen.

Das soll ich gefälligst selbst feststellen.

Ich bin zwar der Meinung, daß er Mietzis Schwangerschaft kaum bemerken wird und vielleicht nicht einmal ihr Kindbett in meinem Hinterzimmer. Aber eine Sterilisationsnaht, die er nicht veranlaßt hat noch jemals zu veranlassen wünschte, die wird ihm aus unerfindlichen Gründen nicht verborgen bleiben, darauf möchte ich wetten.

Und dann gnade mir Gott.

Irgendwie muß ich ihn also einstimmen, ihm die Notwendigkeit nahebringen, ihn der Sache geneigt machen und ihm den Entschluß dazu in den Mund legen.
Wann, übrigens?
Wenn Mietzi geboren hat.
In etwa vier Wochen schätzungsweise.
Aber dann muß ich mit den Vorarbeiten bald anfangen, meine Zeit ist begrenzt.
»Tut mir leid«, seufzt Tina, als ich sie daran erinnere, »aber das vergesse ich immer –«
Den Nachmittag verbringen Miß Lucie und ich auf der sonnendurchglühten Terrasse. Torro, dem es zu warm ist, hat sich auf den kühlen Fliesen drinnen ausgestreckt.
Miß Lucie dagegen kann gar nicht genug Sonne kriegen.
Sie tankt sich förmlich auf, so, als wolle sie einen Vorrat anlegen für künftige kalte Zeiten.
Dabei weiß sie ja gar nicht, daß es eines Tages wieder heißt, in die Transporttasche zu steigen und heimzureisen. Auch Torro weiß es nicht. Die einzige, die sich mit diesem Gedanken plagt, besonders im Hinblick auf ihn, bin ich.
Die beiden haben zweifellos ihre Gegenwartsprobleme.
Aber sie sind absolut frei von Zukunftssorgen.
Dies, so scheint es mir, ist einer der gravierendsten Unterschiede zwischen ihnen und mir.
In der flirrenden Hitze dieses Nachmittags mitten im März nehme ich mir vor, die unwirkliche Schönheit um mich herum in vollen Zügen zu genießen und mich nicht im voraus zu belasten.
Alle kleinen Wogen haben sich geglättet.
Onkel Ramon zerfließt in Respekt.
Friedhelm und Schätzchen sind abgereist.

Torro bricht mir nicht mehr das Herz mit Angst und Einsamkeit.
Alle tragen brav ihre Flohhalsbänder.
Ana Belen rankt sich mühelos von Balken zu Balkon und Ball.
Es ist eine reine Freude.
Aus Deutschland kommen keine Klagen außer übers Wetter.
Ich könnte ihnen gut und gerne eine große Protion Sonne abgeben, ohne daß mir dabei etwas abginge.
Gegen Abend heben wieder die Drachenflieger von den Gipfeln der braunen Berge ab.
Das möchte man auch können! Sich da oben zwischen Himmel und Erde mal richtig austoben, ohne Widerstand zu spüren, driften, gleiten, Kreise ziehen und einschwenken –
»Sieh mal«, ruft Ana Belen zappelnd vor Aufregung, »da kommt einer ganz nahe heran –«
Tatsächlich. Er schwebt über unserem Gelände. Alle Tiere heben verwundert die Köpfe. Yosso und Beckie rasen kläffend über ihre Rampe, aber weiter nicht.
Nur Torro und Sandy rennen dem Schatten nach – Sandy in eleganten, weit ausholenden Sprüngen, Torro, indem er zehnmal so schnell seine stämmigen, viel kürzeren Beine wirft.
Auf dem riesigen, kieseligen Platz vor Sandys Haus geht der Drachenflieger zu Boden. Das heißt, er möchte es.
Aber da wird er eingekreist von zwei wild gewordenen Bestien, einer sandfarbenen und einer schwarzlockigen –
»Hau ab hier«, brüllen sie, die Köpfe hochwerfend, »das ist unser Terrain! Die Welt ist groß! Mach, daß du wegkommst, sonst –«

Drohendes Knurren läßt mir kalte Schauer über den Rücken rinnen, während ich keuchend hinüberhetze, über die Hügelchen falle, mich wieder aufraffe, die Ziegenjungen vor Neugier platzend hinter mir her – Der Mensch, noch vor fünf Minuten ein Symbol der Freiheit am unmerklich sich verdunkelnden Himmel, kämpft jetzt, in seinen Leinen gefangen, mit Angst und Schrecken und hilfloser Wut.

Ich sinke neben Torro nieder, leine ihn an und ziehe ihn mit mir. Sandy, der für sich allein stets den Schwanz einklemmt und froh ist, wenn ihm keiner zu nahe kommt, hält sich dicht neben seinem Freund.

»Pardon!« sage ich zu dem zähneknirschenden Flieger, der uns einen finsteren Blick und ein paar Wortfetzen nachschleudert, deren Sinn ich durchaus erraten kann.

Vereint sind die Freunde stark.

Wer weiß, was sie alles hätten ruinieren können – wenn nicht den Mann, so doch mindestens seinen Fallschirm.

Ich habe es eilig, sie abzuführen: Torro, der immer noch grollt, Sandy, der keinen Blick mehr zurückwirft. Vor uns trollen sich die Ziegenjungen her. Sie spielen Fangen und Versteck.

Auf ihrer Rampe kringeln sich Yosso und Beckie in neidloser Bewunderung.

»Respekt!« hört man sie mit ihren Stimmchen rufen.

»Das hätten wir euch nie zugetraut, Jungens!«

Wir kommen an den magischen Punkt im Gelände, wo Sandy sich normalerweise unserer Gesellschaft entzieht.

Torro hechelt an der Leine.

Die Ziegenmutter schickt ihren schalkhaften Kindern ein zorniges Gemecker entgegen.
Sandy bleibt an unserer Seite. Ohne zu zögern, überschreitet er die Grenze, niemand erhebt Einspruch. Mit einem Ausdruck ruhiger Überlegenheit im schmalen Gesicht läßt er sich aufatmend auf unserer Rampe nieder.
Geschafft, ein für alle mal, sagen seine bernsteingelben Augen.
Oben im Wohnraum sitzt Ana Belen mit verklärter Miene auf dem Sofa.
»Komm her«, befiehlt sie flüsternd.
Rechts von ihr räkelt sich Mietzi, links erhebt sich Miß Lucie zu meiner Begrüßung.
Ana Belen ergreift meine Hand, zieht mich zu sich herunter und drückt mein Ohr auf Mietzies Patchworkfellchen.
»Horch!!«
Da, ganz tief drinnen, schlägt eine Seite an.
Zaghaft, sehr leise, aber deutlich als solches zu erkennen, erklingt ein Schnurren.
Miß Lucie legt mir bereits mahnend die Pfote auf die Schulter.
Ganz benommen richte ich mich wieder auf.
»Siehst du«, zwitschert Ana Belen, »Mietzi lernt es, so wie ich Deutsch lerne. Sie ist jetzt bei A. Deine Katze bringt ihr auch noch das andere bei – alles. Ich hab's ja gewußt.
Jetzt hole ich für beide eine Belohnung!«
Mietzi rollt sich arglos und zufrieden in die Sofaecke.
Miß Lucie reißt die Augen auf.
Wenn sie einen Vorschlag machen dürfte: Lachs.